高职高专“十二五”规划教材
21世纪全国高职高专交通运输系列工学结合型规划教材

道路工程识图与 AutoCAD

主　编　王蓉玲　周　黎
副主编　胡　欣　刘莉淋
参　编　颜长平　何林晓
主　审　龙芳月

北京大学出版社
PEKING UNIVERSITY PRESS

内容简介

本书主要内容分为两个部分。第一部分为“道路工程识图”，主要介绍道路工程制图的基本内容及标准、识读工程图所需的投影理论；第二部分为“AutoCAD”，主要介绍用绘图软件 AutoCAD 绘制、编辑二维图形以及进行三维实体建模的命令和方法，另外还附有 AutoCAD 实训练习以供读者上机实习绘图使用。

本书内容精练，以“必需、够用”为原则，充分考虑了高等职业教育特色，突出了针对性和实用性，着重培养了学生的能力和技能训练。

本书可作为高职高专院校的道路桥梁工程技术专业、公路工程监理专业的教学用书。

图书在版编目(CIP)数据

道路工程识图与 AutoCAD/王蓉玲，周黎主编．—北京：北京大学出版社，2016.1

（21 世纪全国高职高专交通运输系列工学结合型规划教材）

ISBN 978-7-301-26210-8

Ⅰ.①道…　Ⅱ.①王…②周…　Ⅲ.①道路工程—工程制图—识别—高等职业教育—教学参考资料②道路工程—计算机辅助设计—AutoCAD 软件—高等职业教育—教学参考资料

Ⅳ.①U412.5

中国版本图书馆 CIP 数据核字（2015）第 200979 号

书　　名　道路工程识图与 AutoCAD
　　　　　Daolu Gongcheng Shitu yu AutoCAD
著作责任者　王蓉玲　周　黎　主编
责 任 编 辑　刘晓东
标 准 书 号　ISBN 978-7-301-26210-8
出 版 发 行　北京大学出版社
地　　址　北京市海淀区成府路 205 号　100871
网　　址　http://www.pup.cn　新浪微博：@北京大学出版社
电 子 信 箱　pup_6@163.com
电　　话　邮购部 62752015　发行部 62750672　编辑部 62750667
印 刷 者　北京溢漾印刷有限公司
经 销 者　新华书店
　　　　　787 毫米×1092 毫米　16 开本　15 印张　345 千字
　　　　　2016 年 1 月第 1 版　2016 年 1 月第 1 次印刷
定　　价　35.00 元

前　言

道路工程识图与计算机绘图是路桥专业的两项基本技能，同时这两项技能又有交叉之处。本书将这两部分内容结合到一起，第一部分为“道路工程识图”，重点讲解三面投影的知识、道路工程制图与识图的技巧，以及剖面图、断面图和标高投影的识读与应用；第二部分为“AutoCAD”，重点讲解用 AutoCAD 绘图软件绘制和编辑二维图形、输入文字、创建表格、标注尺寸等的方法，以及三维实体建模的基础知识。

本书结合路桥专业的特点与高等职业院校的实际情况，在认真听取各方面建议和参阅国内同类优秀教材的基础上编写而成。本书内容精练，以“必需、够用”为原则，充分考虑高等职业教育的特色，突出针对性和实用性，着重学生的能力培养和技能训练。

本书由武汉交通职业学院王蓉玲、周黎担任主编，胡欣、刘莉淋担任副主编，并由周黎完成统稿工作。武汉交通职业学院的龙芳月对全书进行了审阅。本书编写分工：武汉交通职业学院王蓉玲(编写第 1～3 章)，周黎(编写第 4～6 章)，颜长平(编写第 7～9 章)，胡欣(编写第 10～12 章)，刘莉淋(编写第 13、14 章)，武汉外国语学校何林晓参与了 AutoCAD 实训练习图的绘制。

由于编者水平有限，编写时间紧，书中难免存在疏漏与不足之处，恳请读者和同行批评指正。

编　者

2015 年 6 月

CONTENTS

目录

第一部分

道路工程识图

第1章

制图基础

教学目标

了解工程图中有关图纸幅面、比例、字体和坐标的有关规定；掌握各图线表达的含义，尺寸标注的基本方法；熟悉尺寸标注的组成及一般标注规则。

教学要求

知识要点	能力要求	权重
图幅及图框	熟悉图幅及图框的有关规定及标准	20%
比例	1. 理解比例的概念； 2. 熟悉常用的绘图比例	10%
字体	了解工程图所用汉字、数字、字母、符号等书写规范	10%
图线	掌握各图线表达的含义	20%
坐标	1. 知道指北针的作用； 2. 掌握地形图中关于坐标的规定	10%
尺寸标注	1. 了解尺寸标注的组成及一般标注规则； 2. 掌握不同种类的尺寸标注的基本方法； 3. 熟悉尺寸的简化标注方法	30%

1.1 图幅及图框

图纸幅面简称图幅，指图纸本身的大小规格。图幅使图纸便于装订和管理。图幅线用细实线画，在图幅线的内侧有图框线，图框线用粗实线画，图框线内部的区域才是绘图的有效区域。关于图幅的大小，图幅与图框线之间的关系，应符合表 1-1 的规定及图 1.1 的格式。

表 1-1 图框尺寸(mm)

图幅代号 / 尺寸代号	A0	A1	A2	A3	A4
$b \times l$	841×1189	594×841	420×594	297×420	210×297
a	35	35	35	30	25
c	10	10	10	10	10

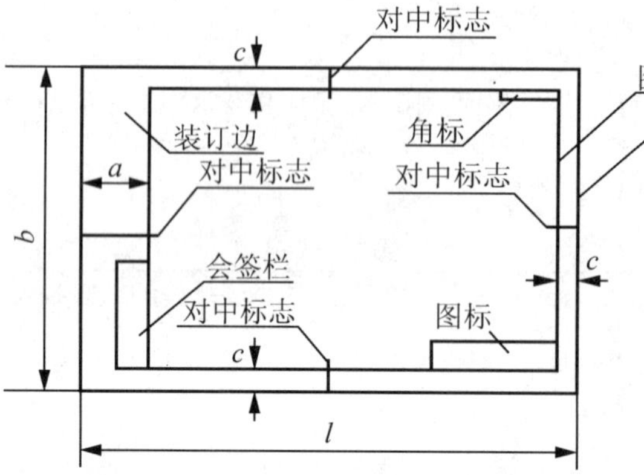

图 1.1 幅面格式

幅面的长边与短边的比例为 $l : b = \sqrt{2} : 1$，A0 号图幅的长边为 1 189 mm，短边为 841 mm。A1 号幅面是 A0 号幅面的对折，A2 号幅面是 A1 号幅面的对折，其他幅面以此类推。初学者只需记住其中一两种幅面尺寸即可。

图纸幅面的长边可加长，但短边不得加宽。其中 A0、A2、A4 应为 150 mm 的整倍数，图幅 A1、A3 为 210 mm 的整倍数。

图框内右下角应绘图纸标题栏，即图标。《国标》规定图纸标题栏有 3 种格式(图 1.2)。

图标外框线线宽宜为 0.7 mm，会签栏外框线线宽宜为 0.5 mm，内分格线线宽为 0.25 mm(图 1.3)。

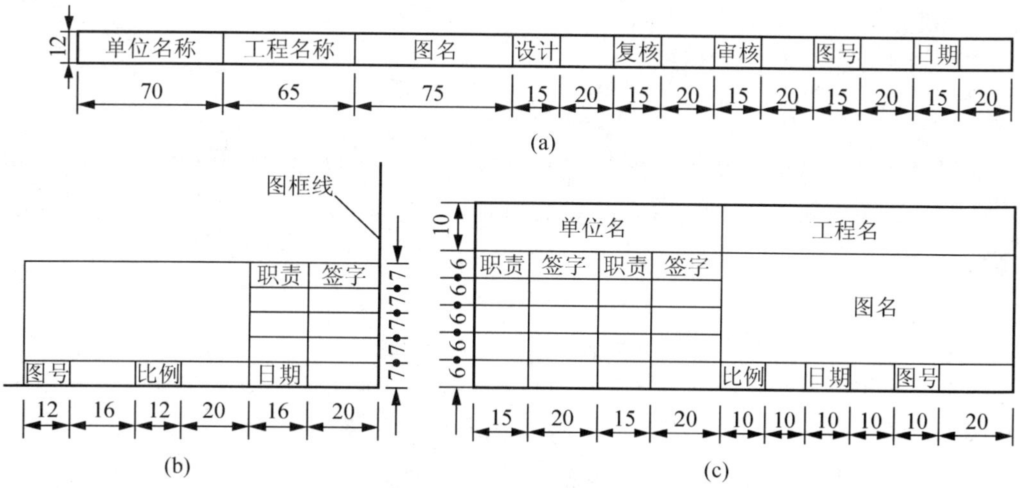

图 1.2　图纸标题栏

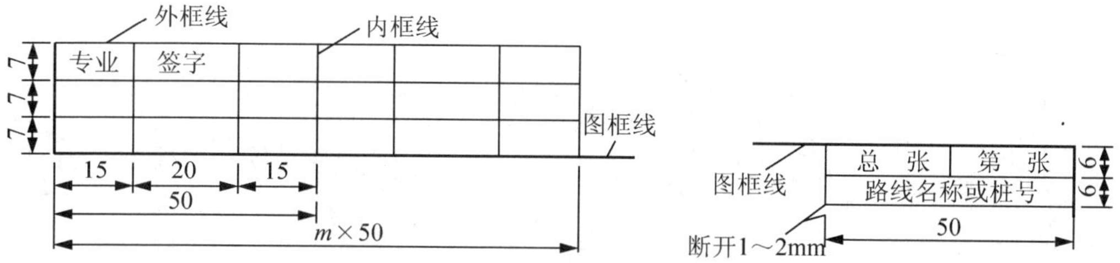

图 1.3　会签栏与角标

1.2 比　　例

绘图的比例应为图形线性尺寸与相应实物实际尺寸之比。比例采用阿拉伯数字，标注在图名的下方或右侧，比例字体字高比图名字体小一号或两号。绘图比例的选择应根据图面布置合理、匀称、美观的原则，按图形大小及图面复杂程度确定。一般优先选用表 1－2 中的常用比例。

在剖面图、断面图中，放样图比例可不同。

表 1－2　绘图所用的比例

常用比例	1∶1	1∶2	1∶5	1∶10	1∶20	1∶50
	1∶100	1∶200	1∶500	1∶1 000		
	1∶2 000	1∶5 000	1∶10 000	1∶20 000		
	1∶50 000	1∶100 000	1∶200 000			
可用比例	1∶3	1∶15	1∶25	1∶30	1∶40	1∶60
	1∶150	1∶250	1∶300	1∶400	1∶600	
	1∶1 500	1∶2 500	1∶3 000	1∶4 000		
	1∶6 000	1∶15 000	1∶30 000			

1.3 字　体

工程图样上会遇到各种字或符号，如汉字、数字、字母等。为了保证图样的规范性和通用性，且使图面清晰美观，均应做到笔画清晰、字体端正、排列整齐、标点符号清楚正确。

1.3.1 汉字

汉字的简化书写，必须符合国务院公布的《汉字简化方案》等有关规定。长仿宋体的字高与字宽之比为3∶2(图1.4)，文字的字高应从如下系列中选取：3.5 mm、5 mm、7 mm、10 mm、14 mm、20 mm，如表1-3所示。如需书写更大的字，其高度应按$\sqrt{2}$的比值递增。书写时要注意：横平竖直，起落分明，排列匀称，填满方格。

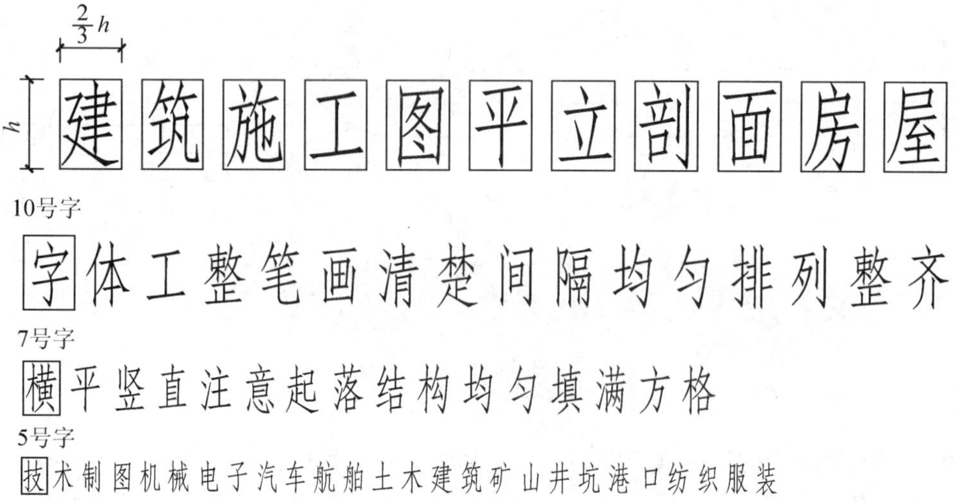

图1.4　长仿宋字示例

表1-3　长仿宋体字高宽关系(mm)

字高	20	14	10	7	5	3.5
字宽	14	10	7	5	3.5	2.5

1.3.2 数字和字母

数字和字母在图样中所占的比例非常大，在工程图中，数字和字母有正体和斜体两种，如需写成斜体字，其斜度应是从字的底线逆时针向上倾斜75°。斜体字的高度与宽度应与相应的直体字相等。拉丁字母、阿拉伯数字与罗马数字的字高，应不小于2.5 mm。分数、百分数和比例数的注写，应采用阿拉伯数字和数学符号。例如，二分之一、百分之五十和一比二十应分别写成1/2、50%和1∶20(图1.5)。

(a) 阿拉伯数字图

(b) 大写拉丁字母图

(c) 小写拉丁字母图

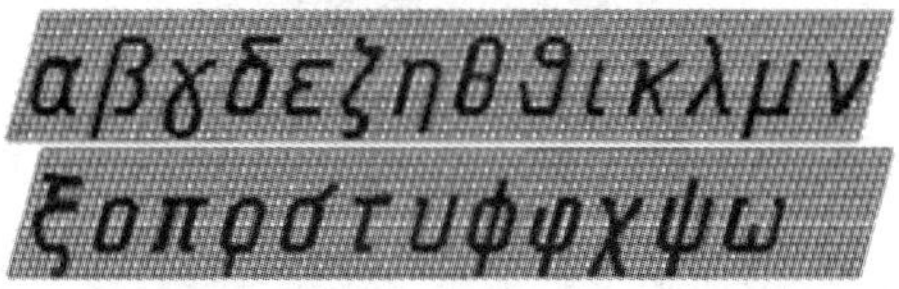

(d) 小写希腊字母图

(e) 罗马数字

图 1.5 阿拉伯数字、拉丁字母、希腊字母、罗马数字斜体字示例

1.4 图 线

图纸上的线条统称为图线。工程图是由不同线型、不同粗细的线条所构成。这些图线可表达视图的不同内容，以及分清图中的主次关系。表 1－4 列出了工程图样中常用的线型。

表 1－4 常用的几种图线

线型名称	图线型式	一般应用
实线	————————	可见轮廓线
	————————	尺寸线、尺寸界线、剖面线、引出线等
虚线	- - - - - - - - - - - -	不可见轮廓线
点画线	——·——·——·——·—	轴线、对称中心线
	——·——·——·——·—	特殊要求的线

续表

线型名称	图线型式	一般应用
双点画线		极限位置线、假想位置线、中断线
双折线	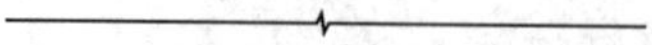	断裂处的边界线
波浪线		断裂处的边界线、视图与局部视图的分界线

线型有实线、虚线、点画线、折断线、波浪线等，随用途不同反映在图线的粗细也不同。

图线的宽度应根据图的复杂程度及比例大小确定，从以下规定的线宽系列中选取：b=0.18、0.25、0.35、0.5、0.7、1.0、1.4、2.0(mm)。工程图中一般使用三种线宽，且互成一定的比例，即粗线：中粗线：细线=b：0.5b：0.25b。因此先确定基本图线(粗实线)的宽度b，中粗线及细线的宽度也就随之确定，成为一个线宽组，如表1-5所示。

表1-5　线宽组合

线宽类别	线宽系列/mm				
b	1.4	1.0	0.7	0.5	0.35
0.5b	0.7	0.5	0.35	0.25	0.25
0.25b	0.35	0.25	0.18(0.2)	0.13(0.15)	0.13(0.15)

相交图线的绘制应符合下列规定(表1-6)。

(1) 当虚线和虚线或虚线与实线相交时，相交处不应留空隙，应交于短线处。

(2) 当实线的延长线为虚线时，应留有空隙。

(3) 当点画线自身相交或点画线与其他图线相交时，交点应设在线段处。

表1-6　图线相交的画法

名称	举例	
	正确	错误
两点画线相交	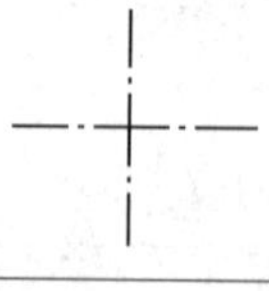	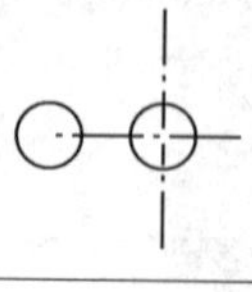
实线与虚线相交，两虚线相交	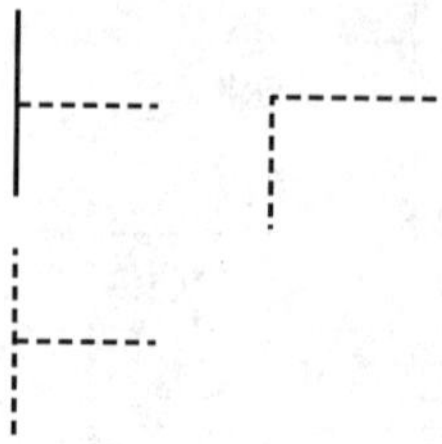	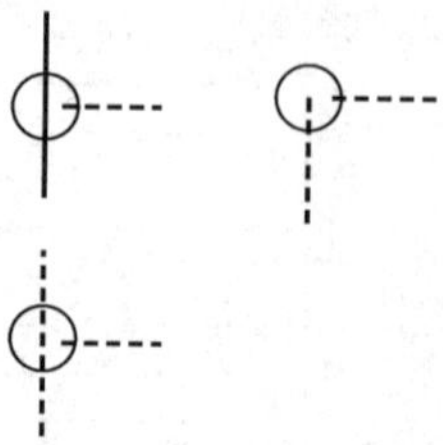

续表

名称	举例	
	正确	错误
虚线为粗实线的延长线	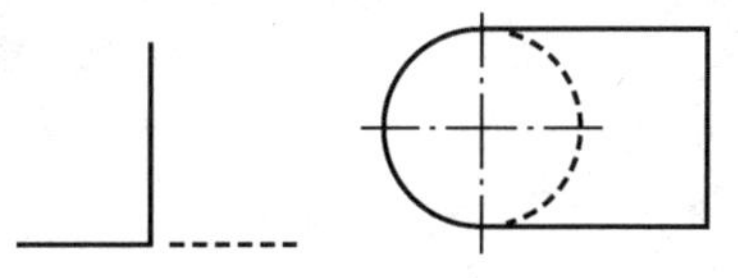	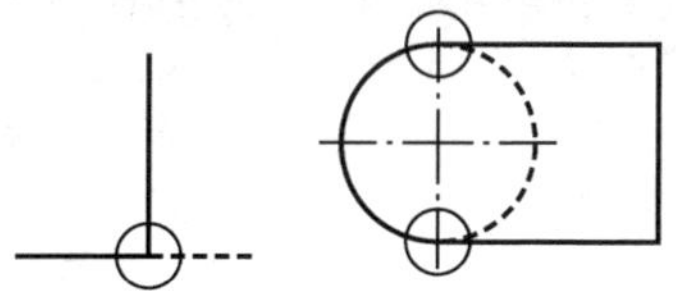

1.5 坐　标

为了表示地区的方位和路线的走向，地形图中需要标明坐标方向。采用指北针或 XY 坐标形式。南北方向轴线代号为 X 轴，向北为坐标值增大方向；东西方向轴线代号为 Y 轴，向东为坐标值增大方向。图 1.6 为指北针及坐标网格的绘制，图 1.7 为控制点坐标的标注。

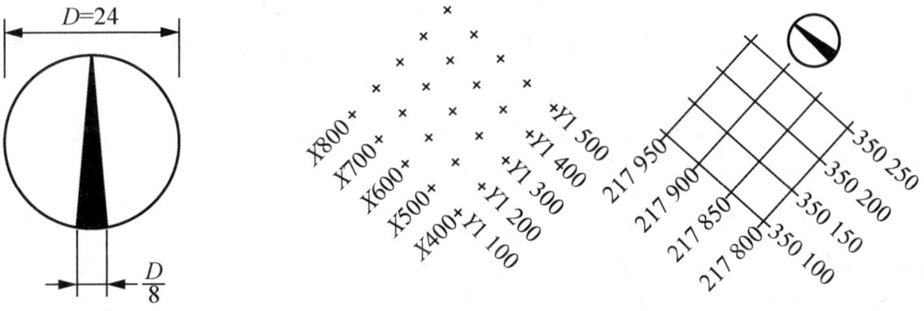

(a) 指北针的绘制　　(b) 坐标网格及标线图

图 1.6　指北针及坐标网格的绘制

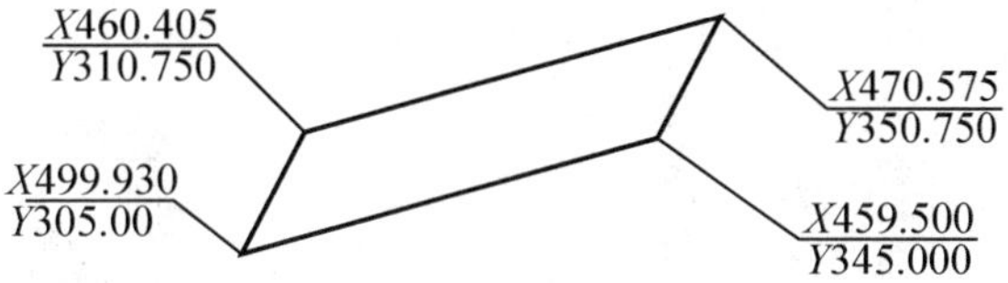

图 1.7　控制点坐标的标注

1.6 尺寸标注

工程图上除画出构造物的形状外，还必须准确、完整和清晰地标注出构造物的实际尺寸，作为施工的依据。

1. 尺寸的组成

尺寸应由尺寸界线、尺寸线、箭头、数字四部分组成，如图 1.8 所示。

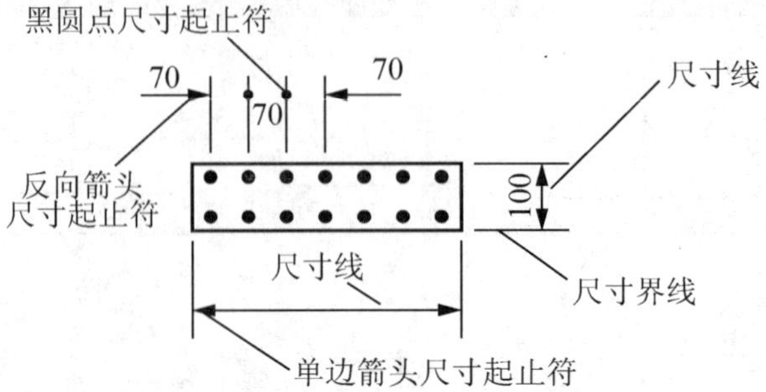

图 1.8　尺寸的组成

2. 尺寸标注的一般规则

（1）图上所有尺寸数字是物体的实际大小数值，与图的比例无关。

（2）图上尺寸数字不注写单位，在注解及技术要求中注明单位。在道路工程图中，一般常用单位为：线路里程桩号以 km 为单位；标高、坡长和曲线以 m 为单位；砖、石、混凝土等结构物以 cm 为单位；钢筋、钢材以 cm 为单位；钢筋和钢材断面以 mm 为单位。

（3）尺寸界线和尺寸线用细实线绘制。

（4）尺寸线与尺寸界线的相接点为尺寸的起止点。

（5）尺寸数字应按规定的字体书写，字高一般为 3.5 mm 或 2.5 mm，尺寸数字一般标注在尺寸线中间的上方和左侧，字头向上和向左(水平尺寸线上的写在尺寸线的上方，铅垂尺寸线上的写在尺寸线的左侧)，离尺寸线应不大于 1 mm，如没有足够的注写位置，最外边的尺寸数字可标注在尺寸界线外侧箭头的上方，中间相邻的尺寸数字可错开注写，也可引出注写，尺寸均应标注在图样轮廓线以外。

（6）引出线的斜线与水平线应采用细实线。

（7）当用大样图表示较小且复杂的图形时，其放大范围应采用细实线的圆或其他图形在原图中圈出，并用引出线标注名称，如图 1.9 所示。

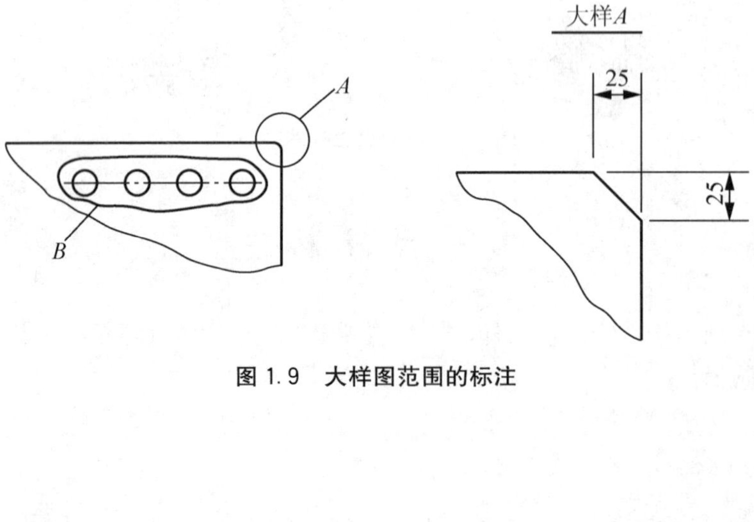

图 1.9　大样图范围的标注

3. 圆的标注

在标注圆的直径尺寸数字前面，加注符号“ϕ”或“d、D”，在半径尺寸数字前面，加注符号“r、R”，如图 1.10 所示。

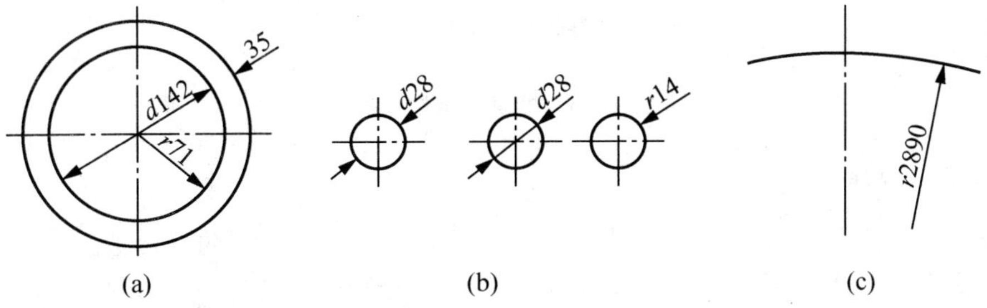

图 1.10 圆的标注

4. 球的标注

标注球体的尺寸时，应在直径和半径符号前加 S，如“$S\phi$”或“SR”。

5. 圆弧的标注

以圆弧为尺寸线，角的两边为尺寸界线，角度数字一律水平书写，如图 1.11 所示。

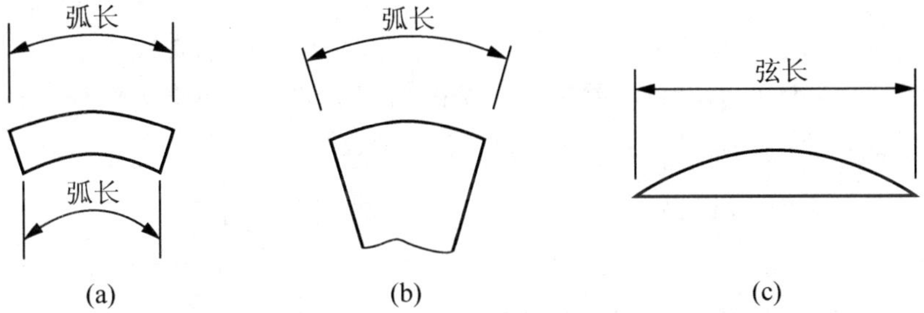

图 1.11 弧、弦的标注

6. 角度的标注

以圆弧为尺寸线，角的两边为尺寸界线，角度数字一律水平书写，如图 1.12 所示。

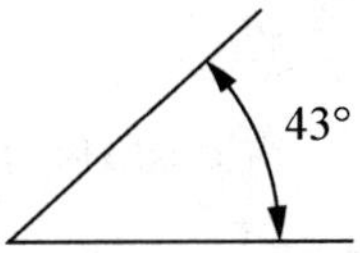

图 1.12 角度的标注

7. 标高和水位的标注

标高为用细实线绘制的等腰直角三角形，高为 2～3 mm，底角为 45°，顶角应指在被标注点上，顶角向上、向下均可，如图 1.13 所示。

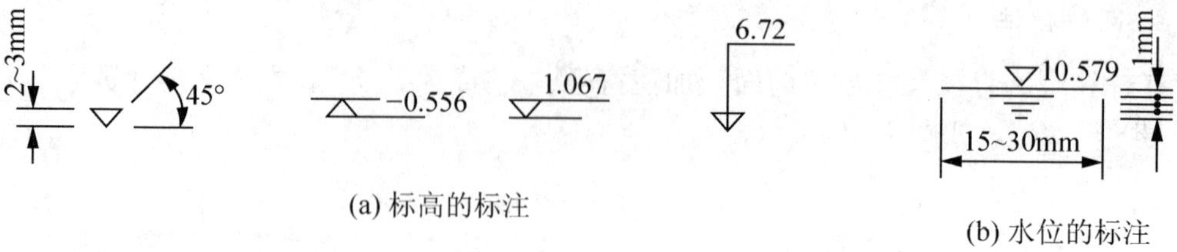

图 1.13　标高与水位的标注

8. 坡度的标注

当坡度值较小时，坡度标注宜用细实线＋箭头＋在线上标注的百分数组成，坡度符号的箭头指向下坡；当坡度值较大时，坡度标注宜用比例的形式表示，如图 1.14 所示。

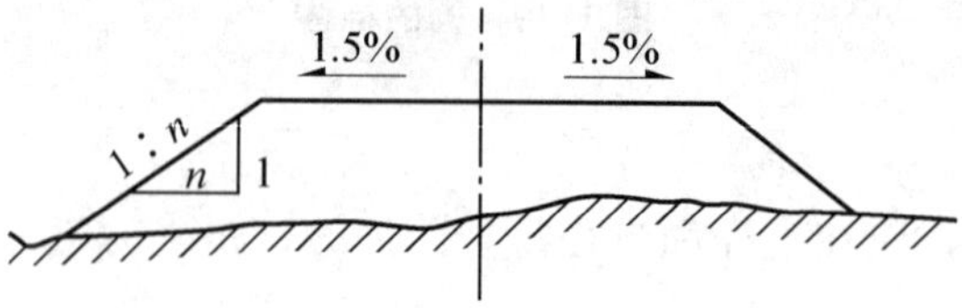

图 1.14　坡度的标注

9. 尺寸的简化标注

（1）连续排列的等长尺寸可采用“间距数×间距尺寸”的形式标注。

（2）两个相似的图形可以只绘制一个，未画出图形的尺寸数字可用括号表示。如有数个时，可用字母编号，设置尺寸表，如图 1.15 所示。

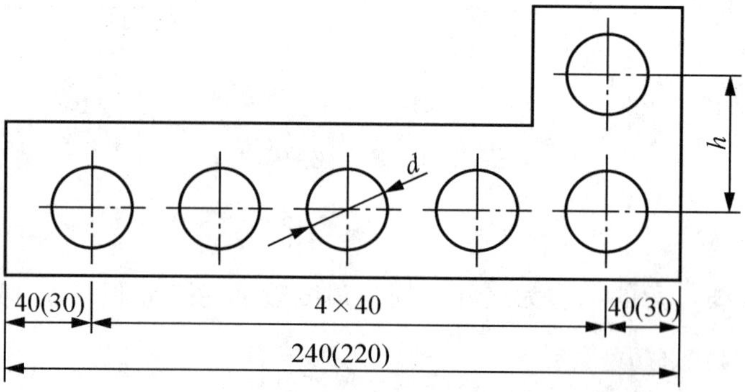

图 1.15　相似图形的标注

1.7　美学原则在图样中的应用

（1）图幅：要求合理选择图幅，工程图一般选择 A3 图幅。

（2）图形：图面布置应合理，匀称、美观的原则。

（3）线型：至少三种线型。图框选用粗实线，表格外框线选用中实线，表格内线选用细实线。

(4) 字体：要求仿宋体。

(5) 尺寸和技术条件的标注：要求匀称、灵活、统一。

(6) 图形配置：布图时要考虑视图大小和图纸位置，体现美学上的“适用”和“适宜”。

本章小结

(1) 图纸幅面简称图幅，指图纸本身的大小规格。在图幅线的内侧有图框线，图框线内部的区域才是绘图的有效区域。

(2) 绘图的比例应为图形线性尺寸与相应实物实际尺寸之比。比例采用阿拉伯数字，标注在图名的下方或右侧，比例字体字高比图名字体小一号或两号。绘图比例的选择应根据图面布置合理、匀称、美观的原则，按图形大小及图面复杂程度确定。

(3) 为了保证图样的规范性和通用性，且使图面清晰美观，工程图样的字或符号，如汉字、数字、字母等均应做到笔画清晰、字体端正、排列整齐、标点符号清楚正确。

(4) 工程图是由不同线型、不同粗细的线条所构成。线型有实线、虚线、点画线、折断线、波浪线等，随用途不同反映在图线的粗细关系上。

(5) 为了表示地区的方位和路线的走向，地形图中需要标明坐标方向。采用指北针或 XY 坐标形式。南北方向轴线代号为 X 轴，向北为坐标值增大方向；东西方向轴线代号为 Y 轴，向东为坐标值增大方向。

(6) 尺寸应由尺寸界线、尺寸线、箭头、数字四部分组成。图上所有尺寸数字是物体的实际大小数值，与图的比例无关。图上尺寸数字不注写单位，在注解及技术要求中注明单位。

复习思考题

1. 常用的图纸幅面尺寸有几种？需要加长时应如何进行？
2. 工程制图中“比例”是如何定义的？尺寸和图纸上的图形大小有什么关系？
3. 一个完整的尺寸标注应由哪几个要素组成？尺寸标注有哪些规定？
4. 工程制图中的线型有哪些？各自的用途是什么？
5. 绘图时图线应遵守哪三点基本规定？

第2章

投影的基本知识

教学目标

了解投影的基本概念；掌握三面投影体系的形成、各投影面的名称及对应关系；了解正投影的特性；掌握基本体的三面投影及基本形体的尺寸标注方法。

教学要求

知识要点	能力要求	权重
投影	1. 了解投影的基本概念； 2. 了解投影的种类； 3. 了解正投影的特性	20%
三面投影体系	1. 了解三面投影体系的建立方法； 2. 掌握三面投影图的形成与名称； 3. 熟练掌握三面正投影图与空间形体的关系； 4. 掌握三面正投影图的投影规律	60%
基本体的三面投影、尺寸标注	1. 掌握平面立体的投影规律； 2. 掌握回转体的投影规律； 3. 掌握基本几何体的尺寸标注方法	20%

2.1 投影的概念

2.1.1 影子和投影

物体在光线(灯光和阳光)的照射下，就会在地面上产生影子。这种常见的自然现象称为投影现象。

人们对这种现象进行科学抽象，即按照投影的方法，把物体的所有内外轮廓和内外表面交线全部表示出来，且依投影方向，凡可见的轮廓线画实线，不可见的轮廓线画虚线。这样，形体的影子就发展成为能满足生产需要的投影图，简称为投影(图 2.1)。这种依据投影的原理达到用二维平面图表示三维形体的方法，称为投影法。把光线称投射线，承受投影的平面称投影面。

投影三要素为：光线、实物、投影面。

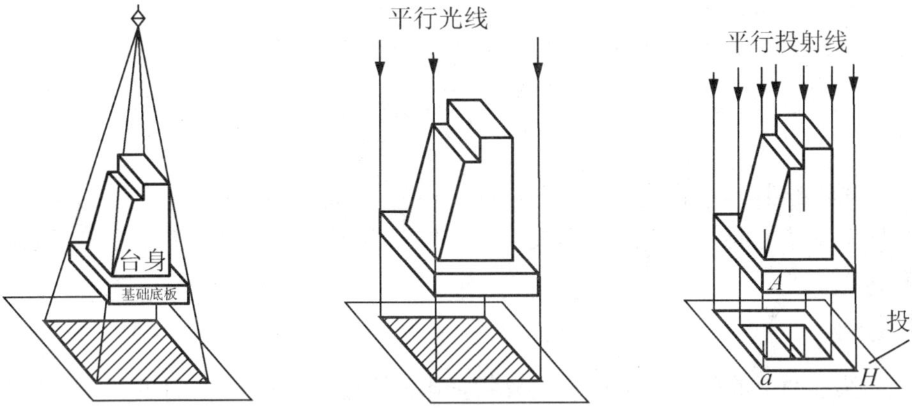

图 2.1 影子与投影的区别

2.1.2 投影的分类

1. 中心投影

投射中心 S 在有限的距离内，发出放射状的投射线，用这些投射线做出的投影，称为中心投影，如图 2.2(a)所示。

2. 平行投影

当投射中心距离投影面为无限远时，投射线将依一定的投射方向平行地投射，用平行投射线做出的投影称为平行投影。这种方法称为平行投影法。

平行投影又可分为正投影和斜投影。当投射线垂直于投影面时，称为正投影，如图 2.2(b) 所示；当投射线倾斜于投影面时，称为斜投影，如图 2.2(c)所示。

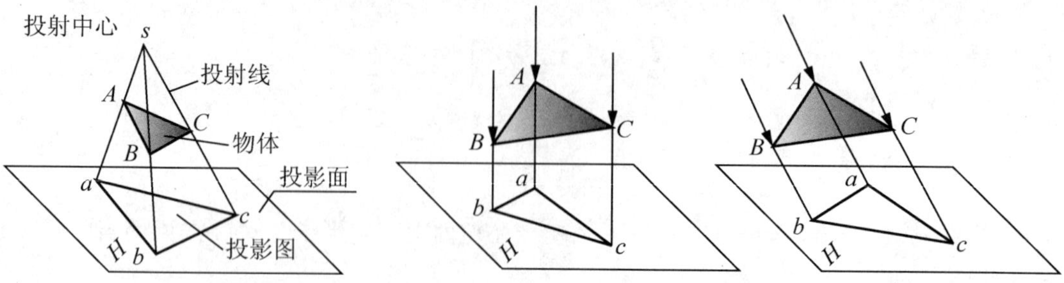

(a)中心投影　　(b)正投影　　(c)斜投影

图 2.2　投影的分类

2.1.3　工程上常用的几种图示法

1. 透视投影

用中心投影法绘制形体的单面投影图，称为透视投影图，也可称效果图。这种图有较强的立体感和真实感，常在建筑初步设计阶段绘制，用于方案比较，选取最佳方案。但这种图作图较繁，不能反映物体的真实形状和大小。

2. 轴测投影

用平行投影法绘制形体的单面投影图，称为轴测投影图。这种图也有立体感，有的图还能反映物体上某些方向的真实形状和大小，且作图简便。但这种图不能完整反映整个物体的真实形状。

3. 正投影法

用正投影法在两个或两个以上相互垂直的投影面上绘制形体的多面投影图，称为正投影图。正投影图度量性好，在工程上应用最广，且作图简便，但缺乏立体感，直观性较差。

4. 标高投影

用正投影法绘制形体的标有高度的单面投影图，称为标高投影图。这种图主要用于表示地形、道路和土工建筑物。作图时，用间隔相等的水平面截割地形面，其交线即为等高线，将不同高程的等高线投影在水平的投影面上，并标注出各等高线的高程，即为标高投

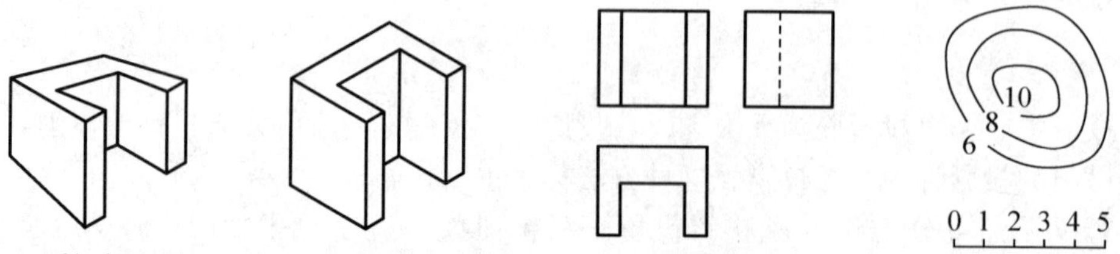

(a) 透视投影图　　(b) 轴测投影图　　(c) 正投影图　　(d) 标高投影图

图 2.3　工程上常用的 4 种投影图

影图。地形图及地面上建造的土工形体的标高投影，可表示该土工形体的位置、形状和大小，坡面间的交线以及坡面与地面的交线，从而为施工中计算土方量及确定施工界限提供依据。

2.2 正投影的特性

1. 类似性

当直线与投影面倾斜时，其平行投影是变短的直线。当平面与投影面倾斜时，其平行投影是面积缩小的类似形，如图 2.4 所示。

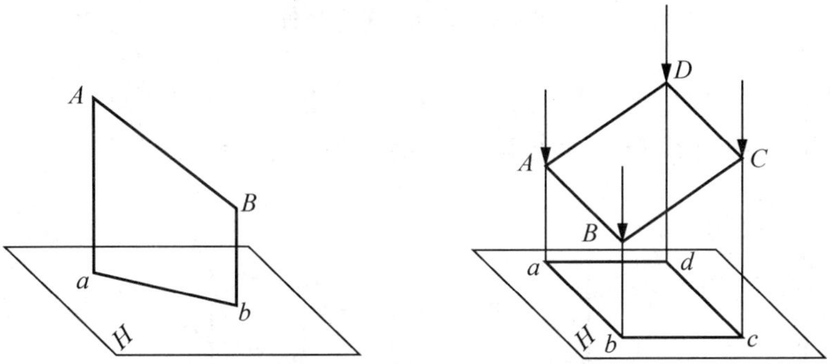

图 2.4 正投影的类似性

2. 从属性

若点在直线上，则该点的投影必在该直线的投影上；若点或直线在平面上，则该点或该直线的投影必在该平面的投影上。

3. 定比性

点分割线段成定比，其投影也把线段的投影分成相同的比例，即点的定比分割性(图 2.5)。

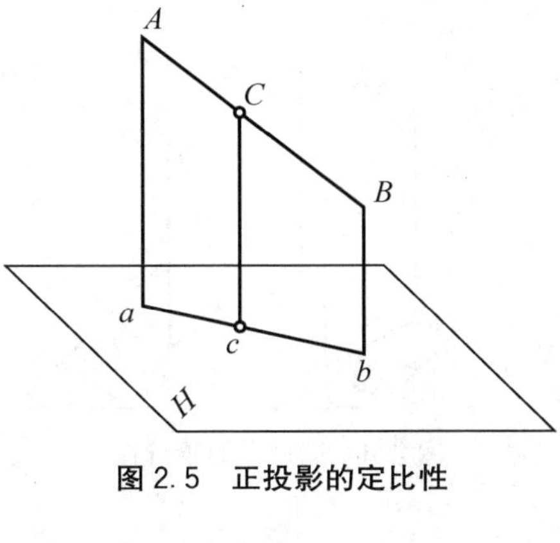

图 2.5 正投影的定比性

4. 实形性

平行于投影面的直线和平面，其投影反映实长或实形(图 2.6)。

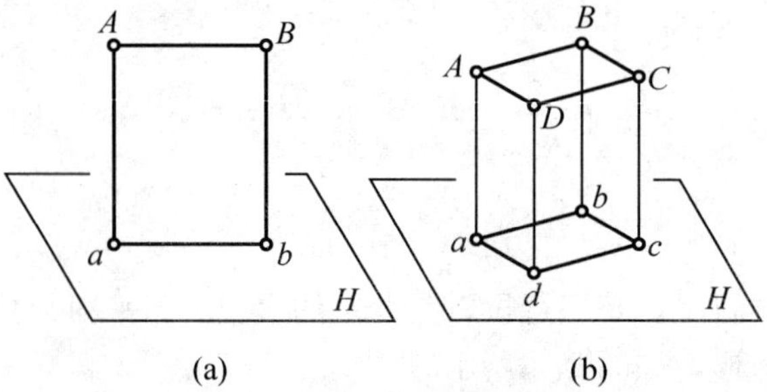

图 2.6　正投影的实形性

5. 积聚性

垂直于投影面的直线和平面在该投影面上发生积聚，线积聚为点，面积聚为线(图 2.7)。

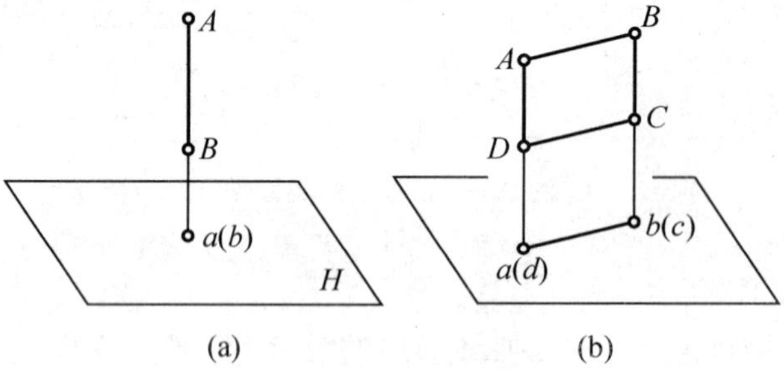

图 2.7　正投影的积聚性

6. 平行性

空间上相互平行的直线，其投影仍相互平行；且实长之比等于投影长之比(图 2.8)。

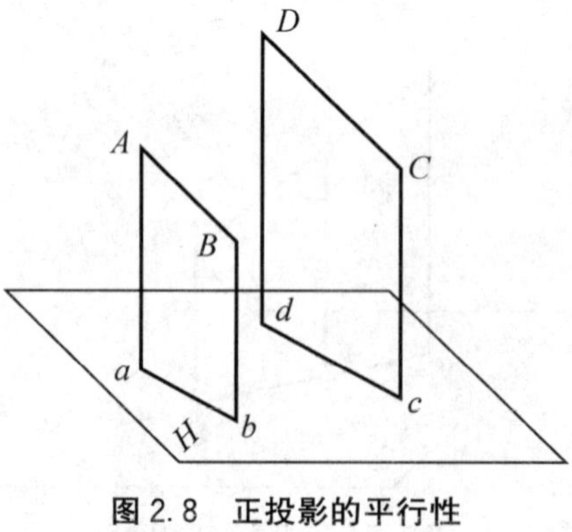

图 2.8　正投影的平行性

2.3 形体的三面投影图

如图 2.9 所示，两个不同的形体，它们在同一投影面上的投影完全相同，这说明仅有形体的一个投影图，一般不能确定形体的空间形状和大小。因此，在工程上常用多个投影图来表达形体的形状和大小，基本的表达方法是采用三面正投影图。

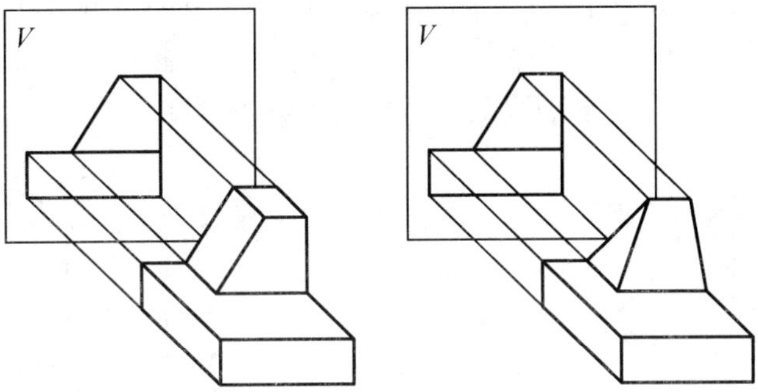

图 2.9　两个不同的形体在同一投影面上的投影相同

2.3.1　三面投影体系的建立及其名称

按照国家标准规定设置的 3 个相互垂直的投影面，称为三投影面体系，如图 2.10 所示。

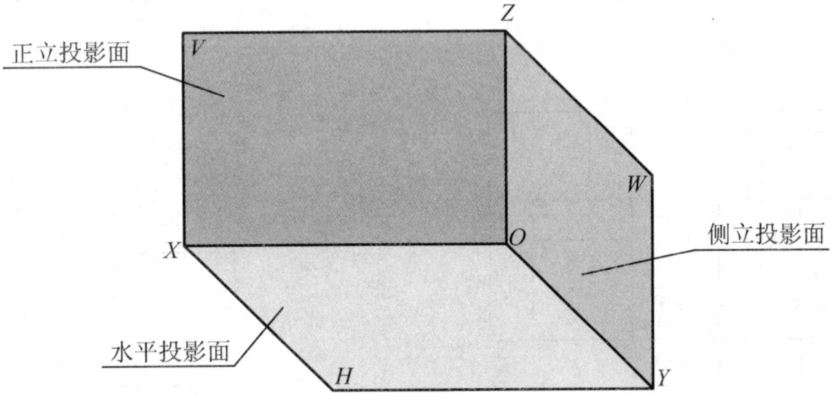

图 2.10　三面投影体系

在 3 个投影面中，直立在观察者正对面位置的投影面称为正立投影面，简称正面，用字母 V 标记；水平位置的投影面称为水平投影面，简称水平面，用字母 H 标记；右侧的投影面称为侧立投影面，简称侧面，用字母 W 标记。

三个投影面两两垂直相交构成三条投影轴 OX、OY、OZ，三投影轴垂直相交于 O 点，称为原点。

2.3.2 三面投影图的形成

(1) 由上向下投影，在 H 面上所得的投影图，称水平投影图，简称 H 面投影。

(2) 由前向后投影，在 V 面上所得的投影图，称正立面投影图，简称 V 面投影。

(3) 由左向右投影，在 W 面上所得的投影图，称侧立面投影图，简称 W 面投影。

为了使三面投影图能画在同一张图纸上，还必须把三个投影面展开在同一平面上，国家标准规定：V 面不动，H 面绕 OX 轴向下旋转 90°，W 面绕 OZ 轴向右旋转 90°，使它们转至与 V 面同在一个平面上，得到在同一平面上的三面投影图。Y 轴与 Z 轴在同一铅垂线上的标以 Y_H，与 X 轴在同一水平线上的，标以 Y_W(图 2.11)。

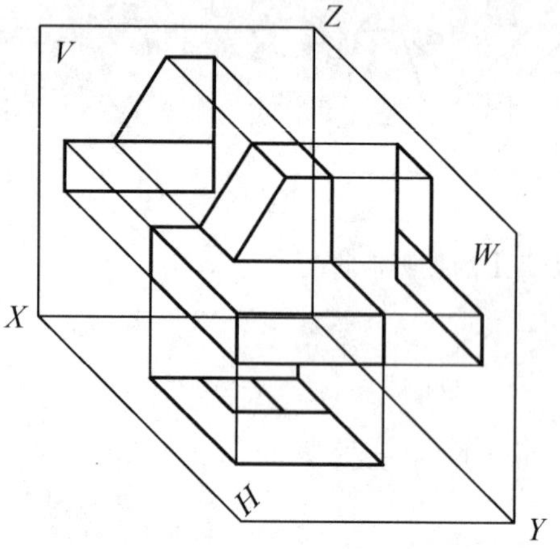

(a) 分面进行投影

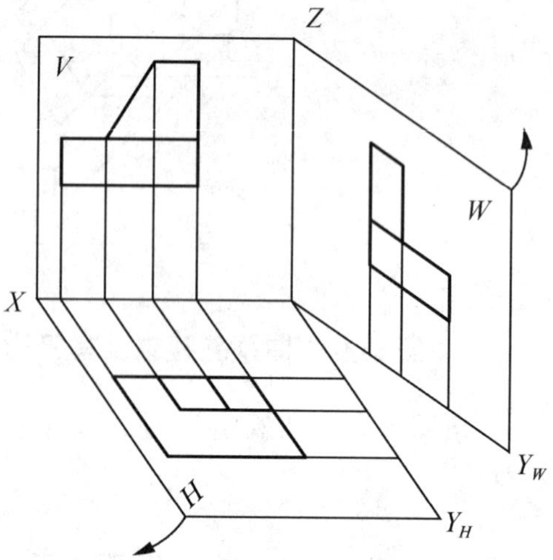

(b) 投影图的展开

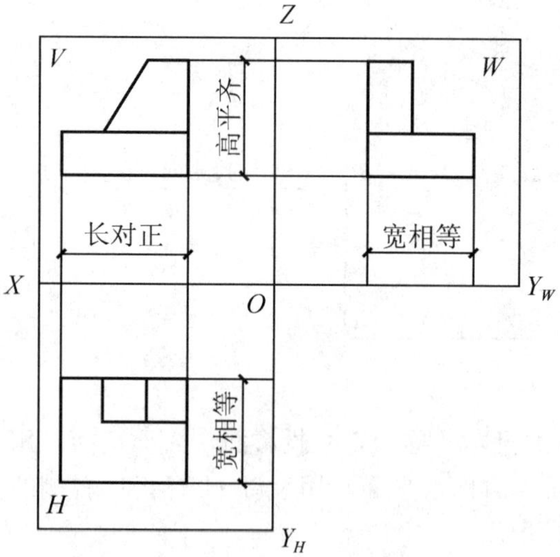

(c) 展开后的三投影位置

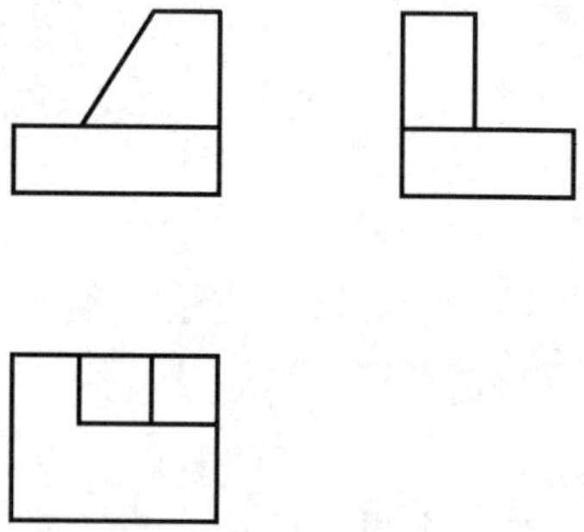

(d) 三面正投影图

图 2.11　三面投影图的形成

2.3.3 三面投影图的投影关系

1. 三面正投影图与空间形体的关系

由三面正投影图的形成可知，每个投影图都表示形体一个方向的形状、两个方向的尺寸和四个方位，如图 2.12 所示。

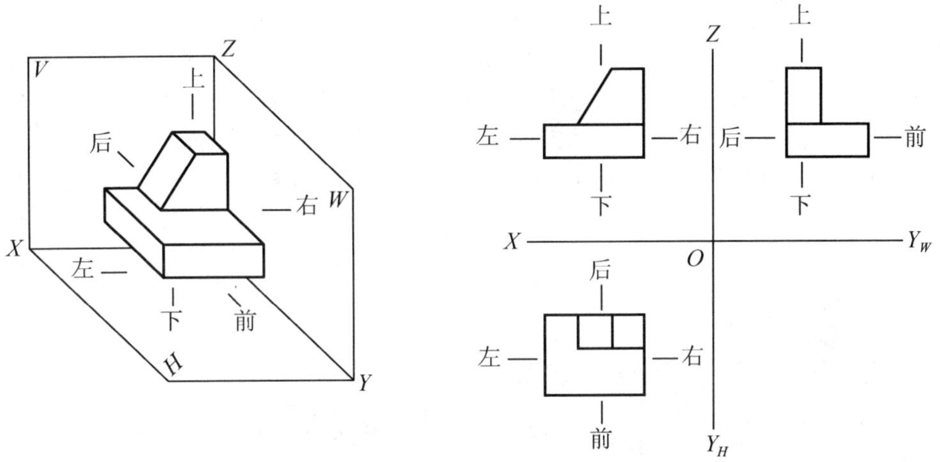

图 2.12 三面正投影图与空间形体的关系

H 面投影反映从形体上方向下看的形状和长度、宽度方向的尺寸以及左右、前后方向的位置。

V 面投影反映从形体前方向后看的形状和长度、高度方向的尺寸以及左右、上下方向的位置。

W 面投影反映从形体左方向右看的形状和宽度、高度方向的尺寸以及前后、上下方向的位置。

2. 三面正投影图的投影规律

三面正投影图表达的是同一个形体，而且是形体在同一位置分别向 3 个投影面所做的投影，所以三面正投影图间每对相邻投影图同一方向的尺寸相等，由图 2.11(c)可知。

H 面投影和 V 面投影中的相应投影长度相等，并且对正。

V 面投影和 W 面投影中的相应投影高度相等，并且平齐。

H 面投影和 W 面投影中的相应投影宽度相等。

“长对正、高平齐、宽相等”是形体的三面投影图之间最基本的投影关系，也是画图和读图的基础。无论是形体的总体轮廓还是某个局部都必须符合这样的投影关系。应当指出的是：形体的宽度在 H 面投影中为竖直方向，在 W 面投影中为水平方向，因此根据“宽相等”作图时，要注意宽度尺寸量取的起点和方向。

2.4 绘制基本体的三面投影及尺寸标注

2.4.1 平面立体的投影

1. 棱柱体的投影

以六棱柱为例(图 2.13)，棱柱体的顶面和底面为水平面，其水平投影重合为反映实形的正六边形，正面投影和侧面投影分别为平行于相应投影轴的直线；前、后两个侧棱面为正平面，其正面投影反映实形，水平投影和侧面投影分别为平行于相应投影轴的直线；其余侧棱面都为铅垂面，它们的水平投影分别积聚成斜线，正面投影和侧面投影均为类似形(矩形)。

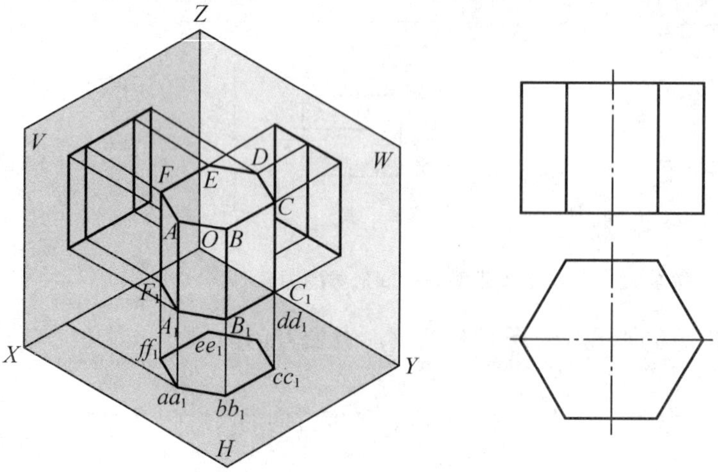

图 2.13 棱柱的投影

2. 棱锥体的投影

一个平面体，其中一个底面是多边形，各侧棱面为有公共顶点的三角形，这个平面体就称之为棱锥体。底面是多边形，棱锥体的高通过底面多边形的中心，称为正棱锥，如图 2.14 所示。

2.4.2 回转体的投影

1. 圆柱体

圆柱是由一条直母线绕与其平行的轴线旋转而成的。投影特点：一个视图为圆，另两个为矩形(图 2.15)。

2. 圆锥体

圆锥是由三角形的斜边绕一直角边旋转而成的。投影特点：一个视图为圆，另两个为三角形(图 2.16)。

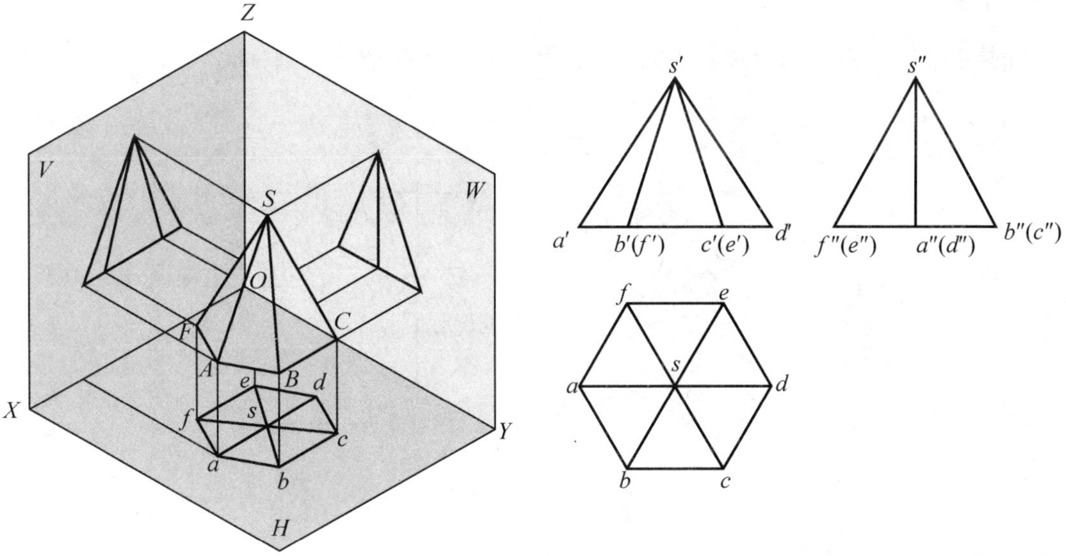

图 2.14　棱锥的投影

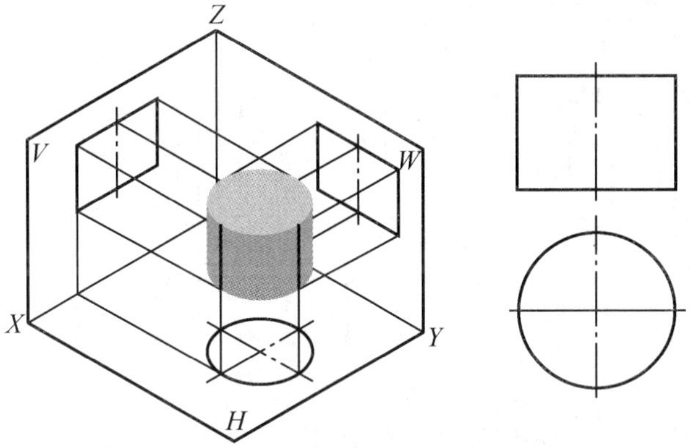

图 2.15　圆柱体的投影

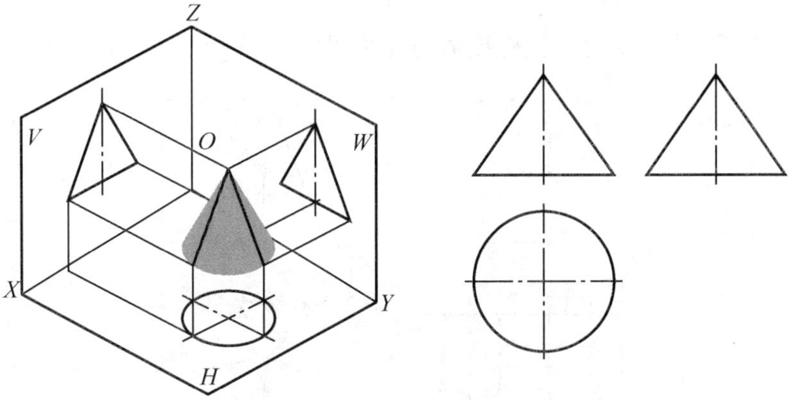

图 2.16　圆锥体的投影

3. 球

球是由半圆绕直径边旋转而成的。投影特点：三个视图均为圆(图 2.17)。

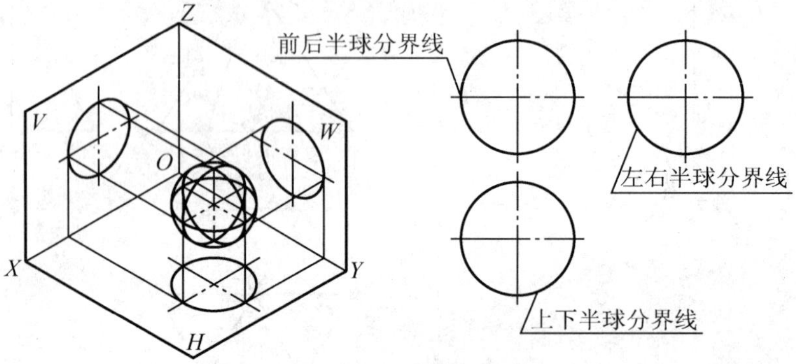

图 2.17 球的投影

2.4.3 基本几何体的尺寸标注

基本几何体尺寸标注应注意的事项包括以下几点。

(1) 要确定基本体的形状大小(图 2.18)。

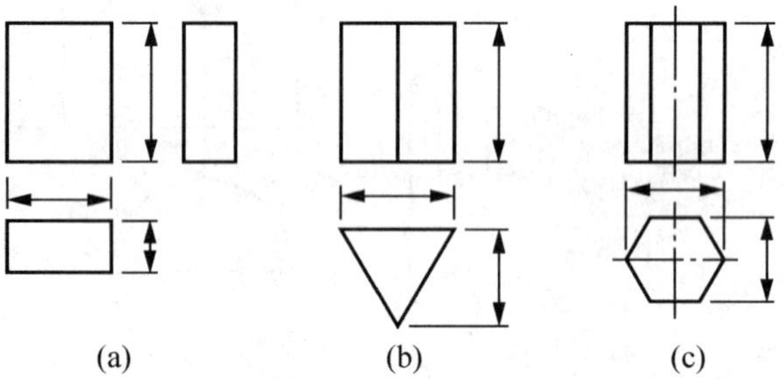

图 2.18 柱体的标注

(2) 尺寸要集中于反映实形的特征投影上，而且应标注在两投影图之间。

(3) 一个尺寸只需要标注一次，尽量避免重复。

(4) 正多边形的大小，可标注外接圆的直径(图 2.19、图 2.20)。

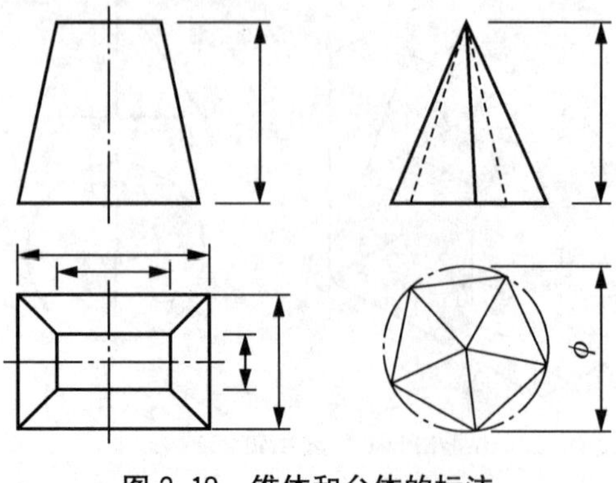

图 2.19 锥体和台体的标注

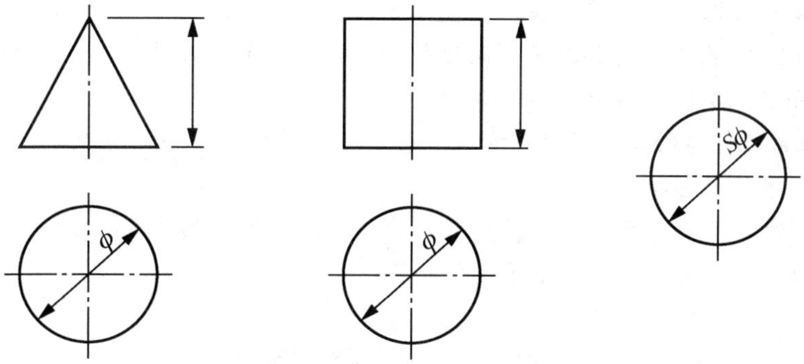

图 2.20　回转体的标注

本章小结

(1) 投影分为中心投影和平行投影两大类；平行投影又可分为正投影和斜投影。工程上常用的投影有：透视投影、轴测投影、正投影和标高投影。

(2) 正投影特性有：类似性、从属性、定比性、实形性、积聚性、平行性等。

(3) 在工程上常用多个投影图来表达形体的形状和大小，基本的表达方法是采用三面正投影图。按照国家标准规定设置的3个相互垂直的投影面，称为三投影面体系。

在3个投影面中，直立在观察者正对面位置的投影面称为正立投影面，简称正面，用字母 V 标记；水平位置的投影面称为水平投影面，简称水平面，用字母 H 标记；右侧的投影面称为侧立投影面，简称侧面，用字母 W 标记。

三个投影面两两垂直相交构成三条投影轴 OX、OY、OZ，三投影轴垂直相交于 O 点，称为原点。

(4) 由上向下投影，在 H 面上所得的投影图，称水平投影图，简称 H 面投影；由前向后投影，在 V 面上所得的投影图，称正立面投影图，简称 V 面投影；由左向右投影，在 W 面上所得的投影图，称侧立面投影图，简称 W 面投影。

为了使三面投影图能画在同一张图纸上，必须把三个投影面展开在同一平面上，国家标准规定：V 面不动，H 面绕 OX 轴向下旋转 $90°$，W 面绕 OZ 轴向右旋转 $90°$，使它们转至与 V 面同在一个平面上，得到在同一平面上的三面投影图。

(5) 由三面正投影图的形成可知，每个投影图都表示形体一个方向的形状、两个方向的尺寸和四个方位。

H 面投影反映从形体上方向下看的形状和长度、宽度方向的尺寸以及左右、前后方向的位置。

V 面投影反映从形体前方向后看的形状和长度、高度方向的尺寸以及左右、上下方向的位置。

W 面投影反映从形体左方向右看的形状和宽度、高度方向的尺寸以及前后、上下方向的位置。

(6) “长对正、高平齐、宽相等”是形体的三面投影图之间最基本的投影关系，也是画图和读图的基础。

H 面投影和 V 面投影中的相应投影长度相等，并且对正。

V 面投影和 W 面投影中的相应投影高度相等，并且平齐。

H 面投影和 W 面投影中的相应投影宽度相等。

(7) 标注基本几何体的尺寸时应注意以下几点。

① 要确定基本体的形状大小。

② 尺寸要集中于反映实形的特征投影上，而且应标注在两投影图之间。

③ 一个尺寸只需要标注一次，尽量避免重复。

复习思考题

1. 什么是投影？投影分为哪几类？
2. 正投影有哪些特性？
3. 什么是“三等关系”？
4. 三面投影图是怎么形成的？
5. 三面投影体系中各投影面的名称是什么？分别反映什么样的方位关系？

第 3 章

点、直线和平面的投影

教学目标

掌握点、直线和平面的三面投影的形成；了解一般位置直线、投影面平行线、投影面垂直线的投影特性；掌握直线与投影面的倾角的确定方法；掌握两直线相对位置的判断方法；了解投影面平行面、投影面垂直面的投影特性；掌握平面上最大坡度线的确定方法及平面相对于投影面倾角的确定方法。

教学要求

知识要点	能力要求	权重
点的投影	1. 掌握点的三面投影的形成及投影规律； 2. 了解特殊位置点的投影特点； 3. 能根据投影判断空间两点的相对位置关系； 4. 了解重影点的概念并能判别其可见性	20%
直线的投影	1. 掌握直线的三面投影的形成； 2. 了解一般位置直线、投影面平行线、投影面垂直线的三面投影特性； 3. 了解直线上的点的投影规律； 4. 能用直角三角形法求解一般位置线段的实长及倾角； 5. 能通过投影判断空间两直线的相对位置关系	35%
平面的投影	1. 了解平面的表示方法； 2. 了解一般位置平面、投影面平行面、投影面垂直面的三面投影特性； 3. 了解平面上的点、直线的投影规律； 4. 能通过投影求平面上的最大坡度线，从而求得平面与投影面的倾角	45%

3.1 点的投影

3.1.1 点的三面投影

1. 点的三面投影的形成

如图 3.1(a)所示，过空间点向投影面作垂直投射线，该投射线与投影面的交点即为点 A 在各投影面上的正投影，这个正投影是唯一确定的。

为了使 3 个投影面上的投影成为在一个平面上的投影图，使 V 面保持不动，H 面绕 OX 轴向下旋转 90°，W 面绕 OZ 轴向右旋转 90°与 V 面重合，去掉投影面边框，即得点的三面投影图，如图 3.1(b)所示。

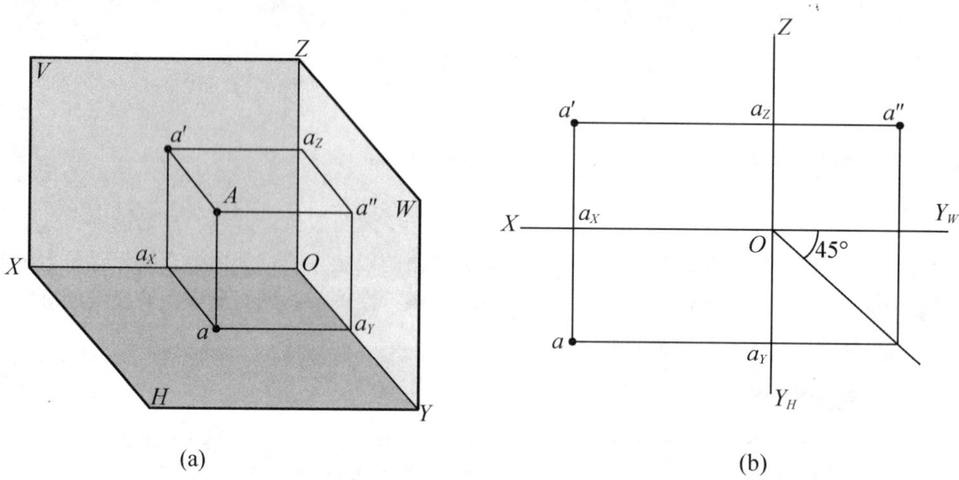

图 3.1 点在三面投影体系中的投影图

注：空间点用 A、B、C…表示；H 面投影用相应的 a、b、c…表示；V 面投影用 a'、b'、c'…表示；W 面投影用相应的 a''、b''、c''…表示。

2. 点的三面投影规律

(1) 两投影的连线必垂直于相应的投影轴。如图 3.1(b)中的 $aa' \perp OX$，$a'a'' \perp OZ$。

(2) 点的投影至投影轴的距离，反映点至相应投影面的距离，即“长对正、宽相等、高平齐”，根据此规律，已知点的任意两投影，即可求其第三投影。

例 3-1：已知点的两面投影，求第三面投影，如图 3.2(a)所示。

【解】 作图步骤如下。

(1) 过 a' 向 OZ 轴作水平线并延长，过 a 作水平线与 45°分角线相交，从交点处向上作铅垂线，该铅垂线与过 a' 所作水平线相交，交点即为 a''，如图 3.2(b)所示。

(2) 过 b' 向下作铅垂线，过 b'' 向下作铅垂线与 45°分角线相交，从交点处再向左作水平线，该水平线与过 b' 所作铅垂线相交，交点即为 b，如图 3.2(b)所示。

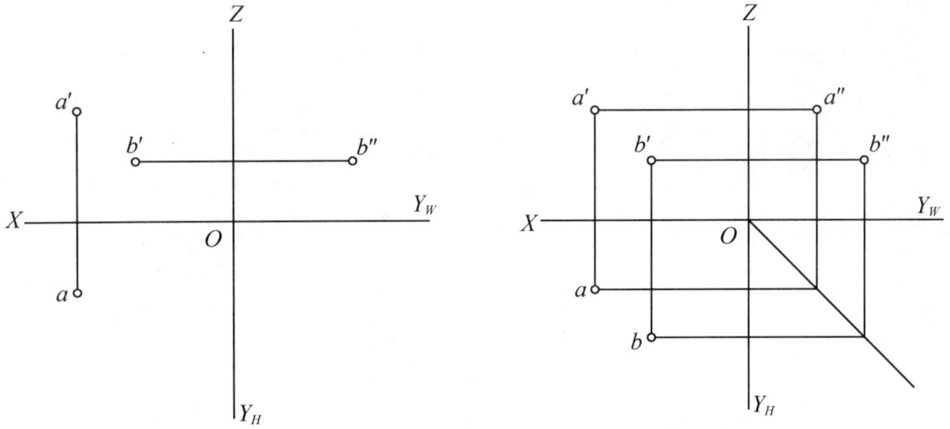

(a) 已知　　(b) 作图

图 3.2　求点的第三面投影

3. 特殊位置的点

空间上的点可能位于投影面、投影轴或原点 O 上，这些点称为特殊位置点。但不论点位于空间体系中的任何位置，点的投影都符合三等关系，如图 3.3 所示。

当点位于投影面时，三面投影中有一个投影在该投影面上，另两个投影分别在两个投影轴上(图 3.3 中的点 A、B、C)；当点位于投影轴时，三面投影中有两个投影在该投影轴上，另一投影在原点(图 3.3 中的点 D)；原点的三面投影都是它本身。

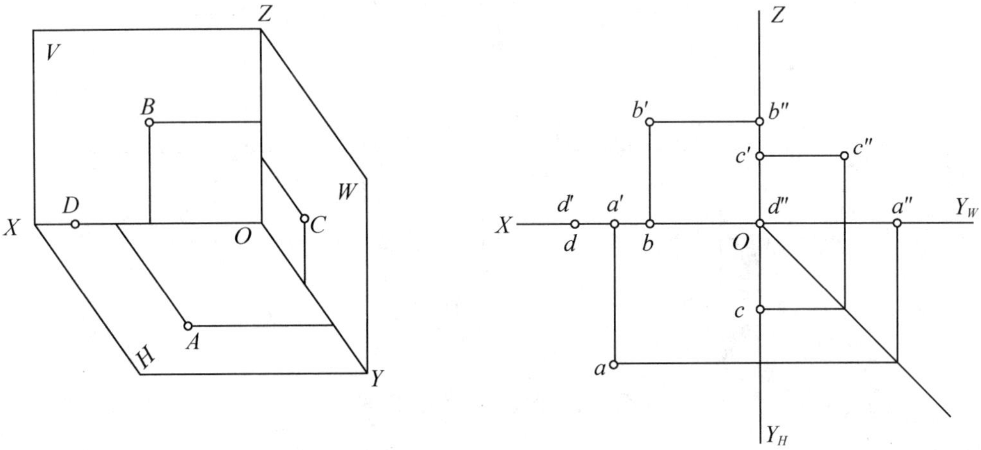

图 3.3　特殊位置点

3.1.2　点的投影与坐标

点的空间位置可用坐标来确定，如 A 点的坐标可表示为 $A(x, y, z)$，以毫米(mm)为单位，其中 x 表示点 A 到 W 面的距离，即 $x=Aa''$；y 表示点 A 到 V 面的距离，即 $y=Aa'$；z 表示点 A 到 H 面的距离；即 $z=Aa$，如图 3.4 所示。

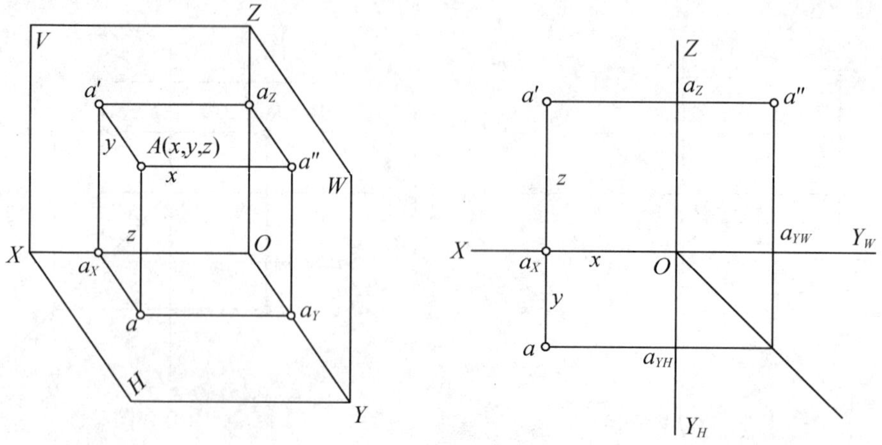

图 3.4　点的坐标

点的三面投影与点的坐标关系为。

(1) A 点的 H 面投影 a 反映该点的 X 和 Y 坐标。

(2) A 点的 V 面投影 a' 反映该点的 X 和 Z 坐标。

(3) A 点的 W 面投影 a'' 反映该点的 Y 和 Z 坐标。

例 3-2：已知点 $A(18,15,20)$，作点 A 的三面投影图，如图 3.5 所示。

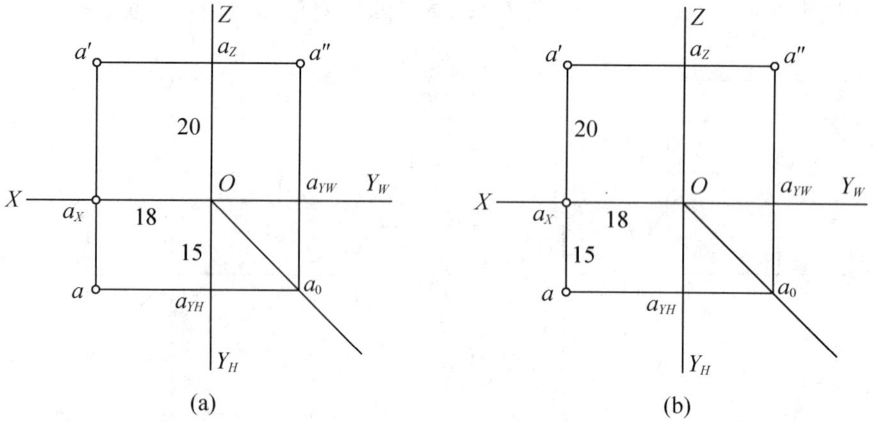

图 3.5　作点的三面投影图

【解】 分析：由于已知点的 3 个坐标，可作出该点的三面投影图，并且点的空间位置可用坐标来确定，作图步骤如下。

(1) 作三面投影图方法一，如图 3.5(a)所示。

① 画出投影轴，在投影轴 OX、OY_H、OY_W、OZ 上，分别从原点 O 截取 18、15、20，得到点 a_X、a_{YH} 和 a_{YW}、a_Z。

② 过 a_X、a_{YH} 和 a_{YW}、a_Z 点，分别作投影轴 OX、OY_H、OY_W、OZ 的垂线，分别相交得到点 A 的三面投影 a、a'、a''。

(2) 作三面投影图方法二，如图 3.5(b)所示。

① 在 OX 轴上，从 O 点截取 18，得 a_X 点，过该点作 OX 轴的垂线，在该垂线上，从 a_X 点向下截取 15，得到 a，向上截取 20，得到 a'。

② 过 O 点作 45°方向斜线，从 a 作水平线交 45°斜线于点 a_0，过 a_0 向上作竖直线与过 a' 向右作的水平线相交，其交点即为 a''。

3.1.3 空间两点的相对位置

空间两点的相对位置是以其中某一点为基准，判别另一点在该点的前后、左右和上下的位置关系。

1. 相对位置的判断

空间每个点具有前后、左右、上下 6 个方位，由点的 3 个坐标可知空间点到 3 个投影面之间的距离，因此，分析空间两点的相对位置，只需分析它们的坐标值即可。

X 坐标值大的点在左，小的在右。

Y 坐标值大的点在前，小的在后。

Z 坐标值大的点在上，小的在下。

另外，空间两点的相对位置可在它们的三面投影中反映，两点的 H 面投影能反映两点的前后、左右关系；两点的 V 面投影能反映两点的上下、左右关系；两点的 W 面投影能反映两点的前后、上下关系。

例 3-3：已知 A、B 的三面投影，判断两点的相对位置，如图 3.6(a)所示。

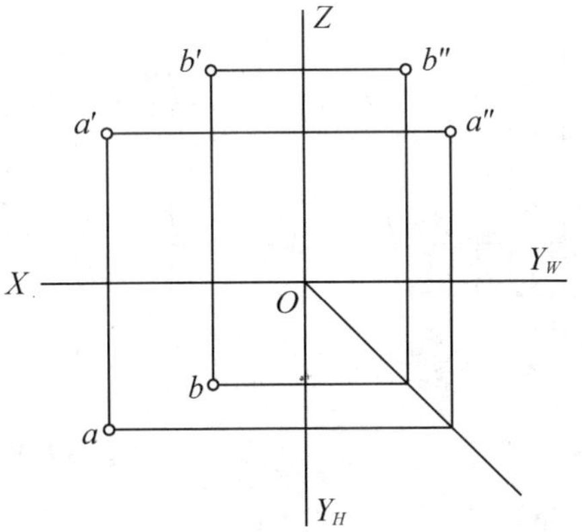

(a) 投影图

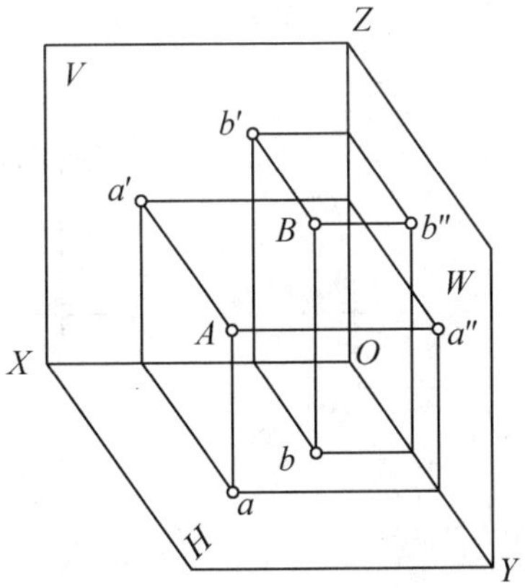

(b) 立体图

图 3.6 判断两点的相对位置

【解】 分析：空间两点的相对位置，可在它们的三面投影中得到反映。

(1) 由 H 面投影可判断出 A 在 B 的左前方。

(2) 由 V 面投影可判断出 A 在 B 的左下方。

(3) 由 W 面投影可判断出 A 在 B 的前下方。

(4) 由三投影中任两投影即可得出 A 在 B 的左、前、下方。

3.1.4 重影点及其可见性判别

两点位于某一投影面的同一条投射线上，则它们在这一个投影面上的投影互相重合，重合的投影称为重影点。重影点的3个坐标值中必有两个相同，另一个不同。

一个投影面上重影点反映空间点的可见性，必须根据该两点在另外的投影面上的相对位置来判定。重影点可见点的投影写在前面，不可见点的投影写在后面，最好加上圆括号。

如图3.7(a)所示，A、B两点的水平投影重合为一点，A、B两点称为H面的重影点，A点在上，B点在下，A可见，B不可见，标注为$a(b)$。

如图3.7(b)所示，C、D两点的正面投影重合为一点，C、D两点称为V面的重影点，C点在前，D点在后，C可见，D不可见，标注为$c'(d')$。

如图3.7(c)所示，E、F两点的侧面投影重合为一点，E、F两点称为W面的重影点，E点在左，F点在右，E可见，F不可见，标注为$e''(f'')$。

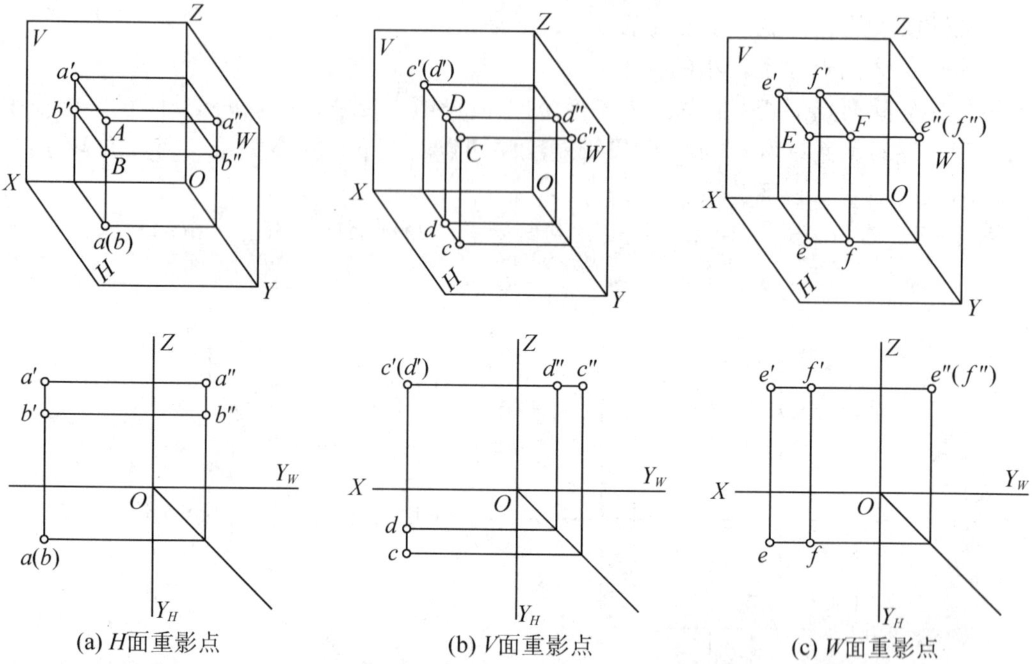

(a) H面重影点　(b) V面重影点　(c) W面重影点

图3.7 重影点

3.2 直线的投影

一条直线可由直线上的任意两点来决定，所以画出直线上任意两点的投影，连接其同面投影即可得到直线的投影，如图3.8所示。

直线和它在某一投影面上的投影间的夹角，称直线对该投影面的倾角。对H面的倾角用α表示；对V面的倾角用β表示；对W面的倾角用γ表示。

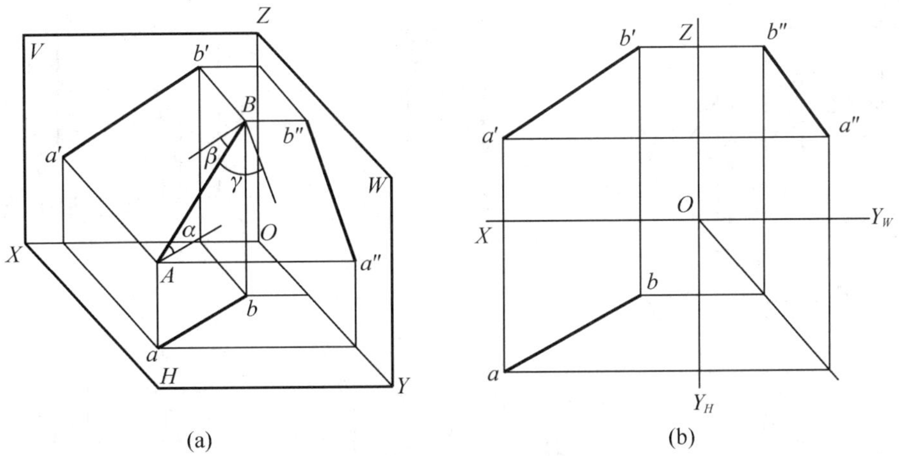

图 3.8　直线的投影

直线按与投影面间的相对位置可以分为：一般位置直线、投影面平行线和投影面垂直线三种。

3.2.1　一般位置直线

一般位置直线在空间与 3 个投影面都倾斜，它的三面投影都是直线，并且与各投影轴都倾斜，三面投影都不反映直线的实长及与各投影面倾角的大小，如图 3.8 所示。

一般位置直线的特性。

（1）$ab=AB\cos\alpha$，$a'b'=AB\cos\beta$，$a''b''=AB\cos\gamma$，α、β、γ 均介于 0°与 90°之间，所以一般位置直线的三个投影都小于实长。

（2）一般位置直线的三面投影都倾斜于各投影轴。

3.2.2　投影面平行线

投影面平行线是指在空间与一个投影面平行，同时与另外两个投影面倾斜的直线，如图 3.9 所示。

水平线与 H 面平行，同时与 V 面、W 面倾斜。

正平线与 V 面平行，同时与 H 面、W 面倾斜。

侧平线与 W 面平行，同时与 H 面、V 面倾斜。

投影面平行线的特性。

（1）直线在所平行的投影面的投影反映实长，且该投影与相应投影轴所成之夹角，反映直线对其他两投影面的倾角。

（2）直线其他两投影均小于实长，且平行于相应的投影轴。

3.2.3　投影面垂直线

投影面垂直线是指在空间与一个投影面垂直，同时与另外两个投影面平行的直线，如图 3.10 所示。

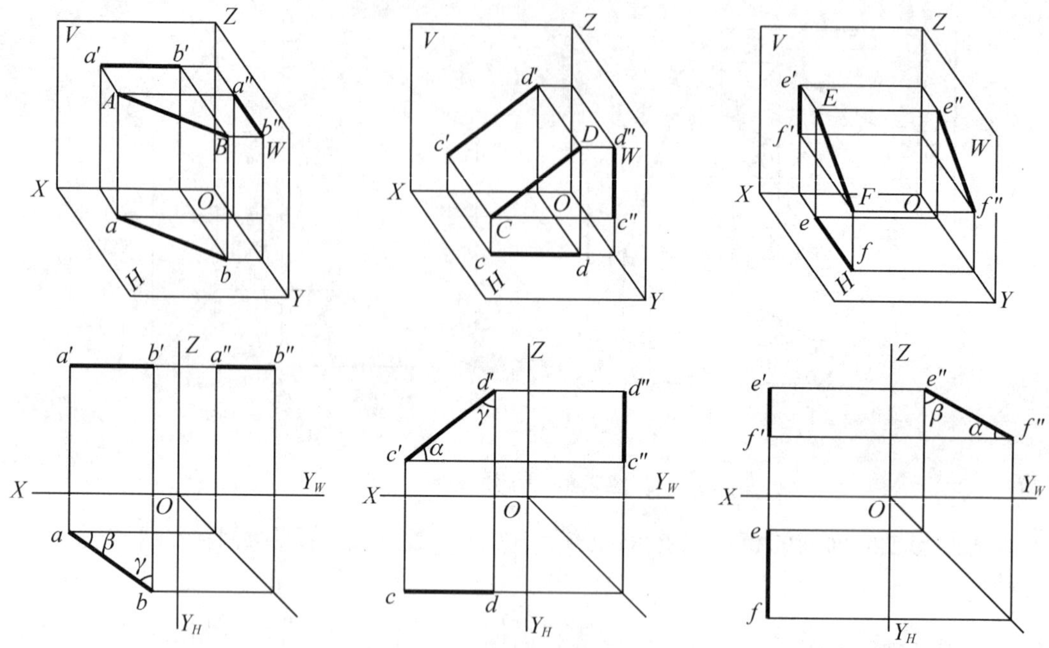

(a) 水平线　　(b) 正平线　　(c) 侧平线

图 3.9　投影面的平行线

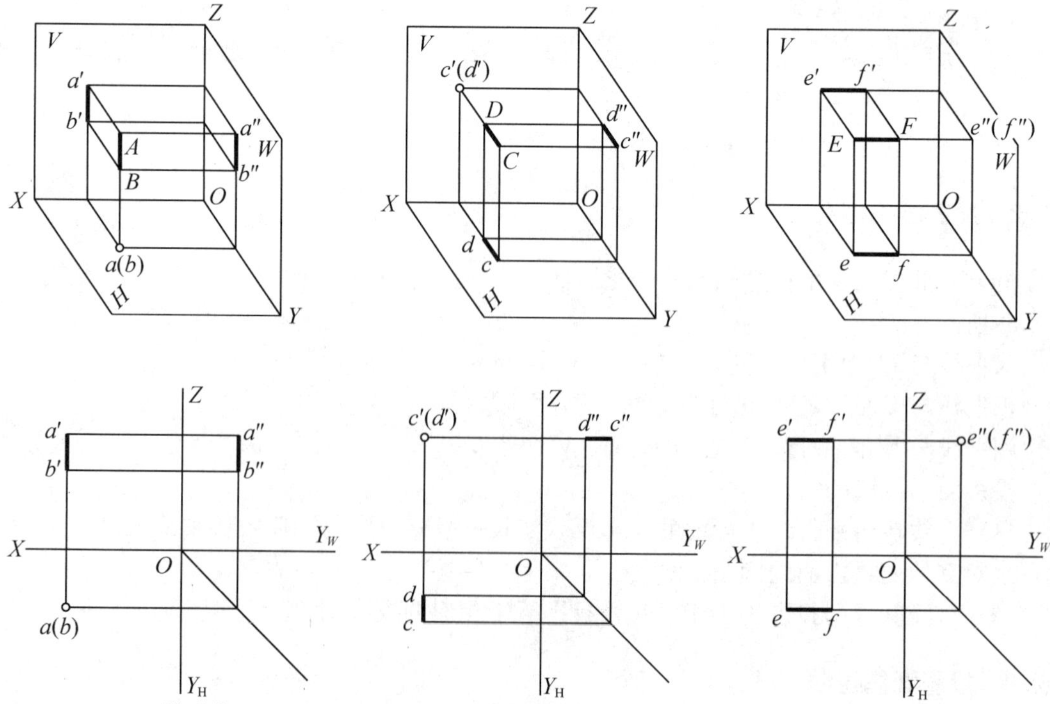

(a) 铅垂线　　(b) 正垂线　　(c) 侧垂线

图 3.10　投影面的垂直线

铅垂线与 H 面垂直同时与 V 面、W 面平行。

正垂线与 V 面垂直同时与 H 面、W 面平行。

侧垂线与 W 面垂直同时与 H 面、V 面平行。

投影面垂直线的特性。

(1) 在它所垂直的投影面上的投影积聚为一点。

(2) 另外两个投影平行于同一条投影轴，并都反映实长。

3.2.4 直线上的点

由平行投影的特性可知，直线上的点的投影规律。

1. 从属性

若点在直线上，则点的投影必在直线的同名投影上且符合点的投影规律。如图 3.11 所示，点 C 在直线 AB 上，则 c 在 ab 上，c' 在 $a'b'$ 上，c'' 在 $a''b''$ 上。反之，如果点 C 的各投影在直线的各同名投影上，且符合点的投影规律，则点 C 必在直线上。

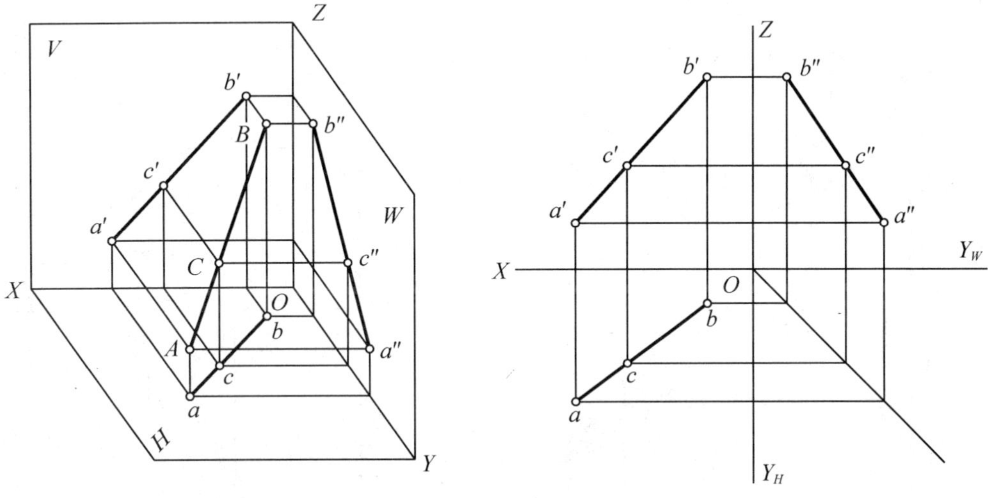

(a) 立体图 (b) 投影图

图 3.11 直线上的点

2. 定比性

直线上两线段长度之比等于它们的同名投影长度之比。若点 C 在直线 AB 上，则 $AC:CB=ac:cb=a'c':c'b'=a''c'':c''b''$。直线上点的投影规律可作为求直线上点的投影，或判断点是否在直线上的依据。

例 3-4：已知直线 AB 的投影 ab、$a'b'$，点 C 在直线 AB 上，且 $AC:CB=2:3$，求 C 点的投影 c、c'，如图 3.12(a)所示。

【解】 分析：由定比性可知，$AC:CB=ac:cb=a'c':c'b'=2:3$。作图步骤如图 3.12(b)所示。

(1) 过 a、b、a'、b' 4 个点中的任意一个作一条斜线，此题过 a 点作，把该斜线等分

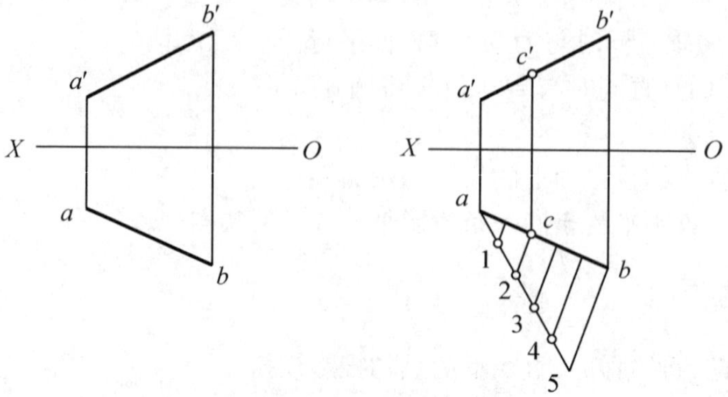

(a) 已知　　(b) 作图

图 3.12　求 C 点的投影

为 5 等份。

(2) 连接 $b5$，过第 2 等分点作 $b5$ 的平行线，得点 c，过 c 向上作连系线交 $a'b'$ 于点 c'，即得 C 点的投影。

例 3-5：判断点 K 是否在侧平线 AB 上，如图 3.13(a)所示。

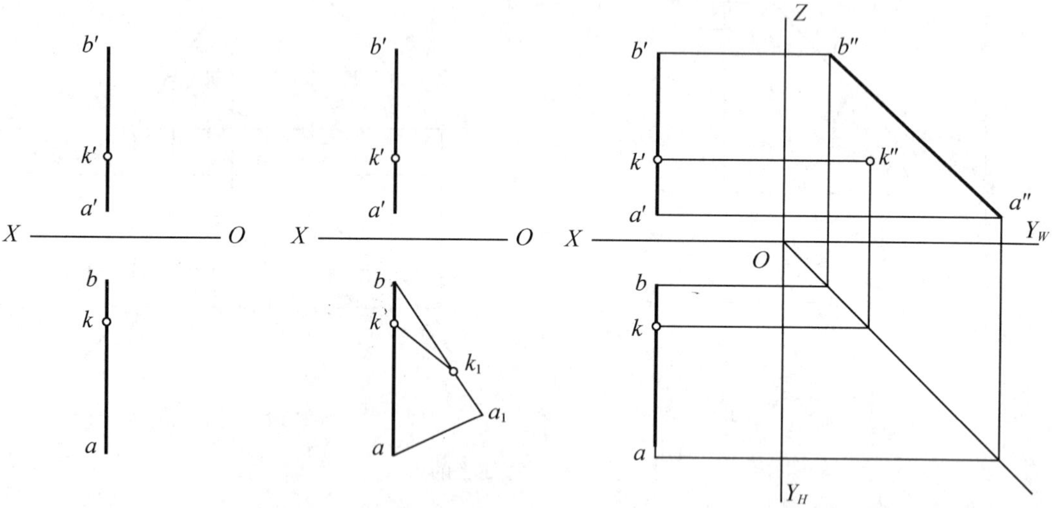

(a) 已知　　(b) 方法一　　(c) 方法二

图 3.13　判断点是否在侧平线上

【解】 分析：由定比性可知，若点在直线上，则 $AC:CB=ac:cb=a'c':c'b'=a''c'':c''b''$，因此可用定比性判断点是否在直线上；另外也可作出 W 投影后来判断。作图步骤如下。

(1) 方法一，如图 3.13(b)所示。

① 在 ab 上过 b 作一斜线，取 $bk_1=b'k'$，$k_1a_1=k'a'$。

② 连接 aa_1 和 kk_1，发现 aa_1 和 kk_1 不平行，得出点 K 不在直线 AB 上。

(2) 方法二，如图 3.13(c)所示。

求出 $a''b''$ 和 k''，发现 k'' 不在 $a''b''$ 上，得出点 K 不在直线 AB 上。

3.2.5 直线的实长

用直角三角形法能够通过投影求解一般位置线段的实长及倾角。

如图 3.14(a)所示，在直角三角形 ABB_1 中，斜边就是直线 AB，直角边 AB_1 等于直线 AB 的水平投影 ab，另一条直角边 BB_1 等于 B 点与 A 点之间的高差(即 $|Z_B-Z_A|$)。那么，如果已知直线 AB 的正面投影和水平投影 [图 3.14(b)]，则只需在正面投影中量取 AB 两点的高差 $|Z_B-Z_A|$，然后分别以水平投影 ab 和高差 $|Z_B-Z_A|$ 为直角边作出一个直角三角形，得到的斜边即为直线 AB 的实长，$\angle baB_0$ 是 AB 与 H 面所成的倾角 α。同理，已知任意两面投影都能用直角三角形法求解直线的实长及倾角。

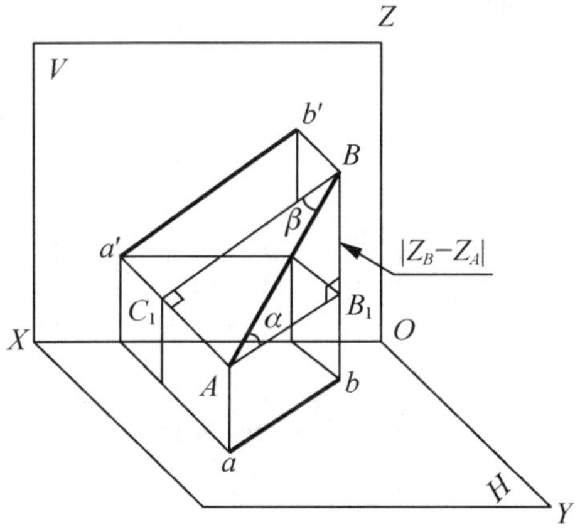

(a) 直观图

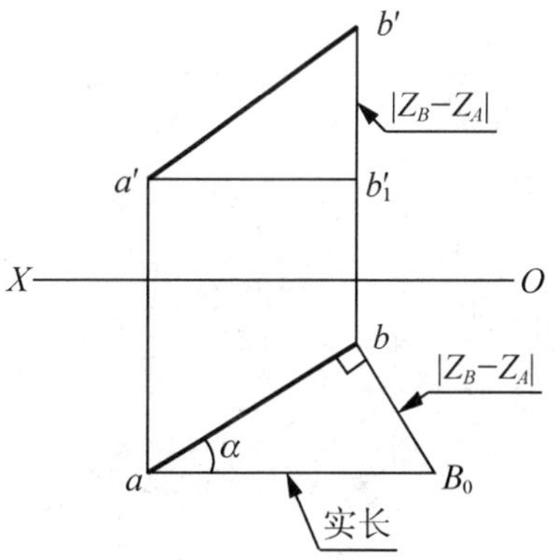

(b) 利用水平投影求实长

图 3.14 用直角三角形法求直线的实长

3.3 两直线的相对位置

空间两直线的相对位置关系有平行、相交和交叉 3 种情况。其中，两平行直线和两相交直线都在同一平面上，称为共面直线。两交叉直线不在同一平面上，称为异面直线。

3.3.1 平行两直线

若空间两直线互相平行，则其同面投影互相平行且比值相等，反之，若两直线的同面投影互相平行且比值相等，则此空间两直线一定互相平行，如图 3.15 所示。

3.3.2 相交两直线

相交两直线，其同面投影必相交，交点符合点的投影规律，相交两直线投影的交点是空间交点的投影。各投影交点的连线必垂直于相应的投影轴，如图 3.16 所示。

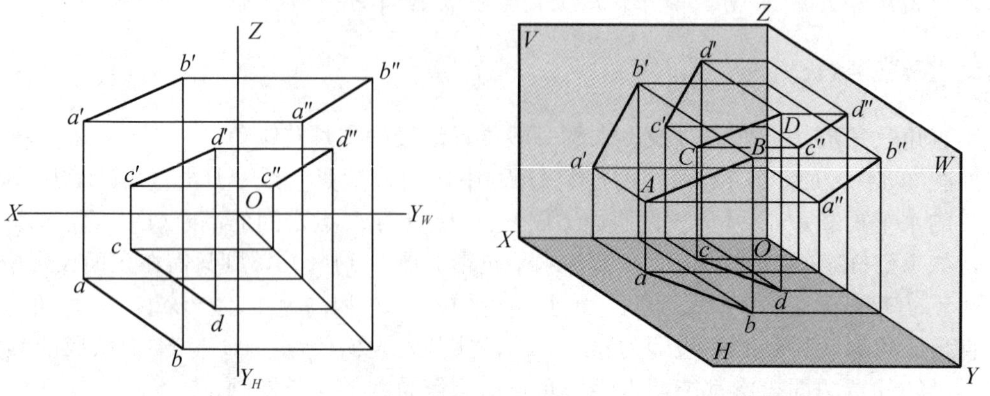

图 3.15　平行两直线的投影

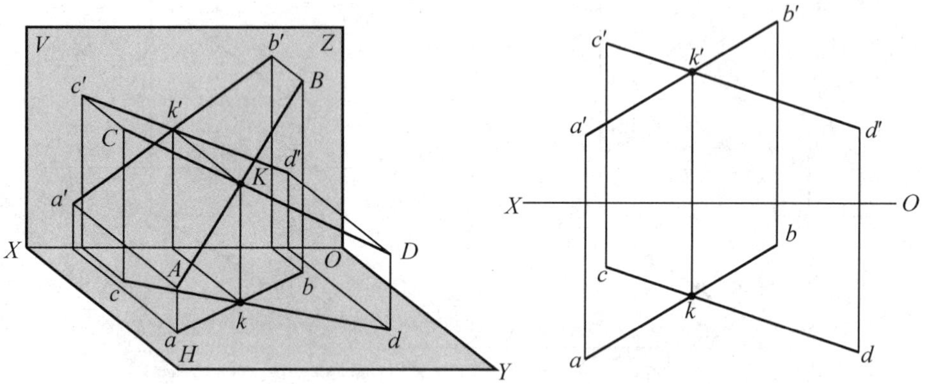

图 3.16　相交两直线的投影

3.3.3　交叉两直线

交叉两直线既不平行也不相交，其各面投影既不符合平行两直线的投影特性，也不符合相交两直线的投影特性。交叉两直线投影的交点是空间两点在投影面上的重影点，如图 3.17 所示。

例 3-6：判断两侧平线 AB 与 CD 是否平行，如图 3.18(a)所示。

【解】 分析：因 AB 与 CD 同时平行于 W 投影面，则需通过两直线在 W 投影面上的投影来判断；或者通过定比性和指向来判断。作图步骤如图 3.18(b)所示。

作出两直线的 W 投影，发现 $a''b''$、$c''d''$ 相交，因此说明 AB 与 CD 在空间不平行，即为交叉直线。也可通过定比性和指向来判断出两直线不平行。

例 3-7：判断两直线 AB 与 CD 是否相交，如图 3.19(a)所示。

【解】 分析：因两直线中 AB 平行于 W 投影面，则需作出两直线在 W 投影面上的投影来判断；或者通过定比性来判断。

(1) 方法一，如图 3.19(b)所示。

① 过 b 作任意斜线，在该斜线上取 $bk_1=b'k'$，$k_1a_1=k'a'$。

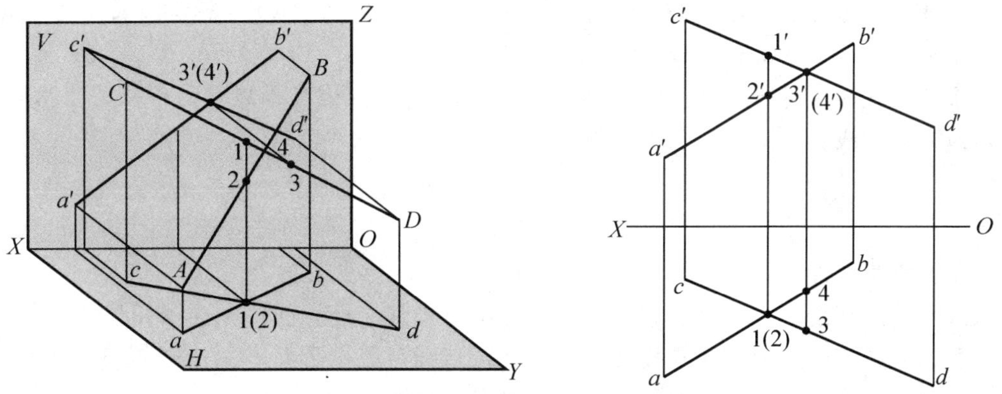

图 3.17 交叉两直线的投影

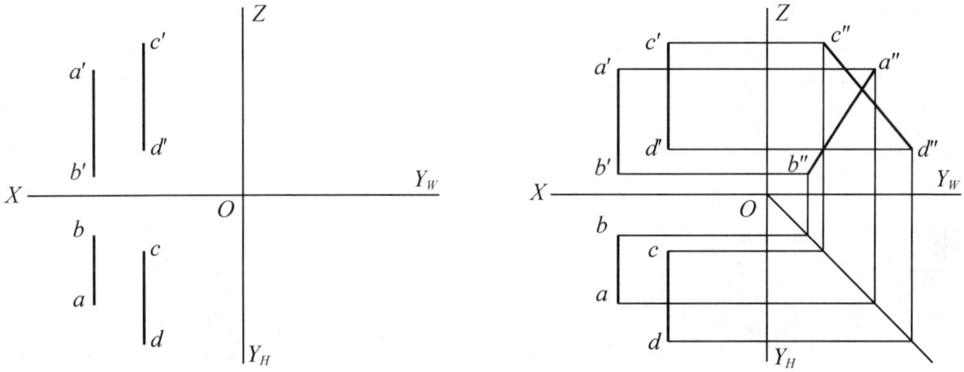

(a) 已知　　(b) 作图

图 3.18 判断两侧平线与是否平行

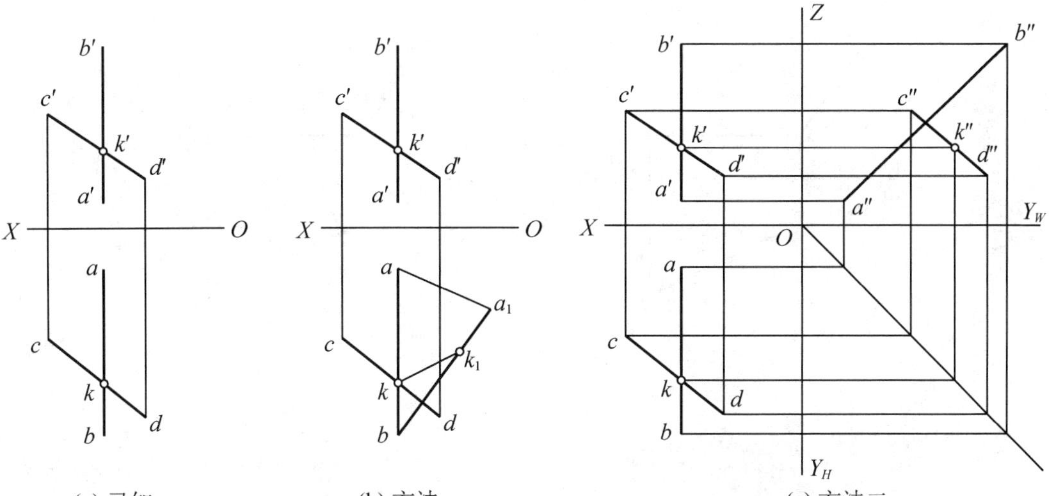

(a) 已知　　(b) 方法一　　(c) 方法二

图 3.19 判断两直线是否相交

② 连接 kk_1 和 a_1a，发现 kk_1 和 a_1a 不平行，说明 AB 与 CD 不相交，为交叉直线。

(2) 方法二，如图 3.19(c)所示。

作出两直线的 W 投影，发现投影交点 k'、k'' 不符合点的投影规律，所以 AB 与 CD 不相交，为交叉直线。

3.3.4 直角的投影

直角的投影定理。

(1) 空间两直线垂直相交，如果两直线均平行于某一投影面，则在该投影面上的投影反映直角；如果正交的两直线与投影面均不平行，则在该投影面上的投影不反映直角；如果正交的两直线中有一条直角边平行于某一投影面(另一边不垂直于该投影面)，则在该投影面上的投影为直角。直角的这一投影性质称为直角投影定理，如图 3.20 所示。

(2) 此定理的逆定理成立。

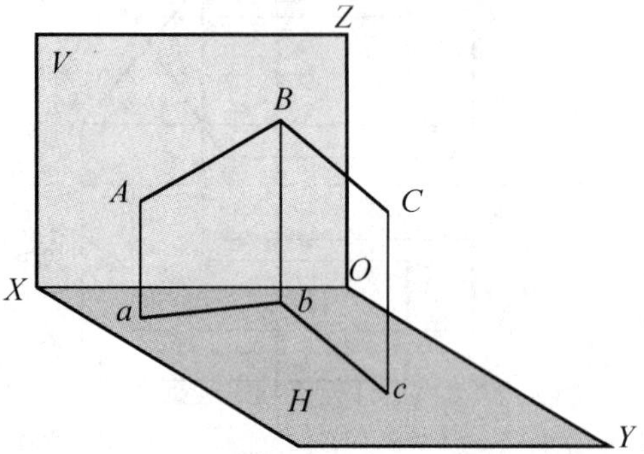

证明：

$\because Bb \perp H$面 $\rightarrow Bb \perp bc$,

$BC \parallel H$面 $\rightarrow BC \parallel bc$

$\therefore BC \perp Bb$，$AB \perp BC$

$\therefore BC \perp BbaA \rightarrow BC \perp ab \rightarrow bc \perp ab$

图 3.20 直角的投影

例 3-8：已知 AB 为水平线，补全矩形 $ABCD$ 的两面投影，如图 3.21 所示。

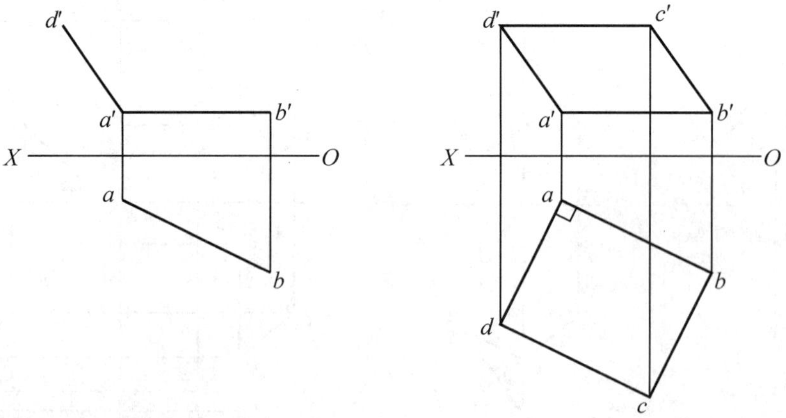

(a) 已知　　(b) 作图

图 3.21 补全矩形的两面投影

【解】 分析：因四边形 $ABCD$ 矩形，故 $AB \perp AD$，又因 AB 为水平线，可利用垂直两直线关系作图。作图步骤如下。

(1) 过 a 作 $ad \perp ab$。

(2) 利用矩形对边平行关系完成矩形两面投影。

3.4 平面的投影

3.4.1 平面的表示方法

由初等几何可知，平面是广阔无边的，而平面图形是有限范围的，平面的表示方法有以下几种。

(1) 用不在同一直线上的3个点表示一个平面，如图3.22(a)所示。

(2) 用一直线和直线外一点表示一个平面，如图3.22(b)所示。

(3) 用两相交直线表示一个平面，如图3.22(c)所示。

(4) 用两平行直线表示一个平面，如图3.22(d)所示。

(5) 用平面图形表示一个平面，如图3.22(e)所示。

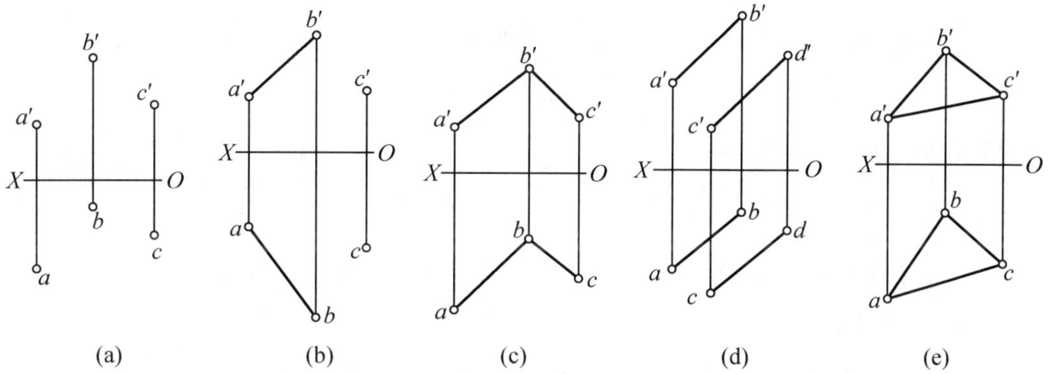

图3.22 平面的表示方法

3.4.2 各种位置平面的投影特性

按空间平面与投影面的相对位置不同，平面可分为投影面的垂直面、投影面的平行面和一般位置平面。前两种称为特殊位置平面。

平面与各投影面的倾角仍然表示为：对 H 面的倾角用 α 表示；对 V 面的倾角用 β 表示；对 W 面的倾角用 γ 表示。

1. 投影面垂直面

垂直于一个投影面，倾斜于其他投影面的平面称为投影面垂直面，如图3.23所示。

铅垂面与 H 面垂直同时与 V 面、W 面倾斜。

正垂面与 V 面垂直同时与 H 面、W 面倾斜。

侧垂面与 W 面垂直同时与 H 面、V 面倾斜。

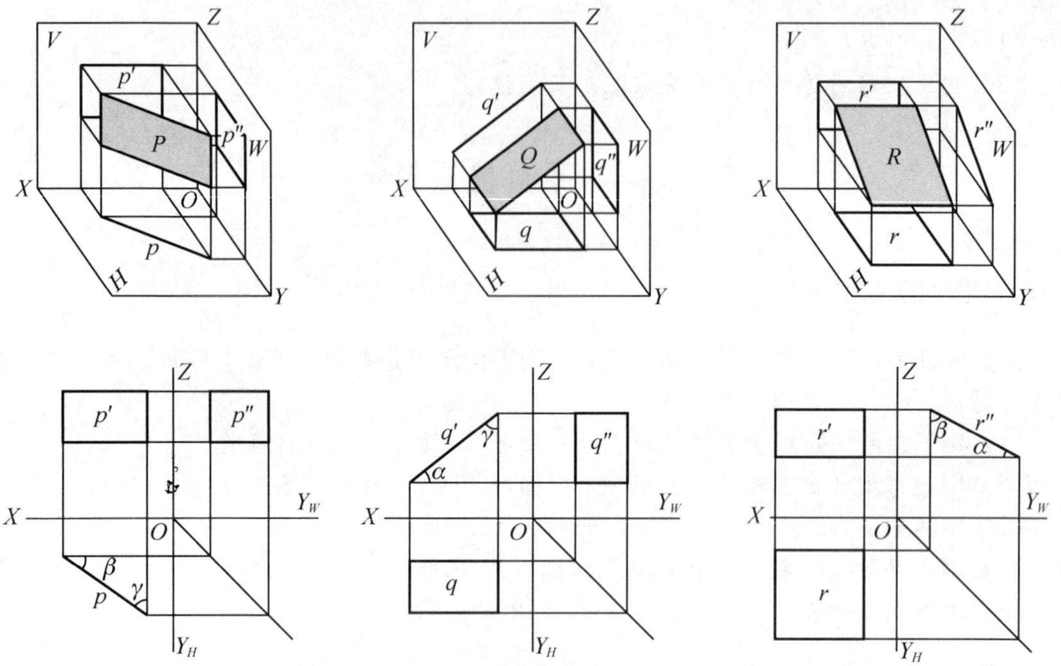

(a) 铅垂面　　(b) 正垂面　　(c) 侧垂面

图 3.23　投影面垂直面

投影面垂直面的特性。

(1) 平面在所垂直的投影面上积聚成一直线，它与相应投影轴所成的夹角，即为该平面对另外两个投影面的倾角。

(2) 平面在另外两个投影面上的两投影是类似图形，并小于实形。

2. 投影面平行面

在空间与一个投影面平行同时与另外两个投影面垂直的平面称为投影面平行面，如图 3.24 所示。

水平面与 H 面平行，同时与 V 面、W 面垂直。

正平面与 V 面平行，同时与 H 面、W 面垂直。

侧平面与 W 面平行，同时与 H 面、V 面垂直。

投影面平行面的特性。

平面在所平行的投影面上的投影反映实形，另外两面投影都积聚成与相应投影轴平行的直线。

3. 一般位置平面

一般位置平面在空间与 3 个投影面都倾斜，它的三面投影都没有积聚性，也不反映平面的实形及与各投影面的倾角的大小，如图 3.25 所示。

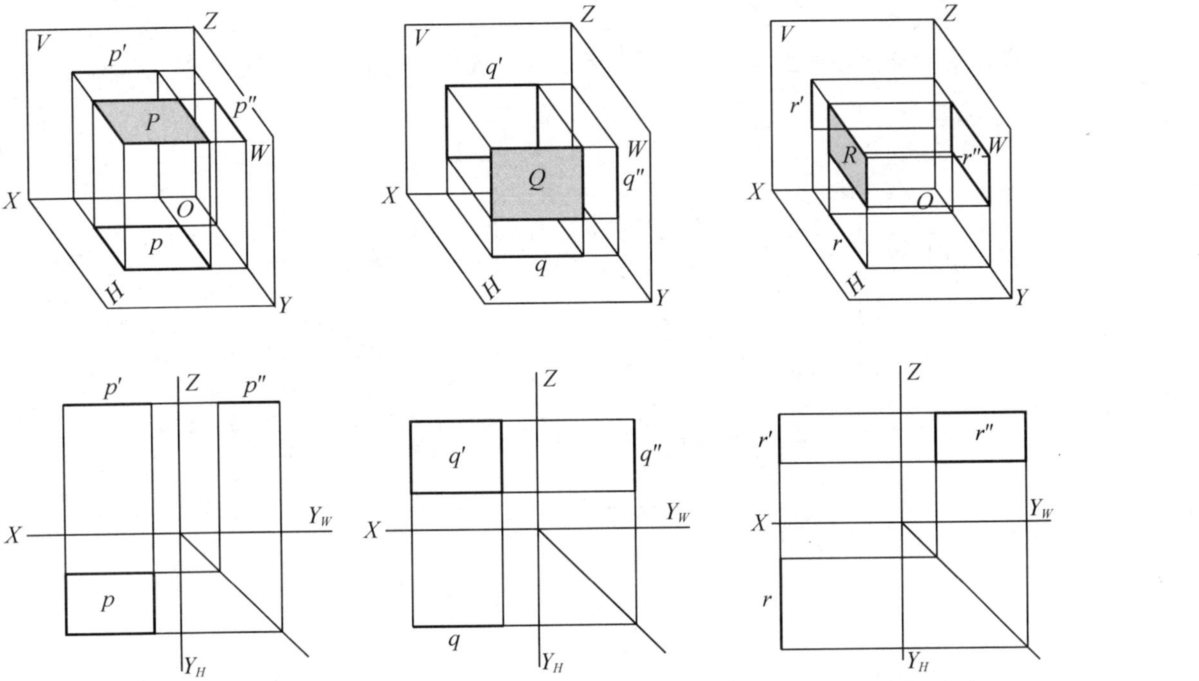

(a) 水平面　　(b) 正平面　　(c) 侧平面

图 3.24　投影面平行面

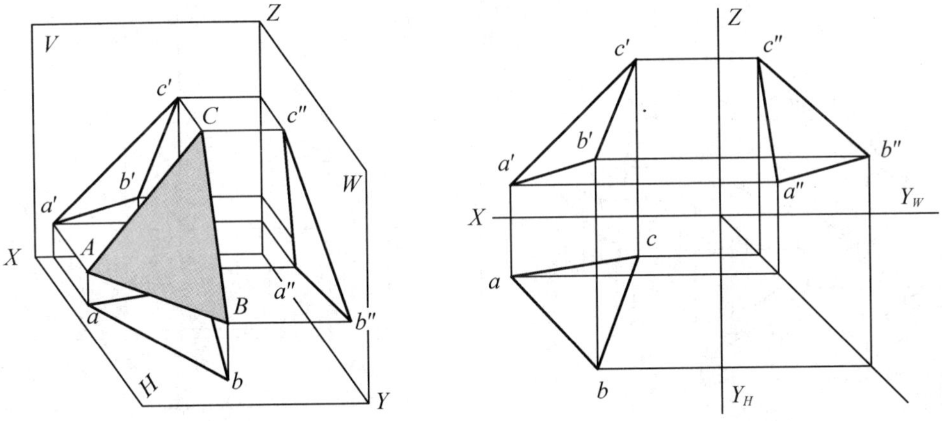

(a) 立体图　　(b) 投影图

图 3.25　一般位置平面

3.5　平面上的点和直线

3.5.1　平面上的直线

直线在平面上必须具备下列两条件之一。

（1）直线通过平面上的两点[图 3.26(a)]。

（2）直线通过平面上的一点，且平行于该平面上的任意一条直线[图 3.26(b)]。

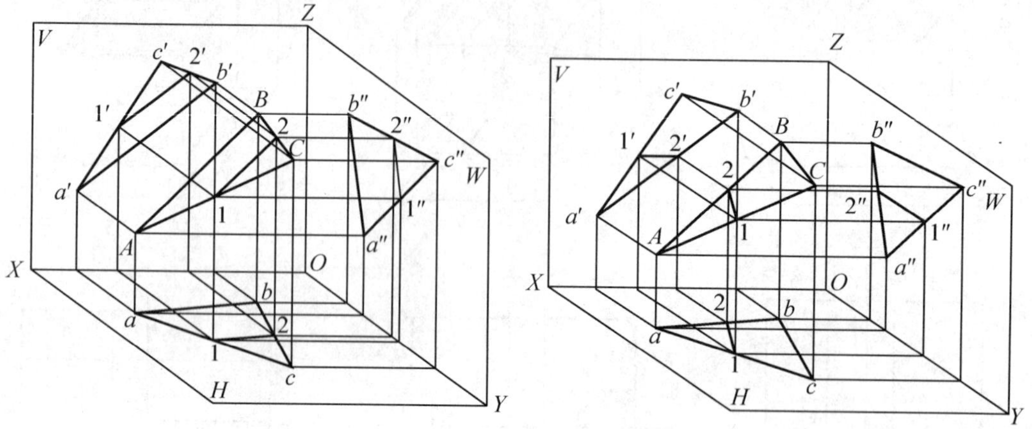

(a) (b)

图 3.26 平面上的直线

3.5.2 平面上的点

点在平面上的几何条件是点在平面内的某一直线上，如图 3.27 所示。

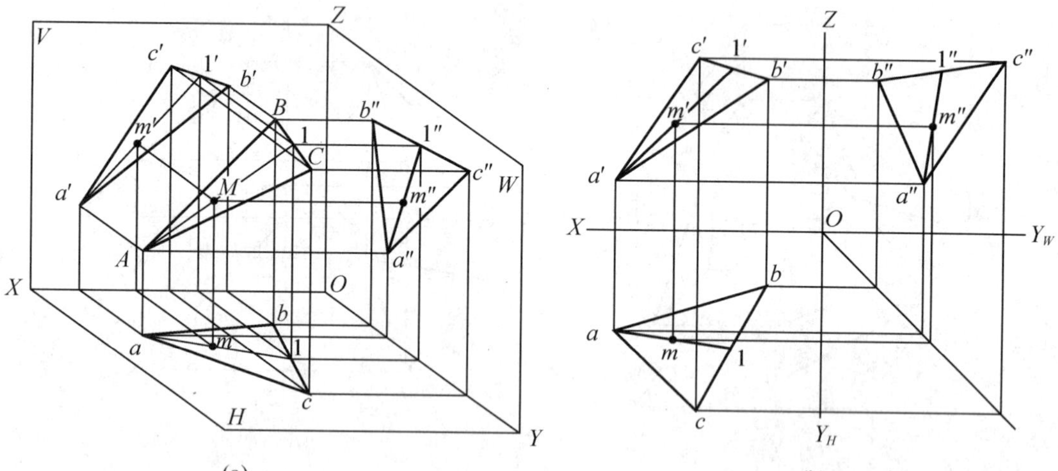

(a) (b)

图 3.27 平面上的点

3.5.3 平面上的投影面平行线

平面上的投影面平行线有 3 种。

（1）平面上平行于 *H* 面的直线称平面上的水平线。

（2）平面上平行于 *V* 面的直线称平面上的正平线。

（3）平面上平行于 W 面的直线称平面上的侧平线。

平面上的投影面平行线中有无数条水平线、正平线和侧平线。

如图 3.28 所示，要在平面上作水平线，需先作水平线的 V 投影，然后再作水平线的 H 投影；要在平面上作正平线，需先作正平线的 H 投影，然后作正平线的 V 投影。

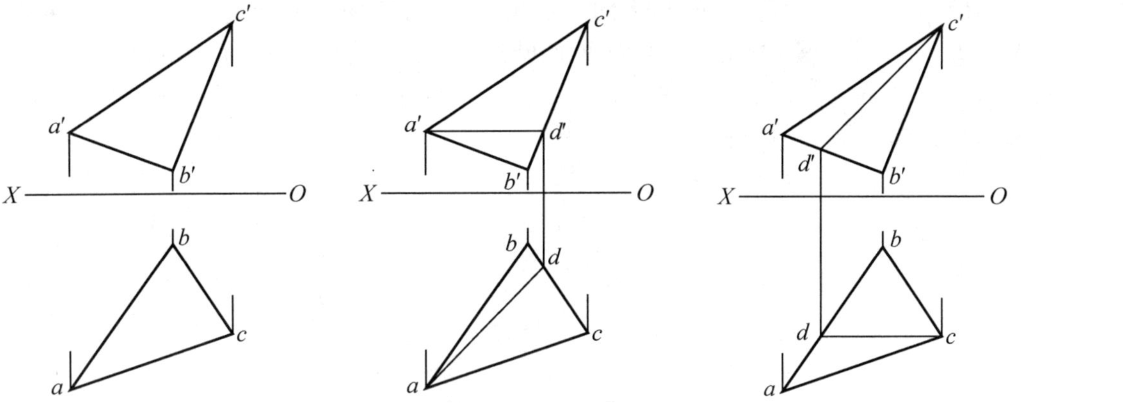

(a) 已知　(b) 在平面上作水平线　(c) 在平面上作正平线

图 3.28　在平面上作水平线和正平线

例 3-9：过平面 ABC 上的点 C 作平面 ABC 内的水平线，如图 3.29 所示。

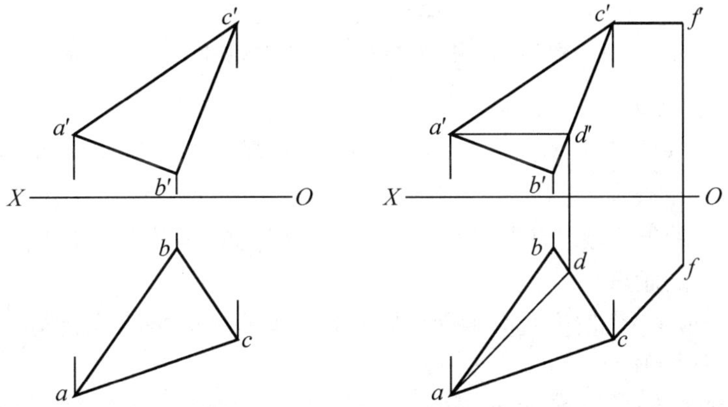

(a) 已知　(b) 作图

图 3.29　过平面上的点作平面内的水平线

【解】 平面上的投影面平行线既符合直线在平面上的几何条件，又具有投影面平行线的投影特点。作图步骤如下。

（1）在平面 ABC 内任意作一条水平线 AD，即 ad，$a'd'$。

（2）过 c' 作水平线 $c'f'$，过 c 作 $cf // ad$。

3.5.4 平面上的最大坡度线

平面上对投影面倾角为最大的直线称平面上对该投影面的最大坡度线，它必垂直于该平面上的同面平行线及迹线。

平面内垂直于水平线的直线称为对 H 面的最大坡度线。

平面内垂直于正平线的直线称为对 V 面的最大坡度线。

平面内垂直于侧平线的直线称为对 W 面的最大坡度线。

如图 3.30 所示，L 是平面 P 内的水平线，AB 在平面 P 内，$AB \perp L$，AB 即是平面 P 内对 H 面的最大坡度线，AB 对 H 面的倾角 α 最大，平面 P 对 H 面的倾角可用最大坡度线 AB 对 H 面的倾角 α 来反映，即求面与投影面的倾角实际上是通过一定的过程转化成求最大坡度线与投影面的倾角。

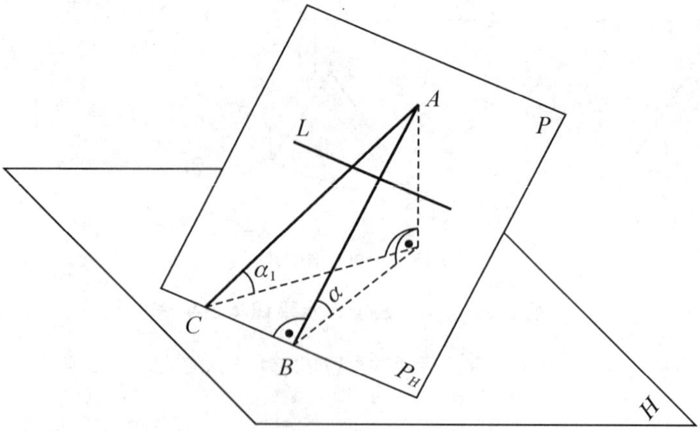

图 3.30 平面内对 H 面的最大坡度线

最大坡度线的投影特性。

平面内对 H 面的最大坡度线其水平投影垂直于面内的水平线的水平投影，其倾角 α 代表了平面对 H 面的倾角。

平面内对 V 面的最大坡度线其正面投影垂直于面内的正平线的正立面投影，其倾角 β 代表了平面对 V 面的倾角。

平面内对 W 面的最大坡度线其侧面投影垂直于面内的侧平线的侧立面投影，其倾角 γ 代表了平面对 W 面的倾角。

例 3-10：求三角形 ABC 对 H 面和 V 面的倾角 α 和 β，如图 3.31(a)所示。

【解】 (1) 第一步求作 α。

① 过 C' 在平面 ABC 内作水平线 $c'd'$，过 d' 往 H 面作连系线交 ab 于点 d，连接 cd。

② 过 b 作 $bk \perp cd$，交 cd 于 k，过 k 往 V 面作连系线交 $c'd'$ 于 k'，BK 即为平面 ABC 对 H 面的最大坡度线。

③ 利用直角三角形法求出 BK 对 H 面的倾角 α，α 即为平面 ABC 对 H 面的倾角，如图 3.31(b)所示。

(2) 第二步求作 β。

① 过 a 在平面 ABC 内作正平线 ag，过 g 往 V 面作连系线交 $b'c'$ 于点 g'，连接 $a'g'$。

② 过 b' 作 $b'f' \perp a'g'$，交 $a'g'$ 于 f'，过 f' 往 H 面作连系线交 ag 于 f，BF 即为平面 ABC 对 V 面的最大坡度线。

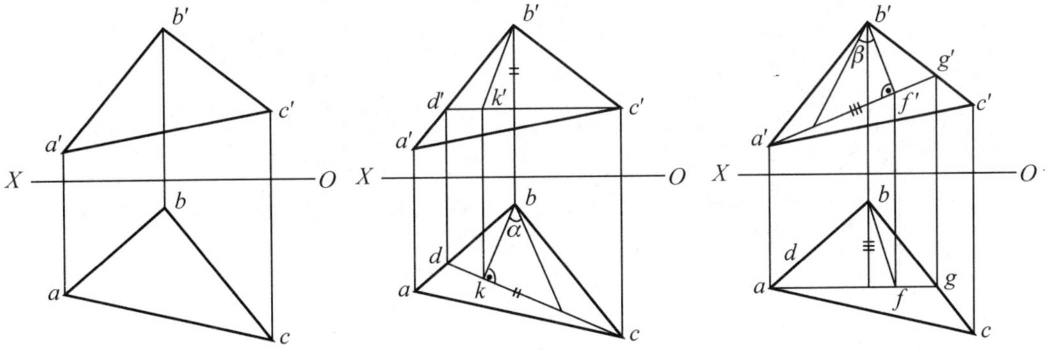

(a) 已知　　(b) 求作α　　(c) 求作β

图 3.31　求三角形对 H 面和 V 面的倾角

③ 利用直角三角形法求出 BF 对 V 面的倾角 β，β 即为平面 ABC 对 V 面的倾角，如图 3.31(c)所示。

3.5.5　平面上取点

若点在平面内的任一直线上，则此点一定在该平面上。通过这一规律，可以找到平面上的点，或判别点是否在平面上。

例 3－11：已知平面 ABC 内一点 K 的 H 投影 k，试求 K 点的 V 投影 k'，如图 3.32 所示。

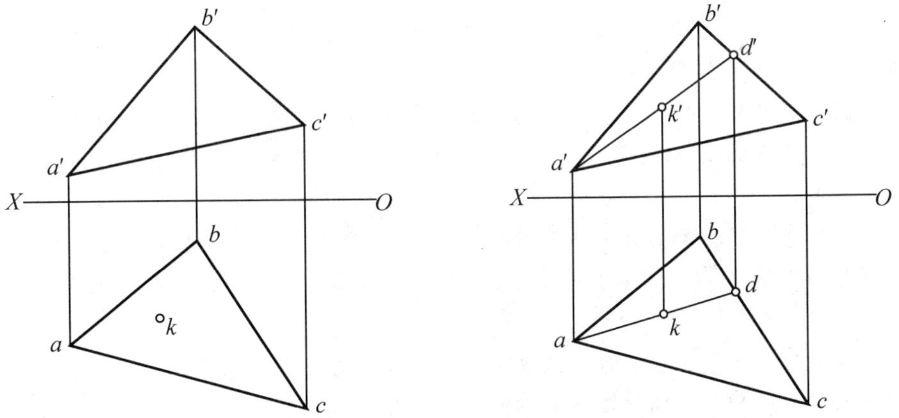

(a) 已知　　(b) 作图

图 3.32　试求 K 点的 V 投影

【解】 分析：点 k 在平面 ABC 上，则它一定在这个平面的一条直线上。作图步骤如下。

(1) 在 H 面内，连接 ak 并延长交 bc 于点 d，过 d 向上作连系线交 $b'c'$ 于点 d'。

(2) 过 k 向上作连系线交 $a'd'$ 于 k'。

例 3－12：判断点 K 是否在平面 ABC 上，如图 3.33 所示。

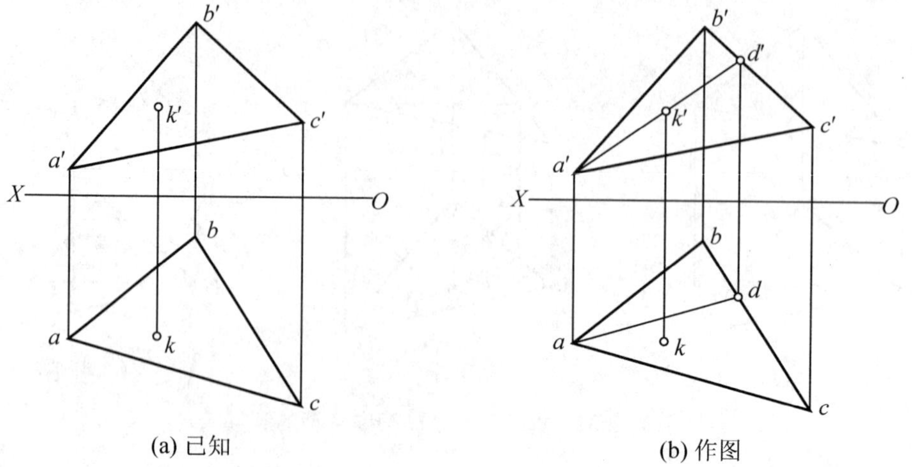

图 3.33 判断点是否在平面上

【解】 分析：点 K 如果在平面 ABC 上，则它一定在这个平面的某一条直线上。作图步骤如下。

（1）过 k' 作辅助线 $a'd'$，过 d' 往下作连系线交 bc 于点 d，连接 ad。

（2）发现点 k 不在 ad 上，说明点 K 不在平面 ABC 上。

本章小结

（1）点的投影至投影轴的距离，反映点至相应投影面的距离。点的三面投影图应符合投影规律，即“长对正、宽相等、高平齐”。

（2）空间两点的相对位置可在它们的三面投影中反映。两点的 H 面投影能反映两点的前后、左右关系；两点的 V 面投影能反映两点的上下、左右关系；两点的 W 面投影能反映两点的前后、上下关系。

（3）两点位于某一投影面的同一条投射线上，则它们在这一个投影面上的投影互相重合，重合的投影称为重影点。重影点可见点的投影写在前面，不可见点的投影写在后面，最好加上圆括号。

（4）一条直线可由直线上的任意两点来决定，画出直线上任意两点的投影，连接其同面投影即可得到直线的投影。不同空间位置直线的三面投影规律总结如下。

① 一般位置直线在空间与 3 个投影面都倾斜，它的三面投影都是直线，并且与各投影轴都倾斜，三面投影都不反映直线的实长及与各投影面倾角的大小。

② 投影面平行线在空间与一个投影面平行，同时与另外两个投影面倾斜。投影面平行线的特性有以下 2 种。

a. 直线在所平行的投影面的投影反映实长，且该投影与相应投影轴所成之夹角，反映直线对其他两投影面的倾角。

b. 直线其他两投影均小于实长，且平行于相应的投影轴。

③ 投影面垂直线是在空间与一个投影面垂直，同时与另外两个投影面平行。投影面垂直

线的特性有以下 2 种。

a. 在它所垂直的投影面上的投影积聚为一点。

b. 另外两个投影平行于同一条的投影轴，并都反映实长。

(5) 用直角三角形法能够通过投影求解一般位置线段的实长及倾角。

(6) 空间两直线的相对位置关系有平行、相交和交叉 3 种情况。其中，两平行直线和两相交直线都在同一平面上，称为共面直线。两交叉直线不在同一平面上，称为异面直线。

若空间两直线互相平行，则其同面投影互相平行且比值相等，反之，若两直线的同面投影互相平行且比值相等，则此空间两直线一定互相平行。

相交两直线，其同面投影必相交，交点符合点的投影规律，相交两直线投影的交点是空间交点的投影。各投影交点的连线必垂直于相应的投影轴。

交叉两直线既不平行也不相交，其各面投影既不符合平行两直线的投影特性，也不符合相交两直线的投影特性。交叉两直线投影的交点是空间两点在投影面上的重影点。

(7) 不同空间位置平面的三面投影规律总结如下。

① 一般位置平面在空间与 3 个投影面都倾斜，它的三面投影都没有积聚性，也不反映平面的实形及与各投影面的倾角的大小。

② 在空间与一个投影面平行同时与另外两个投影面垂直的平面称为投影面平行面。投影面平行面在所平行的投影面上的投影反映实形，另外两面投影都积聚成与相应投影轴平行的直线。

③ 垂直于一个投影面，倾斜于其他投影面的平面称为投影面垂直面。投影面垂直面的特性有以下 2 种。

a. 平面在所垂直的投影面上积聚成一直线，它与相应投影轴所成的夹角，即为该平面对另外两个投影面的倾角。

b. 平面在另外两个投影面上的两投影是类似图形，并小于实形。

(8) 平面上对投影面倾角最大的直线称为平面上对该投影面的最大坡度线，它必垂直于该平面上的同面平行线及迹线。求面与投影面的倾角实际上是通过一定的过程转化成求最大坡度线与投影面的倾角。

复习思考题

1. 简述点在三面投影体系中的投影特性。
2. 如何判别两点的相对位置关系?
3. 什么是重影点? 如何判别重影点的可见性?
4. 直线对投影面的相对位置有哪几种? 各有什么投影特性?
5. 如何利用直角三角形法求直线的实长和倾角?
6. 空间两直线之间的位置关系有哪些? 分别有什么投影特性?
7. 直角投影的特性是什么?
8. 平面对投影面的相对位置有哪几种? 各有什么投影特性?

第 4 章

组合体的投影及尺寸标注

教学目标

了解轴测投影的形成和分类；掌握正等测、斜二测投影的绘制方法；掌握组合体投影的绘制和阅读方法；了解尺寸的种类；掌握尺寸标注的方法。

教学要求

知识要点	能力要求	权重
轴测投影	1. 了解轴测投影的形成、分类及特性； 2. 掌握正等测、斜二测投影的轴间角和轴向伸缩系数； 3. 能绘制平面立体的正等测、斜二测投影	30%
组合体的三面投影图	1. 能绘制组合体的三面投影图； 2. 能阅读组合体的三面投影图	50%
组合体的尺寸标注	1. 了解尺寸的种类； 2. 掌握基本几何体的尺寸标注方法； 3. 了解尺寸标注的基本要求； 4. 掌握组合体的尺寸标注方法	20%

4.1 轴测投影的基本知识

正投影的优点是能够完整、准确地表达形体的形状和大小，而且作图简便，所以在实践中被广泛采用。但是，这种图缺乏立体感，要有一定的读图能力才能看懂。如图 4.1 所示，仅仅看它的三面投影，由于每个投影只反映出形体的长、宽、高 3 个向度中的两个，不易看出形体的形状。但如果画出该形体的轴测图，由于该投影图可以在一个投影中同时反映形体的长、宽、高和不平行于投射方向的平面，所以具有较好的立体感，较易看出形体的形状，并可沿图上的长、宽、高 3 个向度度量尺寸，可以弥补多面正投影图的不足，可为初学者读懂正投影图提供形体分析及空间想象的思路和方法。但是轴测图的作图比较烦琐，特别是外形或构造都比较复杂的形体，作图更为困难。因此，在生产图纸中，轴测图一般只作为辅助图样，用来帮助阅读正投影图使用。

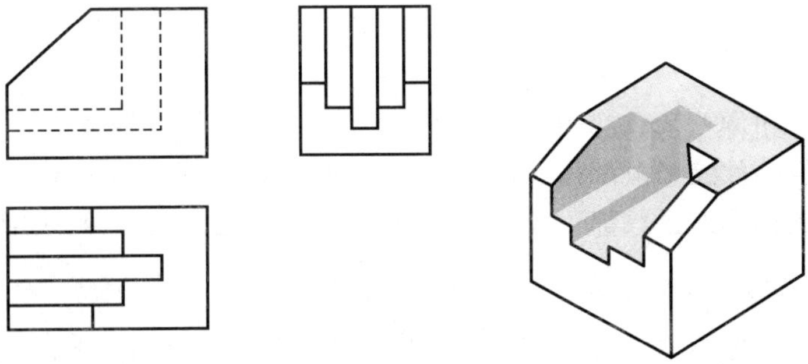

图 4.1 轴测图与正投影图

4.1.1 轴测投影的形成

根据平行投影的原理，把形体连同确定其空间位置的三根坐标轴 O_1X_1、O_1Y_1、O_1Z_1 轴一起沿不平行于任一坐标平面的方向 S，投射到新投影面 P 上，所得的投影称为轴测投影。

当投射方向 S 垂直于投影面时，所得的投影称为正轴测投影，如图 4.2(a)所示。

当投射方向 S 倾斜于投射面时，所得的投影称为斜轴测投影，如图 4.2(b)所示。

1. 轴测投影的基本名词

(1) 轴测投影面：轴测投影的投影面，如图 4.2 中的 P 面。

(2) 轴测投影轴：直角坐标轴 OX、OY、OZ 在轴测投影面上的投影 O_1X_1、O_1Y_1、O_1Z_1，称为轴测投影轴。

(3) 轴间角：轴测投影轴间的夹角($\angle X_1O_1Y_1$、$\angle Y_1O_1Z_1$、$\angle X_1O_1Z_1$)。

(4) 轴向伸缩系数：轴测轴 O_1X_1、O_1Y_1、O_1Z_1 上的线段与空间坐标轴 OX、OY、OZ 上对应线段的长度比，分别用 p、q、r 表示，分别称为 OX、OY、OZ 轴的轴向伸缩系数。

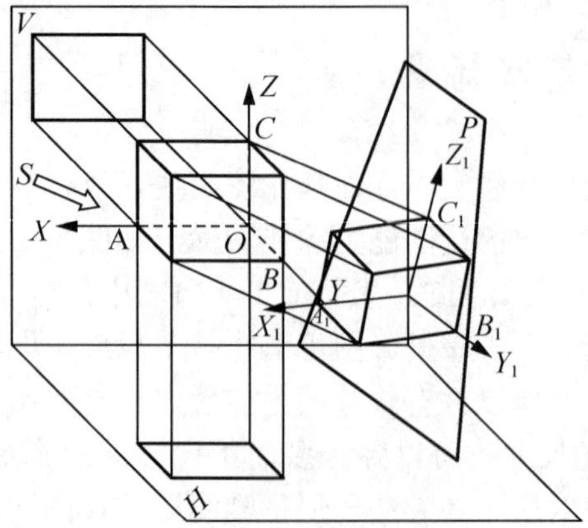

(a) 正轴测投影

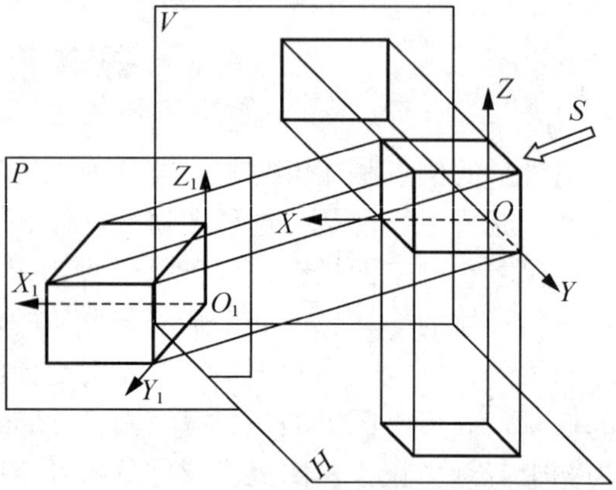

(b) 斜轴测投影

图 4.2　轴测投影的形成

2. 轴测投影的分类

(1) 若三个轴向伸缩系数都相等，即 $p=q=r$，称正(斜)等测投影。

(2) 若两个轴向伸缩系数都相等，即 $p=q\neq r$，称正(斜)二测投影。

(3) 若三个轴向伸缩系数都不相等，即 $p\neq q\neq r$，称正(斜)三测投影。

3. 轴测投影轴的位置

投影轴一般设在形体本身内，与主要棱线、对称中心线或轴线重合。

4. 轴测投影的特性

由于轴测图是根据平行投影原理作出的，所以它必然具有如下特性。

(1) 若空间两直线互相平行，则在轴测图上仍互相平行。

(2) 凡是与坐标轴平行的线段，在轴测图上必平行于相应的轴测轴，且其伸缩系数与相应的轴向伸缩系数相同。

凡是与坐标轴平行的线段，都可以沿轴向进行作图和测量，“轴测”一词就是“沿轴测量”的意思。而空间不平行于坐标轴的线段在轴测图上的长度不具备上述特性。

4.1.2　正等轴测投影

当轴测投射方向与轴测投影面相互垂直时，所得的投影称为正轴测投影。根据轴向伸缩系数 p、q、r 是否相等，正轴测投影可分为正等轴测投影、正二等轴测投影和正三轴测投影，这里主要介绍正等测投影。

将形体放置成使它的三个坐标轴与轴测投影面具有相同的夹角，以正投影的方法向轴测投影面投影，得到正等测投影图(图 4.3)。

轴间角　　$\angle X_1O_1Y_1=\angle Y_1O_1Z_1=\angle X_1O_1Z_1=120°$

轴向伸缩系数　　$p=q=r=0.82$

为了作图方便，将轴向伸缩系数取为1(称为简化系数)，即 $p=q=r=1$，这样可以直接按实际尺寸作图。但此时画出来的正等轴测图比实际的轴测投影要大一些，利用简化系数画出的轴测投影称为正等轴测图。正等测图具有度量方便、容易绘制的特点，因此，正等测是适用于各种工程形体且最常采用的轴测图。

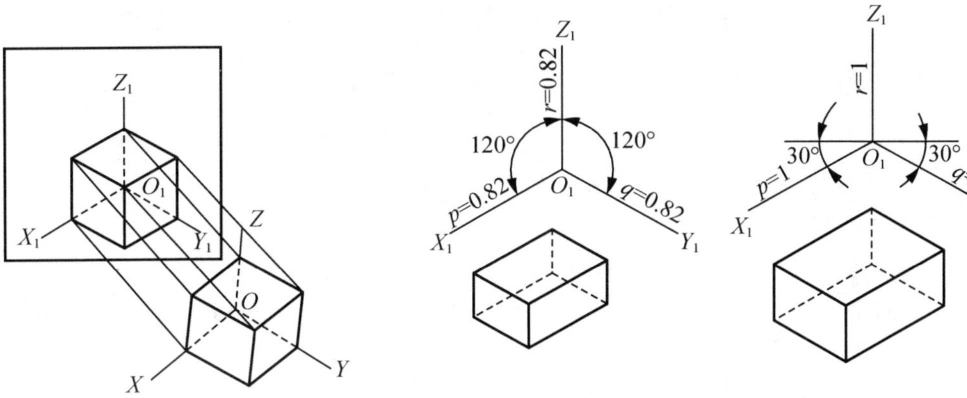

图 4.3　正等轴测投影

绘制平面立体正等测投影的方法主要有坐标法、叠加法和切割法 3 种。

1. 坐标法

坐标法是根据形体表面上各顶点的空间坐标，画出它们的轴测投影，然后依次连接各顶点的轴测投影，即得形体的轴测投影。

2. 叠加法

当形体是由基本体叠加而成时，先将组合体分解为若干个基本体，然后按各基本体的相对位置逐个画出各基本体的轴测图，经组合后完成整个组合体的轴测图，这种绘制组合体轴测图的方法叫叠加法。

3. 切割法

当组合体是由基本体切割而成时，先画出完整的原始基本体的轴测投影图，然后按其截平面的位置，逐个切去多余部分，从而完成组合体的轴侧图，这种绘制组合体轴测图的方法叫切割法。

例 4－1：根据形体的投影图，完成其正等轴测图，如图 4.4 所示。

【解】 (1) 分析形体，选定坐标原点。因形体前后、左右对称，故选择底面的中心为坐标原点，如图 4.4(a)所示。

(2) 作出轴测轴，作底面的轴测投影，如图 4.4(b)所示。先根据各底边的中点 A、B、C、D 的坐标，找出它们的轴测投影，再通过这四点分别作相应轴测轴的平行线，从而得到底面的轴测投影。

(3) 根据形体的高 h 确定顶面的中心，作顶面的轴测投影，如图 4.4(c)所示。

(4) 连接底面、顶面的对应顶点，如图 4.4(d)所示。

(5) 擦去作图过程线和不可见轮廓线，加粗可见轮廓线(通常轴测图中不可见轮廓线

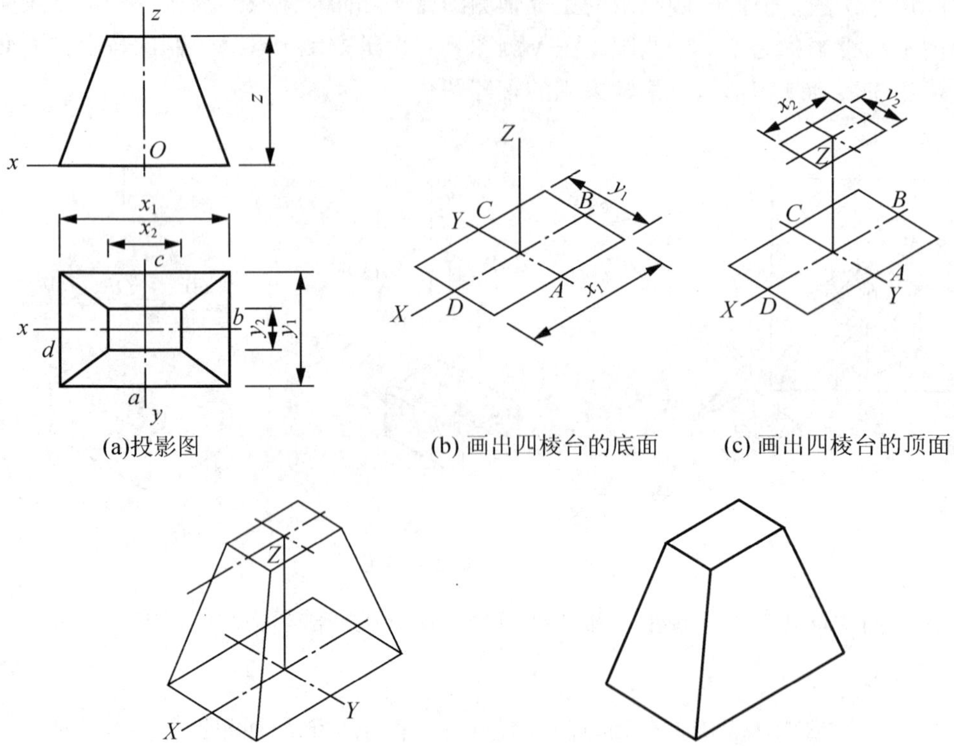

(a)投影图　(b) 画出四棱台的底面　(c) 画出四棱台的顶面

(d) 连接棱线　(e) 整理、加深

图 4.4　作四棱台的正等轴测图

不需要画出)，完成四棱台的正等轴测图，如图 4.4(e)所示。

例 4-2：如图 4.5 所示，根据台阶的投影图，求它的正等轴测图。

【解】 (1) 进行形体分析。台阶由两侧栏板和三级踏步组成。一般先逐个画出两侧栏板，然后画踏步。

(2) 画两侧栏板。先根据侧栏板的长、宽、高画出一个长方体如图 4.5(b)所示，然后切去一角，画出斜面。

(3) 斜面上斜边的轴测投影方向和伸缩系数都未知，通常先画出斜面上、中、下两根平行于 OX 方向的边，然后连对应点，画出斜边。作图时，先在长方体顶面沿 OY 方向量 y_2，又在正面沿 OZ 方向量 z_2，并分别引线平行于 OX，如图 4.5(c)所示。

(4) 画出两斜边，得栏板斜面如图 4.5(d)所示。

(5) 沿 OX 方向量出两栏板之间的距离 x_1，用同样方法画出另一侧栏板如图 4.5 (e)所示。

(6) 画踏步。在右侧栏板的内侧面上，先按踏步的侧面投影形状，画出踏步端面的正等测，即画出各踏步在该侧面上的次投影如图 4.5(f)所示。

(7) 过端面各顶点引线平行于 OX，画出踏步，擦去作图过程线和不可见轮廓线，加粗可见轮廓线，得台阶的正等测图，如图 4.5(g)所示。

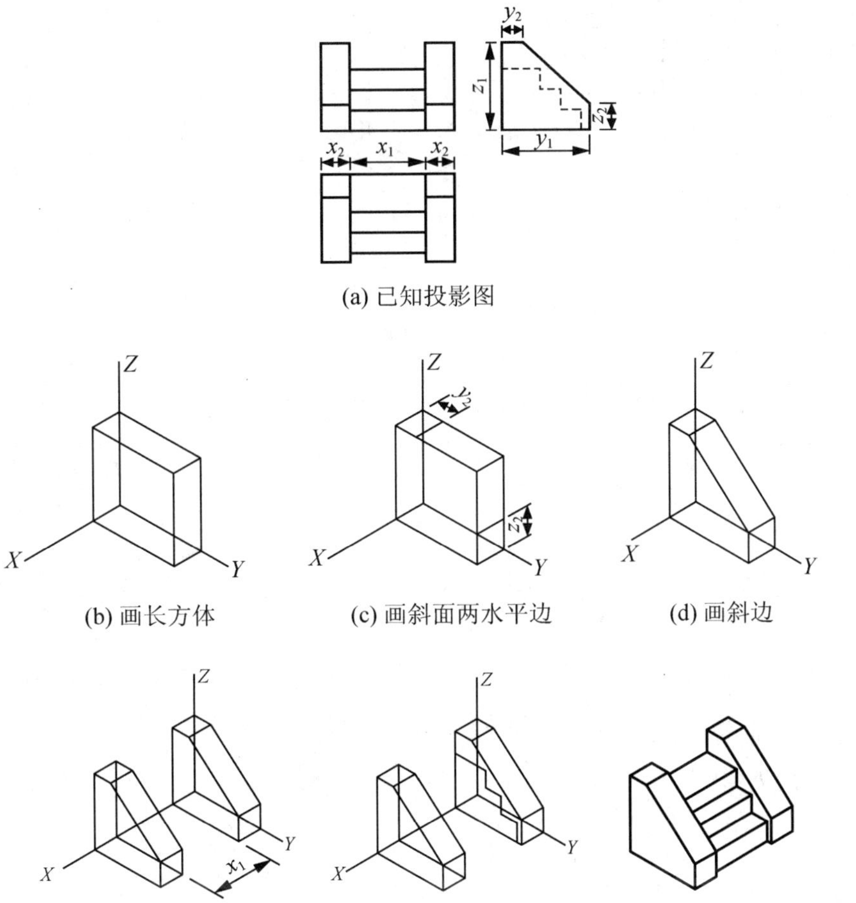

(a) 已知投影图

(b) 画长方体　(c) 画斜面两水平边　(d) 画斜边

(e) 画另一侧栏板　(f) 画踏步的端面　(g) 画踏步，整理、加深

图 4.5　作台阶的正等轴测图

例 4-3：如图 4.6 所示，画出图所示组合体的正等轴测投影图。

【解】 (1)形体分析：由图可知，组合体是四棱柱由八个截平面经三次切割而形成，所以完成该组合体的轴测投影图用切割法。

(2) 建立坐标系：根据正等轴测投影图的要求建立坐标系。

(3) 画出基本体的轴测投影图。

(4) 按截平面的位置逐个切去被切部分。

(5) 校核、清理图面。

4.1.3　斜二测轴测投影

当投射方向 S 倾斜于轴测投影面时得到的投影，称为斜轴测投影。以 V 面或 V 面平行面作为轴测投影面，所得的斜轴测投影，称为正面斜轴测投影。若以 H 面或 H 面平行面作为轴测投影面，则得水平面斜轴测投影，本节主要讲述正面斜二测投影(图 4.7)。

轴间角　　　$\angle X_1O_1Y_1=\angle Y_1O_1Z_1=135°$，$\angle X_1O_1Z_1=90°$

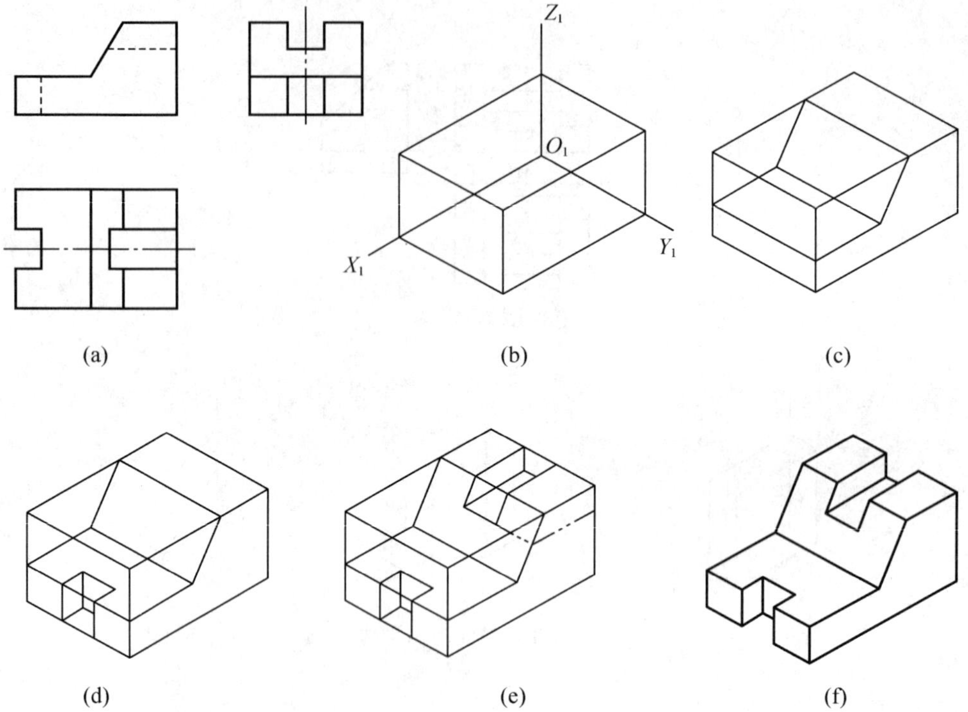

图 4.6　作组合体的正等轴测投影图

轴向伸缩系数　　　　$p=r=1$，$q=0.5$

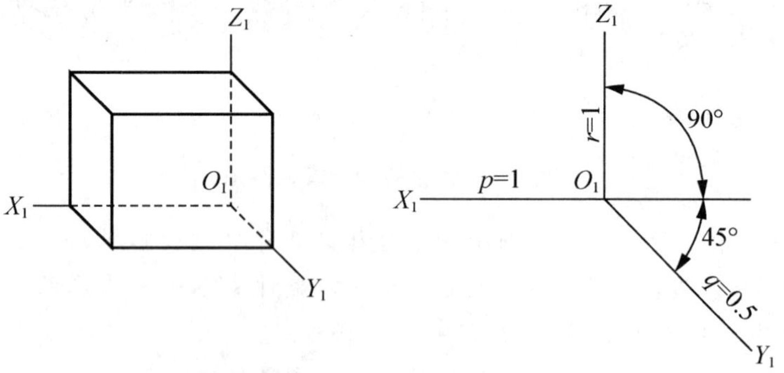

图 4.7　斜二测投影

例 4-4：求作如图 4.8(a)所示立体的斜二轴测图。

【解】　(1)先确定轴测轴和轴间角。

(2) 画出竖板和底板的正面斜二测图，如图 4.8(b)、(c)所示。

(3) 侧板到竖板边的距离是 y_1。从竖板边往后量 $y_1/2$，画出侧板的三角形的实形，如图 4.8(c)所示。

(4) 沿三角形再向后量取 $y_2/2$，画出侧板的轴测投影如图 4.8(d)所示。

(5) 擦去作图过程线和不可见轮廓线，加粗可见轮廓线，得该形体的正面斜二测图，如图 4.8(e)所示。

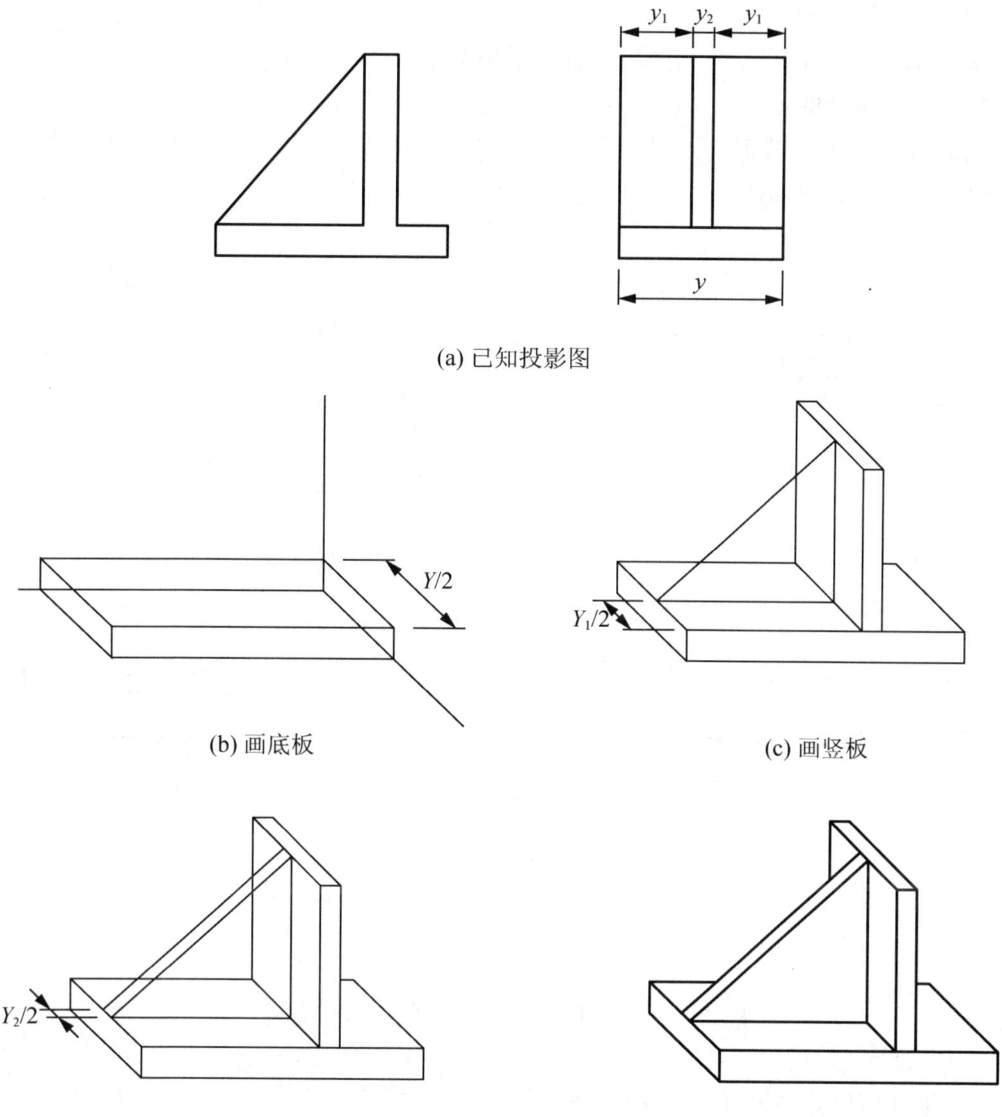

(a) 已知投影图

(b) 画底板　(c) 画竖板

(d) 画肋板　(e) 整理、加深

图 4.8　作斜二轴测图

4.1.4　轴测图的选择

1. 轴测类型的选择

除了要考虑使图样有较强的立体感，不要有太大的变形外，还要考虑从哪个方向观察形体，才能使形体最复杂的部分显示出来。

正等测图的三个轴间角和轴向变化率均相等，应用广泛；斜二测对平行于正面的圆适用。

2. 轴测投影方向的选择

根据形体的形状选择一适当的投影方向，使需要表达的部分最为明显，图的立体感强（物体的内外表面可见部分较多），图形的清晰度高，如图 4.9 所示。

一般作图时，将物体较小部分放在轴测图的前面或上面，有孔的物体，应把尺寸大的孔放在轴测图的上面或前面。

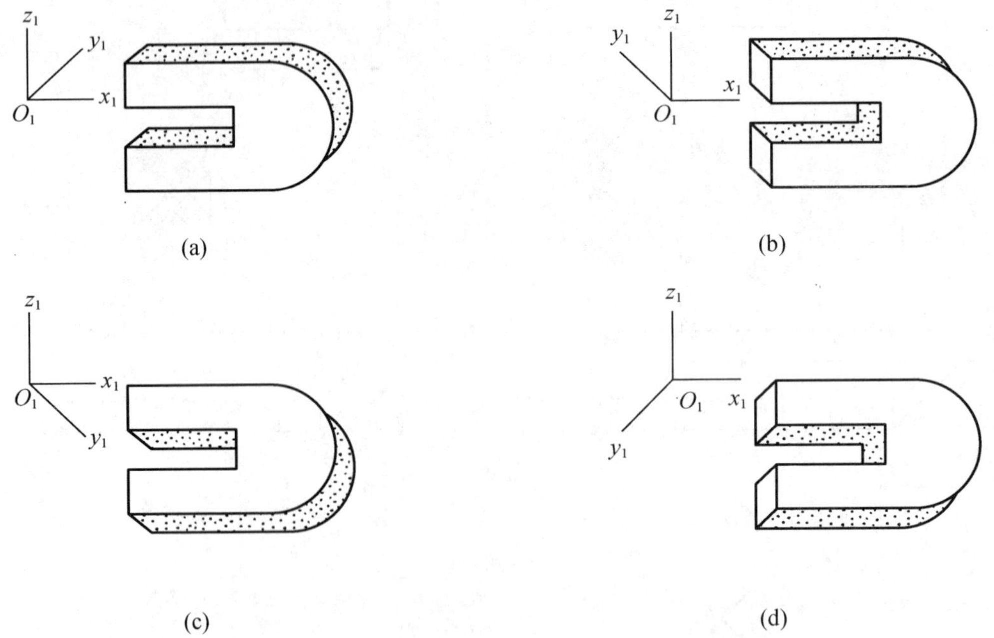

图 4.9　同一形体在不同投影方向下的轴测图

4.2　组合体的三面投影图绘制

由若干几何形体经过叠加、挖切、相贯等方式构成的形体称为组合体。任何复杂的工程建筑物，从宏观上都可把它们看成是由若干个几何形体，经叠加或挖切等方式组成的，反过来说，可以将组合体假想分解成若干个基本的几何形体，分析这些几何形体的形状大小与相对位置，从而得到组合体的完整形象，这种方法称为形体分析法。

形体分析法是求组合体投影图的基本方法，将组合体分解成几个基本体，分析出它们的内、外形状和相互的位置关系，将基本体的投影图按其相对位置进行组合，这样就可得到组合体的投影图。

在绘制组合体的三面投影图时，通常采用下列步骤绘制。

1. 形体分析

将组合体假想分析成由简单几何体经叠加、切割等方式所构成，确定各简单几何体的相对位置和表面交接情况。

2. 确定组合体的安放位置和正面投影的投影方向

一般按自然位置安放组合体，选择最能反映组合体的特征形状以及各部分相对位置的方向作为正面投影的投影方向。有时，还需要将安放组合体的位置与选定正面投影的投影方向结合起来一起考虑，互相协调，使三面投影图尽量多地反映出组合体表面的实形，并避免出现过多的虚线。

3. 选定比例和布置投影图

根据组合体的大小和复杂程度，选定适当的绘图比例，然后计算出总长、总宽及总高，根据选定的绘图比例按“长对正、高平齐、宽相等”布置3个投影图位置，在投影图之间应留出适当的间距。如需标注尺寸，在各个投影图的周围留有清晰标注尺寸的足够位置。

4. 画底稿

按已布置三面投影图的位置，逐个画出形体分析的各简单几何体。画简单几何体时，一般是先画主要的，后画次要的；先画大的，后画小的；先画外面的轮廓，后画里面的细部；先画实体，后画孔和槽。

5. 校核、加深图线、复核

校核完成的底稿，如有错漏，应及时改正。当底稿正确无误后，按规定线型加深、加粗。加深完毕，再进行复核，如有错漏，立即改正。复核无误后，就完成了此组合体的三面投影。

例4-5：已知图4.10(a)是按简化系数画出的正等测图，作出这个组合体的三面投影图。

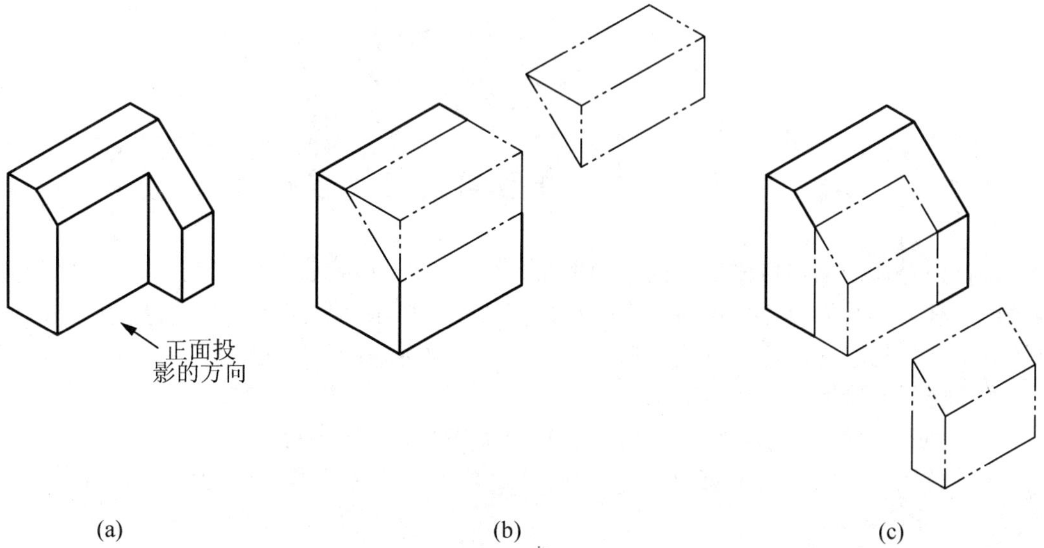

图4.10 组合体形体分析

【解】 (1)对形体进行形体分析：该形体是由一个长方体切去前上方的一个三棱柱如图 4.10(b)所示，然后又在左前方切去了一个四棱柱之后形成的，如图 4.10(c)所示，该形体是切割型组合体。

(2) 绘制如图 4.10(a)所示的组合体的三面投影图时，应根据形体分析和选定的正面投影箭头方向，用轻淡细线按 1∶1 的比例量取尺寸布图，画底稿。按“长对正、高平齐、宽相等”的原则，先画一个长方体的三面投影，如图 4.11(a)所示。然后画出在前上方切去的三棱柱，切去后在长方体的前面将形成一个垂直于 W 面的斜面，在 W 面上积聚为一条斜线，擦去切割后形体上位于前上方不存在的棱线的投影，如图 4.11 (b)所示。

(3) 再沿着长方体的前表面向后切去一个上下贯通的四棱柱，擦去切割后形体上位于前方不存在的棱线的投影如图 4.11(c)所示。

(4) 最后，对整个图线校核，清理图面，按规定加深图线，如图 4.11(d)所示。

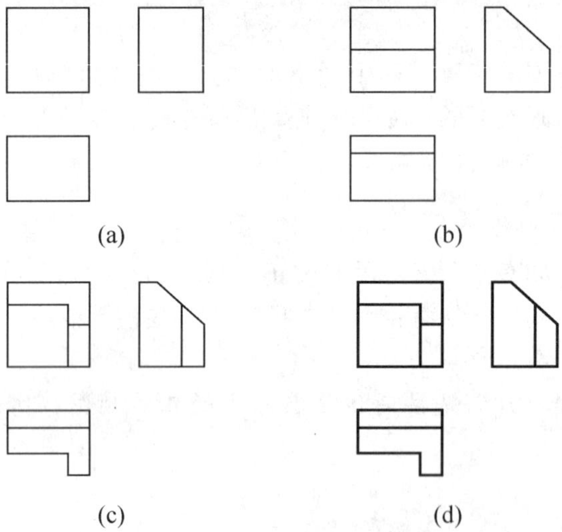

图 4.11 绘制组合体的三面投影图

4.3 组合体投影图的阅读

根据组合体的视图想象出它的空间形状，称为读图(或称看图、识图)。组合体的读图与画图一样，仍采用形体分析法，有时也采用线面分析法。要正确、迅速地读懂组合体投影图，必须掌握读图的基本方法，通过不断实践，培养空间想象能力，才能逐步提高。

组合体投影图阅读的注意事项。

(1) 熟悉各种位置的直线、平面(或曲面)及基本体的投影特性。

(2) 读图时要联系两个或两个以上的投影图，才可准确确定组合体的空间形状，如图 4.12 所示。

(3) 注意投影图中线框的意义。

① 投影图中的一条线，可以表示一条线的投影，也可表示一个有积聚性的面，还可表示两个面的交线，或曲面的转向轮廓线。

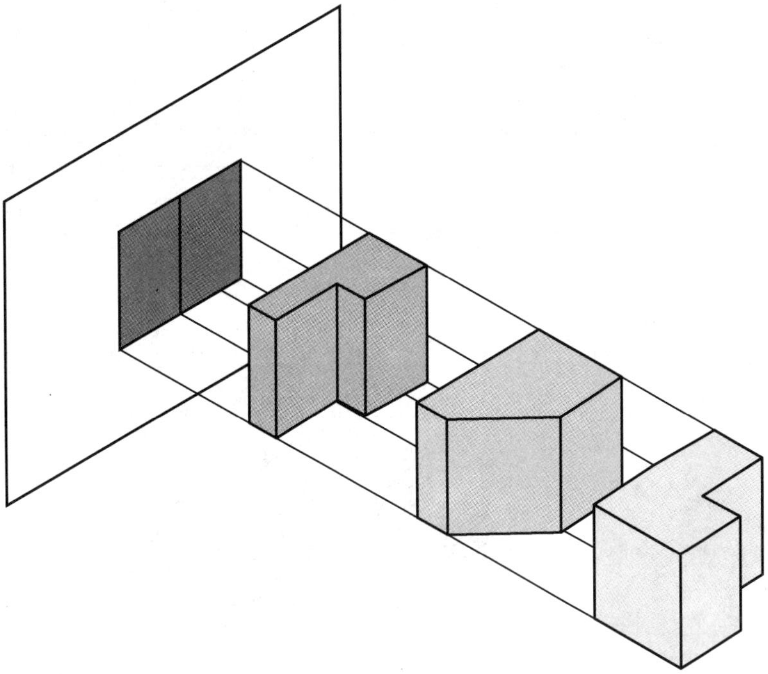

图 4.12 一个面的投影无法表达清楚形体的形状

② 投影图中的一个线框除可以表示一个面的投影外，还可表示一个基本体在某一投影面上的积聚投影。

阅读组合体投影图，是今后阅读专业图的重要基础。组合体的识读方法有：拉伸法、形体分析法和线面分析法，以形体分析法为主。

4.3.1 拉伸法

拉伸法读图一般用于柱体或由平面未截割柱体而成的简单体。读图基本方法如图 4.13 所示。

用拉伸法读图，关键是在给定的投影图中找出反映立体特征的线框。

4.3.2 形体分析法

形体分析法读图，就是先以特征比较明显的视图为主，根据视图间的投影关系，把组合体分解成一些基本体，并想象各基本体的形状，再按它们之间的相对位置，综合想象组合体的形状。

例 4-6：试读如图 4.14(a)所示的组合体投影图。

【解】 (1)分线框：根据组合体已知的三面投影图可知 V 面投影图中线框较为明显，故可把 V 面投影分为三个线框。然后根据“长对正、宽相等、高平齐”的投影规律，找出这三个线框的 H 面、W 面投影。

(2) 读线框：从三面投影图中分出的三个线框，即是把组合体分为了不同形状的三个

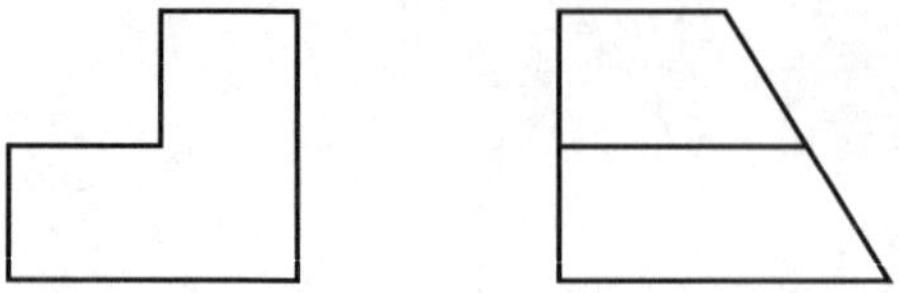

(a)已知投影图

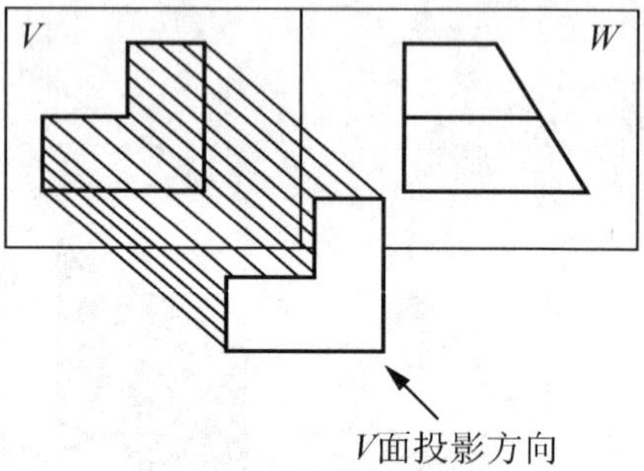

(b) 看图第一步

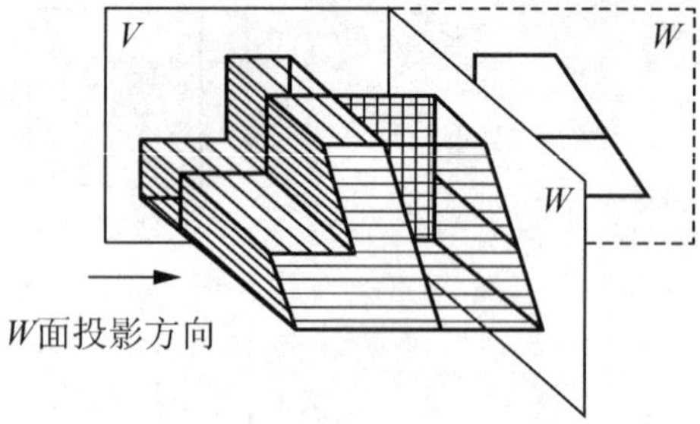

(c)看图第二步

图 4.13　拉伸法读图

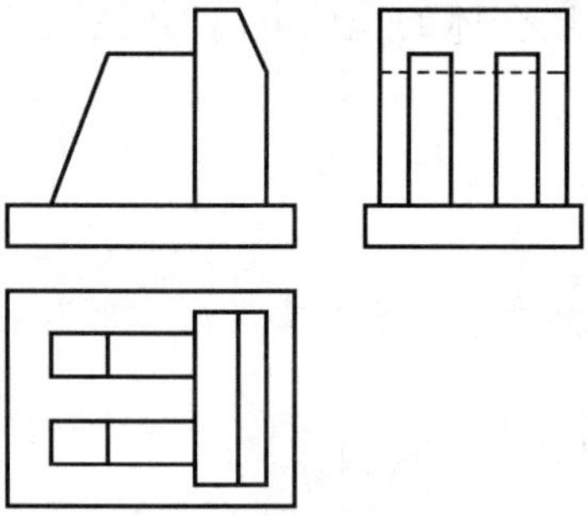

(a)

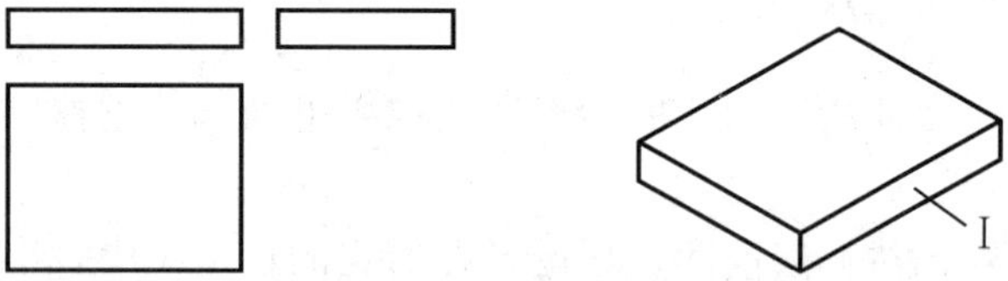

(b)

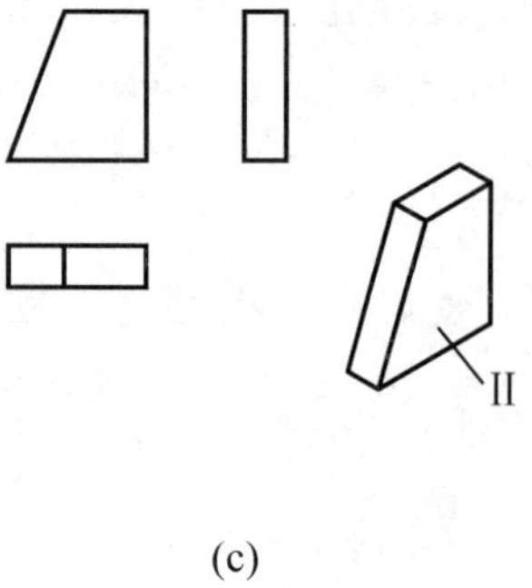

(c)

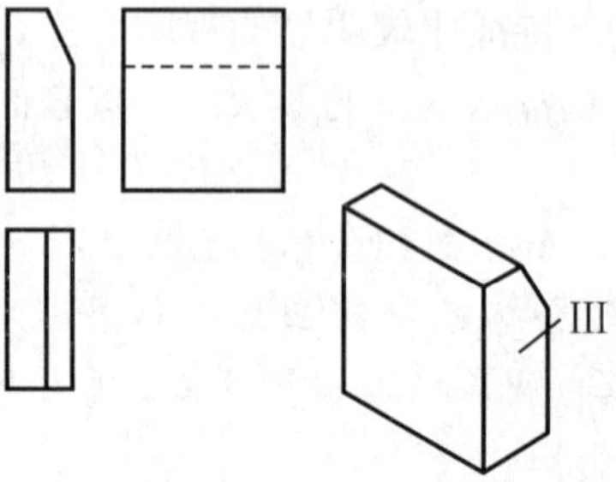

(d)

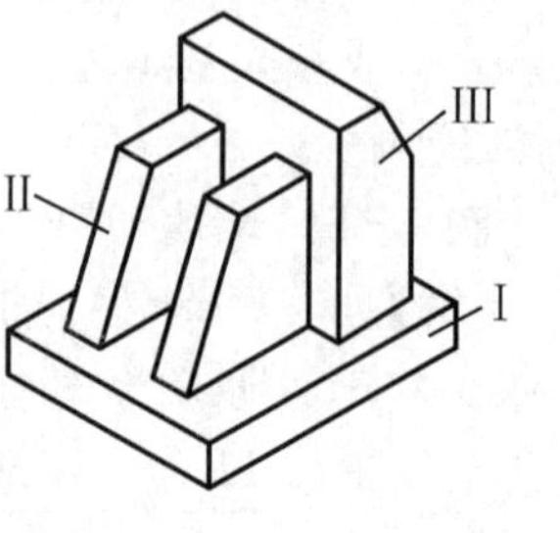

(e)

图 4.14　阅读组合体的投影图

基本体(其中形状相同的基本体有两个)。利用拉伸法可分别读出这些基本体的形状，如图 4.14(b)、(c)、(d)所示。

(3) 组合线框：根据各线框(即是各基本体)之间的相对位置，综合想象出组合体的形状，如图 4.14(e)所示。

4.3.3 线面分析法

运用线、面的投影规律，分析视图中图线和线框的空间意义及其位置，从而想象出物体上某一部分或整个物体方法，称为线面分析法。线面分析法主要用于分析视图中的局部复杂投影。

例 4-7：试读如图 4.15(a)所示的组合体投影图。

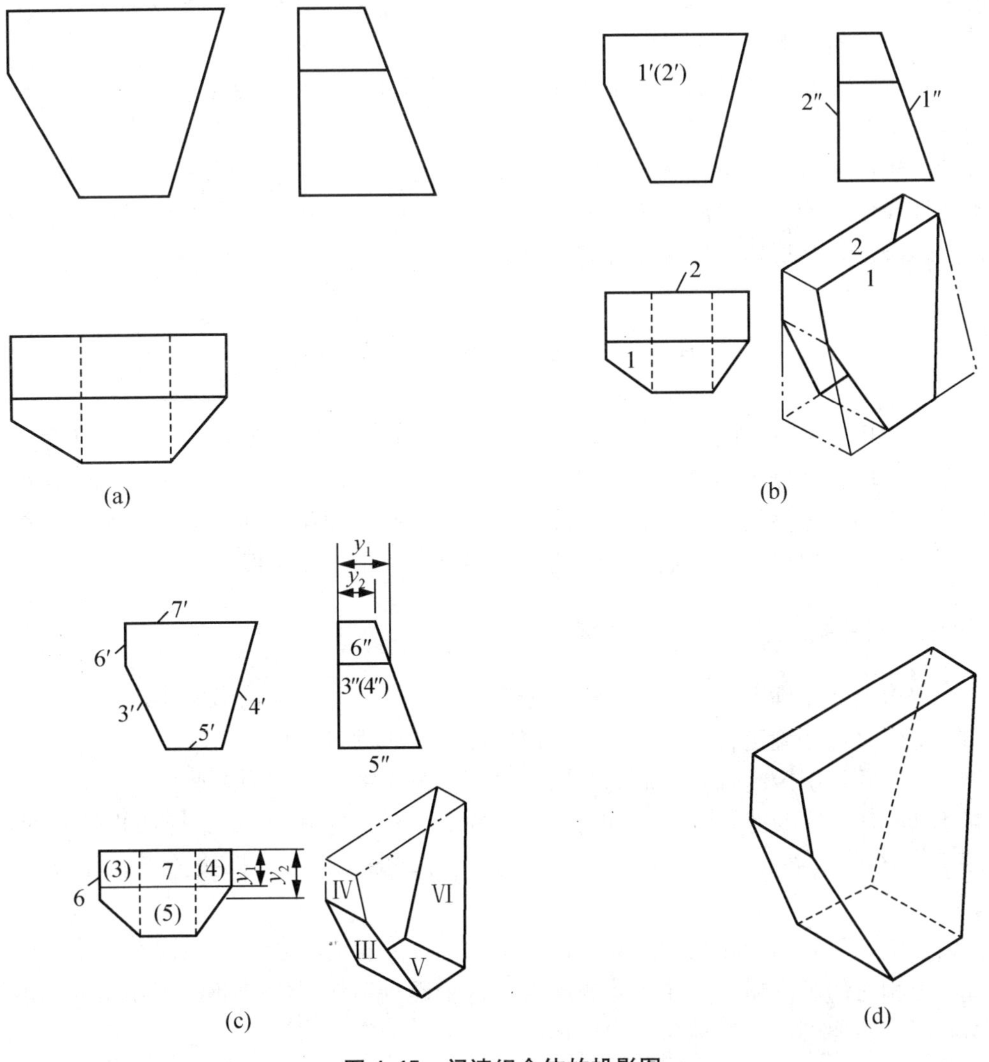

图 4.15 阅读组合体的投影图

【解】 (1)从已知的三面投影可看出，V 面只有一个线框，所以不能进一步分解线框，用形体分析法读图不适合。由于翼墙的 V 面投影是一个封闭的五边形线框，说明翼墙有 7 个平面，可用线面分析的方法读图。

(2) 确定各表面的形状和空间位置。在 V 面投影中前后端面重合，$1'$、$2'$即是前、后端面在 V 面上的重合投影。分别对应 H 面、W 面的 1、2；$1''$，$2''$。结合平面的投影规律可知，前端面是侧垂面，后端面是正平面。

根据左、右端面在 W 面上重合，可知左端面由两个平面组成，右端面由一个平面组成，$3''$、$6''$是两个左端面的 W 面投影，($4''$)是右端面的 W 面投影。

根据投影规律找出左、右端面的 H 面和 V 面投影，结合平面的投影特性可知：左端面 VI 是侧平面；左端面 III 是正垂面；右端面 IV 也是正垂面。

在 H 面投影中，上、下两端面重合，即 7、(5)，它们的 V 面、W 面投影为 $7'$、$5'$和 $5''$、$7''$。上、下端面都是水平面。

(3) 根据各平面的空间位置和它们之间的相对位置，分步“组装”，综合想象出桥台翼墙的空间形状。

线面分析法着重于对组合体各表面和棱线的投影分析，这就要求对各种位置直线、平面投影特性非常熟悉。但线面分析法分析图形，工作量大，费时，且不易很快形成物体的整体概念，因此常与形体分析法结合起来进行。

4.4 组合体的尺寸标注

组合体的投影图虽然已经能够反映出组合体的形状，但是，投影图只能表达组合体的形状，而组合体各部分的真实大小及相对位置，则要通过标注尺寸来确定；组合体的尺寸标注应做到正确、完整且清晰。所谓正确是指要符合制图国家标准的规定；完整是指尺寸必须注写齐全，不遗漏；清晰是指尺寸的布局要整齐清晰，便于读图。

4.4.1 尺寸的种类

(1) 定形尺寸：确定组合体各组成部分形体大小的尺寸称为定形尺寸。

(2) 定位尺寸：确定各组成部分相对位置的尺寸称为定位尺寸。

(3) 总尺寸：确定组合体外形的总长、总宽、总高的尺寸称为总尺寸。

图 4.16 为一扶壁式挡土墙的正投影，图 4.16(a)为扶壁式挡土墙的完整尺寸标注，图 4.16(b) 为扶壁式挡土墙各组成部分分析，图 4.16(c)为扶壁式挡土墙的定形尺寸。

由以上例子可看出，在某一方向确定各组成部分的相对位置时，标注每一个定位尺寸均需有一个相对的基准作为标注尺寸的起点，这个起点叫作尺寸基准。尺寸基准一般选在组合体底面、重要端面、对称面及回转体的轴线上。

标注任何一个定位尺寸，都必须与基准有直接或间接的尺寸连系。

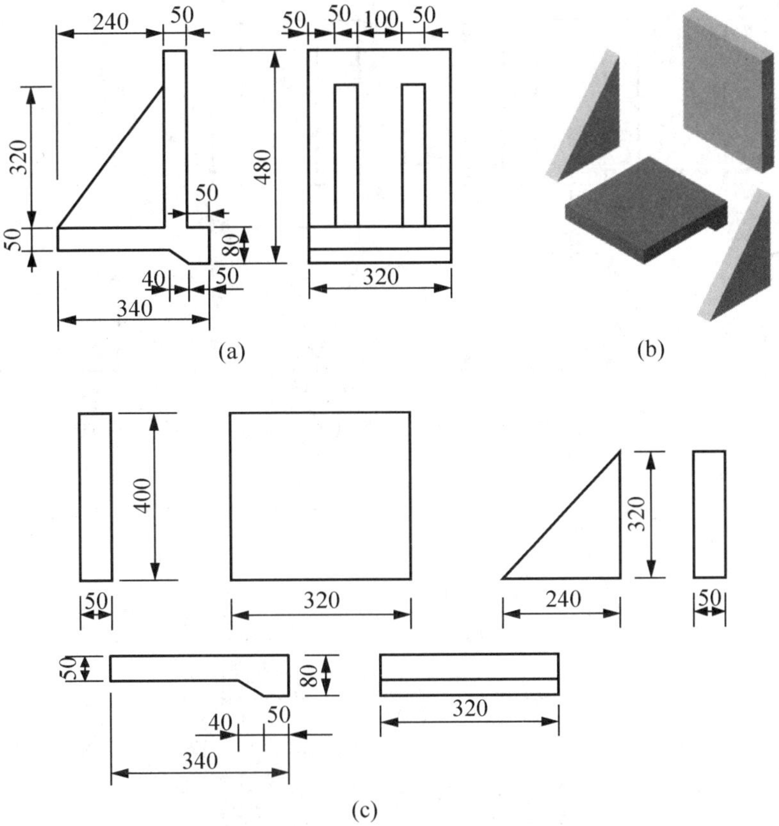

图 4.16 尺寸的种类

4.4.2 基本几何体的尺寸标注

常见几何形体的尺寸标注，如图 4.17 所示。平面立体一般要标注长、宽、高 3 个方向的尺寸；回转体一般要标注径向和轴向两个方向的尺寸，前者要加注直径或半径符号（ϕ、$S\phi$ 或 R、SR），如图 4.17 所示的圆柱、圆锥、圆球、圆台等回转体的尺寸。图 4.18 是当基本几何体被平面截断后的尺寸注法示例，除了标注基本几何体的尺寸外，应标注出截平面的定位尺寸，但不标注截交线的尺寸，以免出现多余尺寸或矛盾尺寸。

4.4.3 尺寸标注的基本要求

1. 尺寸标注要完整

2. 尺寸布置必须清晰

（1）一般情况下，应尽量将尺寸标注在视图外面，以免尺寸线、尺寸数字与视图的轮廓线相交。与投影图相关的尺寸，最好标注在两相关投影图之间。

（2）突出特征：各基本体的定形、定位尺寸尽可能不要分散，要集中标注在基本形体形状特征较明显、位置特征较清楚的视图上。

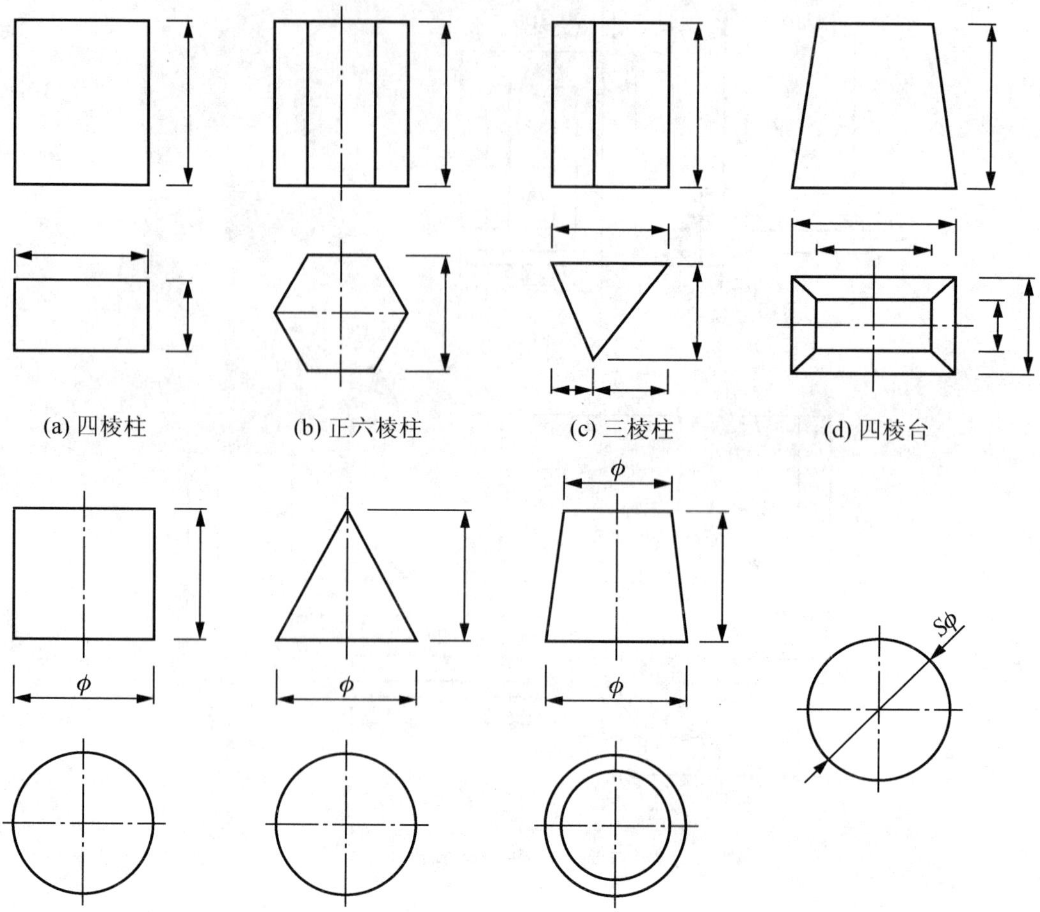

(a) 四棱柱　(b) 正六棱柱　(c) 三棱柱　(d) 四棱台

(e) 圆柱　(f) 圆锥　(g) 圆台　(h) 球

图 4.17　平面立体和回转体的标注

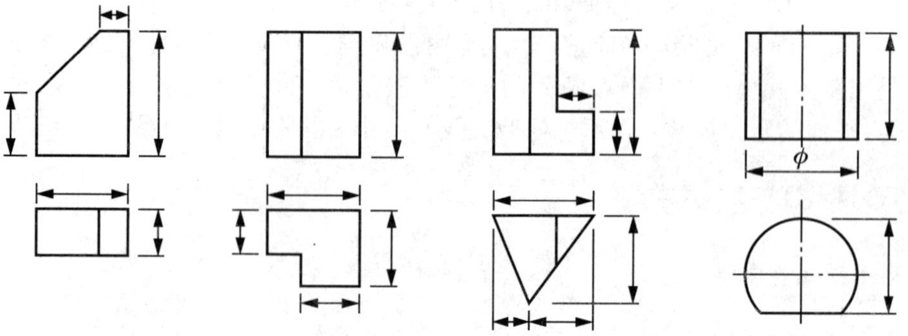

图 4.18　切割体的标注

(3) 尺寸排列要整齐，尺寸线对齐。

(4) 内部尺寸和外形尺寸应分别标注在视图的两侧，避免混合标注在视图的同一侧。

(5) 曲面立体的直径，最好标注在非圆的视图上，即避免在同心圆较多的视图上标注过多的直径尺寸，也应避免用回转体的界线素线作为尺寸基准。

（6）为了避免计算，便于加工制作，尺寸应采用封闭式，不得产生误差。

4.4.4 尺寸标注的方法和步骤

当确定了在组合体投影图上应该标注哪些尺寸后，要考虑如何防止标注尺寸错漏，同时还要考虑尺寸如何布置才能做到清晰、整齐。

为了防止标注尺寸错漏，可采取以下两个措施：一是按一定的顺序标注尺寸；二是尺寸标注结束后必须认真进行复核。在比较简单的组合体投影图上标注尺寸时，可以先将各个简单几何体的定形尺寸分别完整地标注出，然后标注各简单几何体的定位尺寸，最后标注总尺寸。在比较复杂的组合体投影图上标注尺寸时，可以先标注一个简单几何体的定形尺寸，然后标注第二个简单几何体与第一个简单几何体的定位尺寸，再标注第二个简单几何体的定形尺寸；继续标注第三个简单几何体对第一或第二个简单几何体的定位尺寸，再标注第三个简单几何体的定形尺寸；直到标注完最后一个简单几何体的定形尺寸为止，最后标注组合体的总尺寸。尺寸标注结束后，还必须认真复核，如有漏标、错标，立即补正。

例 4-8：画出图 4.19 中所示形体的三面投影图，并标注尺寸。

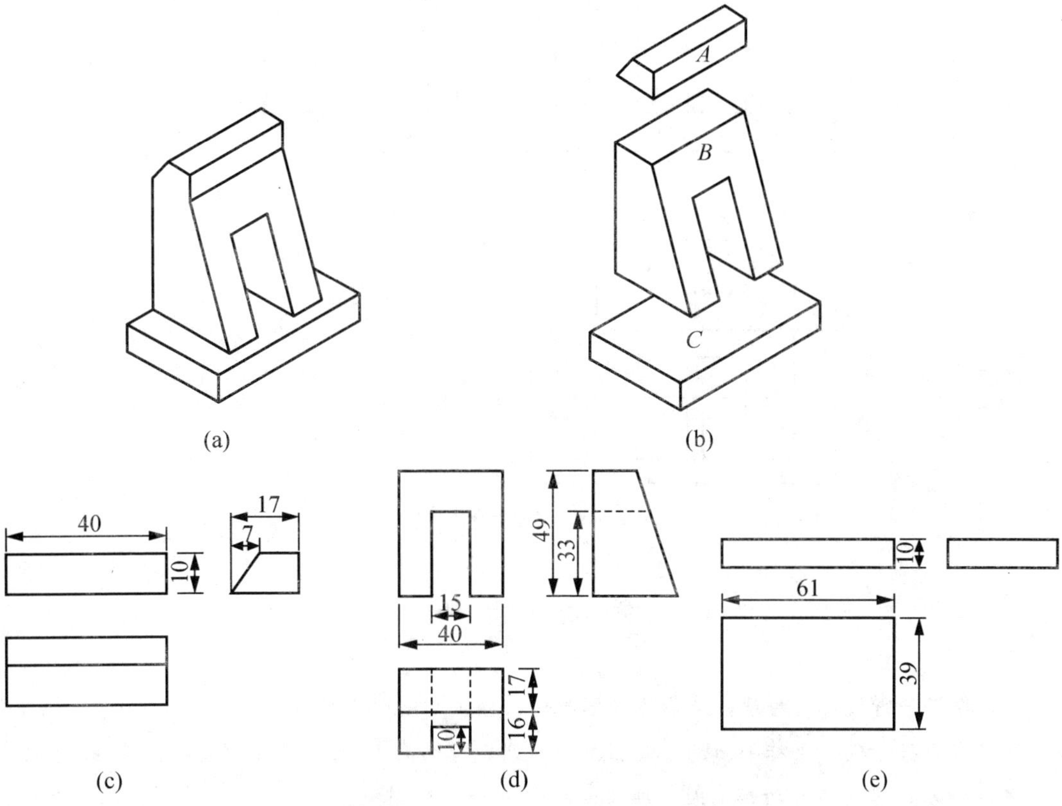

图 4.19 组合体及其形体分析

【解】 (1)对组合体进行形体分析，可看做是由上、中、下3个简单几何体叠合形成的组合体，上方是五棱柱，中间是切去斜角的四棱柱，下方是四棱柱，如图4.19(b)所示，根据前面学到的方法画出形体的三面投影图；选定左右对称面、后壁面、底面作为长、宽、高3个方向的尺寸基准。

(2) 将如图4.19(c)、(d)、(e)所示标注的五棱柱、切去斜角的四棱柱、四棱柱3个简单几何体的定形尺寸，逐个标注在图4.20的三面投影图上。

(3) 标注3个简单几何体之间的定位尺寸。通过尺寸分析可知，这3个简单几何体之间的相对位置已全部确定，所以不必再标注定位尺寸。

(4) 标注总尺寸。

(5) 按尺寸布置得清晰、整齐，便于读图的要求，逐步标注完上述尺寸后，再进行复核，复核无误，就完成了在这个组合体投影图上标注尺寸的工作。

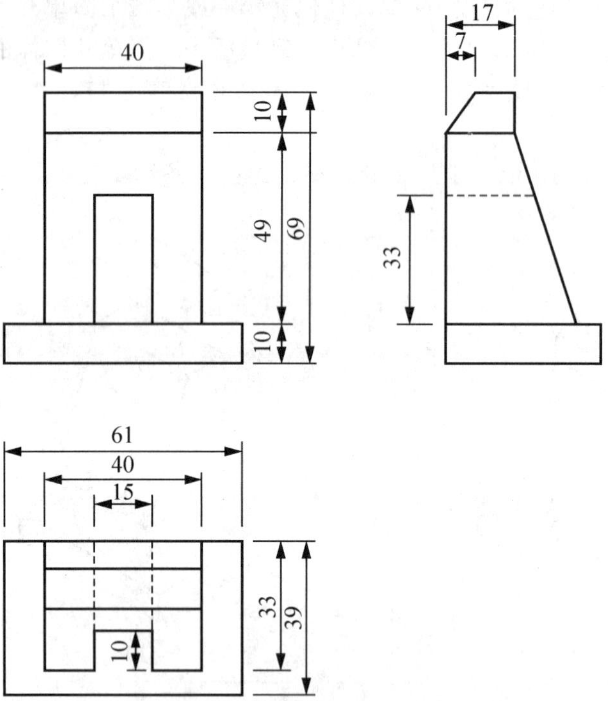

图4.20 组合体的标注

本章小结

(1) 根据平行投影的原理，把形体连同确定其空间位置的三根坐标轴 O_1X_1、O_1Y_1、O_1Z_1 轴一起沿不平行于任一坐标平面的方向 S，投射到新投影面 P 上，所得的投影称为轴测投影。

当投射方向 S 垂直于投影面时，所得的投影称为正轴测投影。

当投射方向 S 倾斜于投射面时，所得的投影称为斜轴测投影。

(2) 常用的轴测投影有正等测投影和斜二测投影两种。

① 将形体放置成使它的三个坐标轴与轴测投影面具有相同的夹角，以正投影的方法向轴测投影面投影，得到正等测投影图。

轴间角 $\angle X_1O_1Y_1=\angle Y_1O_1Z_1=\angle X_1O_1Z_1=120°$

轴向伸缩系数 $p=q=r=0.82$

为了作图方便，将轴向伸缩系数取为1(称为简化系数)，即 $p=q=r=1$，这样可以直接按实际尺寸作图。但此时画出来的正等轴测图比实际的轴测投影要大一些，利用简化系数画出的轴测投影称为正等轴测图。正等测图具有度量方便、容易绘制的特点，因此，正等测是适用于各种工程形体且最常采用的轴测图。

② 当投射方向倾斜于轴测投影面时得到的投影，称为斜轴测投影。以 V 面或 V 面平行面作为轴测投影面，所得的斜轴测投影，称为正面斜轴测投影。较常用的是正面斜二测投影图。

轴间角 $\angle X_1O_1Y_1=\angle Y_1O_1Z_1=135°$，$\angle X_1O_1Z_1=90°$

轴向伸缩系数 $p=r=1$，$q=0.5$

(3) 任何复杂的工程建筑物，从宏观上都可把它们看成是由若干个几何形体，经叠加或挖切等方式组成。反过来说，可以将组合体假想分解成若干个基本的几何形体，分析这些几何形体的形状大小与相对位置，从而得到组合体的完整形象，这种方法称为形体分析法。

形体分析法是绘制组合体投影图的基本方法，将组合体分解成几个基本体，分析出它们的内、外形状和相互的位置关系，将基本体的投影图按其相对位置进行组合，这样就可得到组合体的投影图。

(4) 阅读组合体投影图，是阅读专业图的重要基础。组合体的识读方法有：拉伸法、形体分析法和线面分析法，以形体分析法为主。

(5) 组合体各部分的真实大小及相对位置，要通过标注尺寸来确定。尺寸的种类有3种。

① 定形尺寸：确定组合体各组成部分形体大小的尺寸。

② 定位尺寸：确定各组成部分相对位置的尺寸。

③ 总尺寸：确定组合体外形的总长、总宽、总高的尺寸。

为了防止标注尺寸错漏，可采取以下两个措施：一是按一定的顺序标注尺寸；二是尺寸标注结束后必须认真进行复核。

复习思考题

1. 三视图的投影规律是什么?
2. 什么是形体分析法? 形体分析的目的是什么?
3. 组合体的尺寸有哪些? 尺寸标注的要点是什么?
4. 画组合体投影的步骤是什么?
5. 简述轴测投影的形成及其特性。
6. 轴测投影分为哪几类?
7. 正等轴测图和斜二轴测图各有什么特点?
8. 轴测图有何优缺点?

第5章

剖面图和断面图

教学目标

了解剖面图与断面图的概念及二者间的区别；了解剖面图与断面图的分类及适用范围；掌握绘制及阅读剖面图与断面图的方法；掌握剖面图与断面图的标注方法。

教学要求

知识要点	能力要求	权重
剖面图	1. 了解剖面图的形成及概念； 2. 掌握剖面图的标注方法； 3. 了解剖面图的种类及习惯画法	40%
断面图	1. 了解断面图的形成及概念； 2. 了解剖面图与断面图的区别； 3. 了解断面图的种类及习惯画法	30%
绘制剖面图与断面图	1. 掌握绘制剖面图与断面图的步骤与方法； 2. 能针对实际情况选择正确的剖面图类型并绘制剖面图； 3. 能熟练绘制断面图； 4. 掌握特殊情况下剖面图与断面图的习惯画法与规定画法	30%

5.1 剖 面 图

5.1.1 剖面图的形成

正投影图只能反映形体的外部形状和大小，形体的内部结构在投影图中只能用虚线表示。对内部结构比较复杂的建筑形体，在投影图上将出现很多虚线，从而造成虚线与实线纵横交错，致使图面不清晰，难以阅读。在工程制图中，为了解决这一问题，采用了剖面图。

如图 5.1 所示为杯形基础的正立面图，其内部被外形挡住，因此在投影图上只能用虚线表示。为了将正立面图中的凹槽用实线表示，现假想用一个正平面沿基础的对称面将其剖开［图 5.2(a)］，然后移走观察者与剖切平面之间的那一部分形体，将剩余部分形体向正立面(V 面)投影，所得到的投影图称为剖面图［图 5.2(b)］，用来剖开形体的平面称为剖切平面。

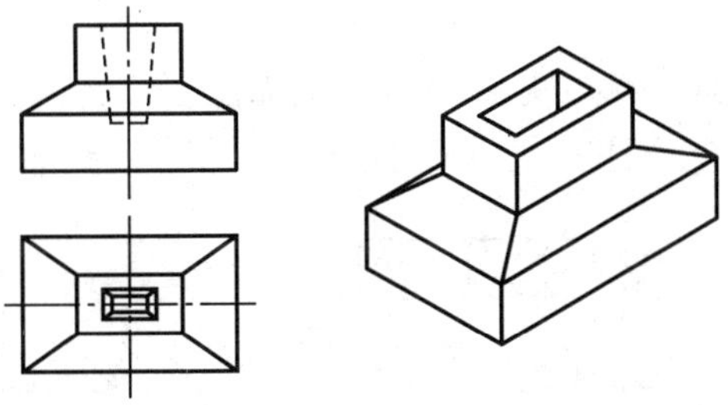

图 5.1 杯形基础正投影图

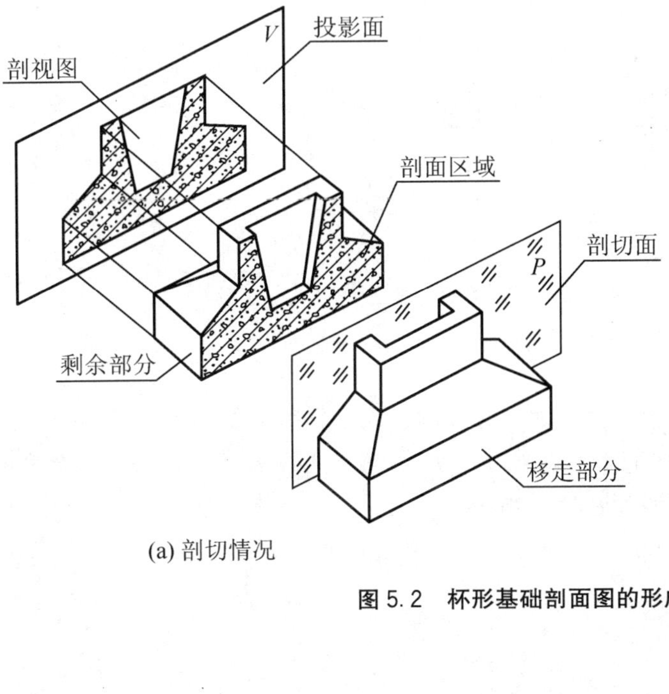

(a) 剖切情况

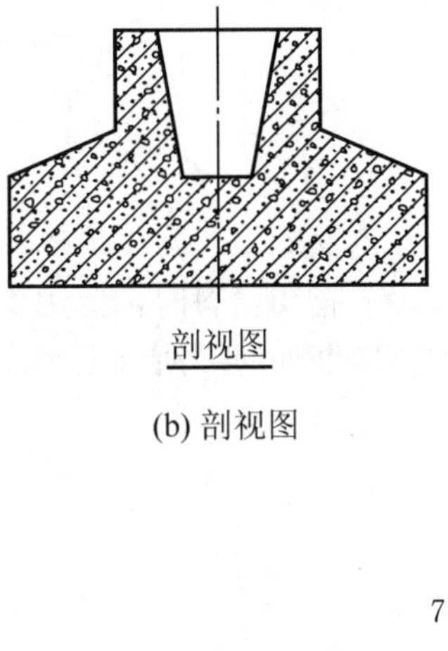

(b) 剖视图

图 5.2 杯形基础剖面图的形成

应注意的是：剖切是假想的，只有在绘制剖面图时，才假想剖开形体并移走一部分；绘制其他投影图时，则一定要按未剖的完整形体画出。

5.1.2 剖面图的标注

1. 剖切位置的表示

作剖面图时，一般应使剖切平面平行于基本投影面，从而使断面的投影反映实形。剖切平面在它所垂直的投影面上的投影积聚成一条直线(图中不画出)，这条直线表示剖切位置，称为剖切位置线，简称剖切线。在投影图中用断开的两段短粗实线表示，长度为6～10 mm。

2. 投影方向

为了表明剖切后剩余部分形体的投影方向，在剖切线两端的同侧各画一段与之垂直的短粗实线表示投影方向，长度为4～6 mm。

3. 编号

对结构复杂的形体，可能要剖切几次，为了区分清楚，对每一次剖切要进行编号，书写在表示投影方向的短画线一侧，并在对应的剖面图下方注写“×—×剖面图”字样。如图5.3所示，在剖面图的下方注写“1—1剖面图”“2—2剖面图”。

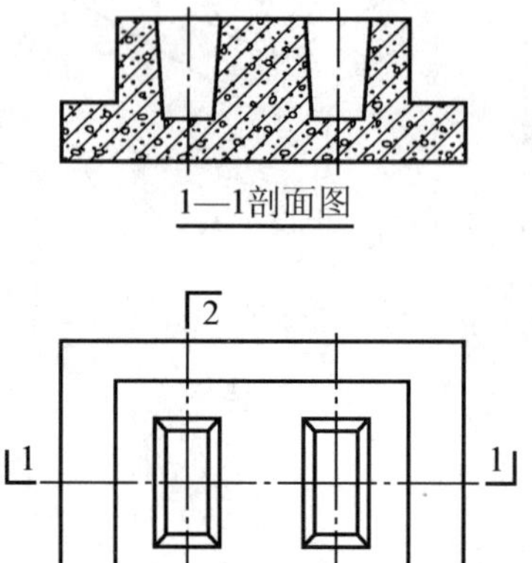

图 5.3 剖面图的画法

4. 材料图例

剖面图中包含了形体的截断面，在断面上必须画上表示材料类型的图例(表5-1)。如果没有指明材料时，要用45°方向的平行线表示，其线型为0.35*b*的细实线。当一个形体有多个断面时，所有图例线的方向和间距应相同。

表 5-1 常用材料断面图例

材料名称	断面代号	画法说明	材料名称	断面代号	画法说明
天然土 混凝土	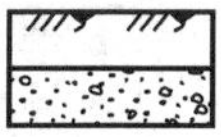	斜线为 45°细线，石子有棱角	夯实土壤 钢筋混凝土	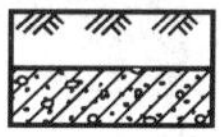	斜线为 45°细线，在剖面图上画出钢筋时，不画图例线，若断面较窄，可涂黑
砂、灰土 石材	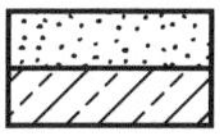	靠近轮廓线点较密，斜线为 45°细线，用尺画(包括岩层及贴面、铺地等石材)	砂砾石、 碎砖三合土、毛石	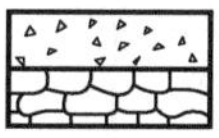	石子有棱角，徒手画
普通砖 焦渣、矿渣	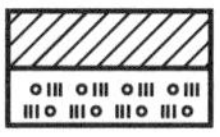	斜线为 45°细线，当断面较窄，不易画出图例线时，可涂黑。包括水泥、石灰等材料	金属 多孔材料	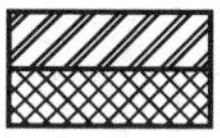	斜线为 45°细线
水	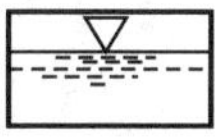	为等腰直角三角形，用尺画	纵断面木材 横断面木材		徒手画
松散材料 网状材料	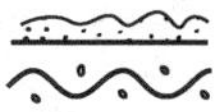	底线用尺画，其余徒手画	防水材料 橡胶、塑料	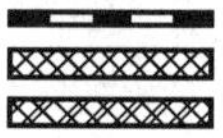	用尺画

5.1.3 画剖面图应注意的问题

（1）剖切是假想的，因此其他视图应按完整的形体考虑。

（2）剖切面一般选择投影面的平行面，且尽可能通过形体对称面或孔、洞、槽的轴线。

（3）剖切的实体部分应画出材料图例或剖面线。

（4）对不可见轮廓线(虚线)若能通过其他视图表达，则可省略，否则应画出，如图 5.4 所示。

5.1.4 剖面图的分类

1. 全剖面图

假想用一个剖切平面将形体完全剖开，然后画出它的剖面图，这种剖面图称为全剖面图，如图 5.5 所示。全剖面图适用于不对称形体或对称形体，其外部结构比较简单，而内部结构比较复杂的情况。全剖面图一般都要标注剖切平面的位置。只有当剖切平面与形体的对称平面重合，且全剖面图又位于基本投影图的位置时，可省略标注。

2. 半剖面图

当建筑形体左右对称或者前后对称，且外形又比较复杂时，可以画出由半个外形正投影图和半个剖面图拼成的图形，以同时表示形体外形和内部构造。这种剖面称为半剖面，如图 5.6 所示。

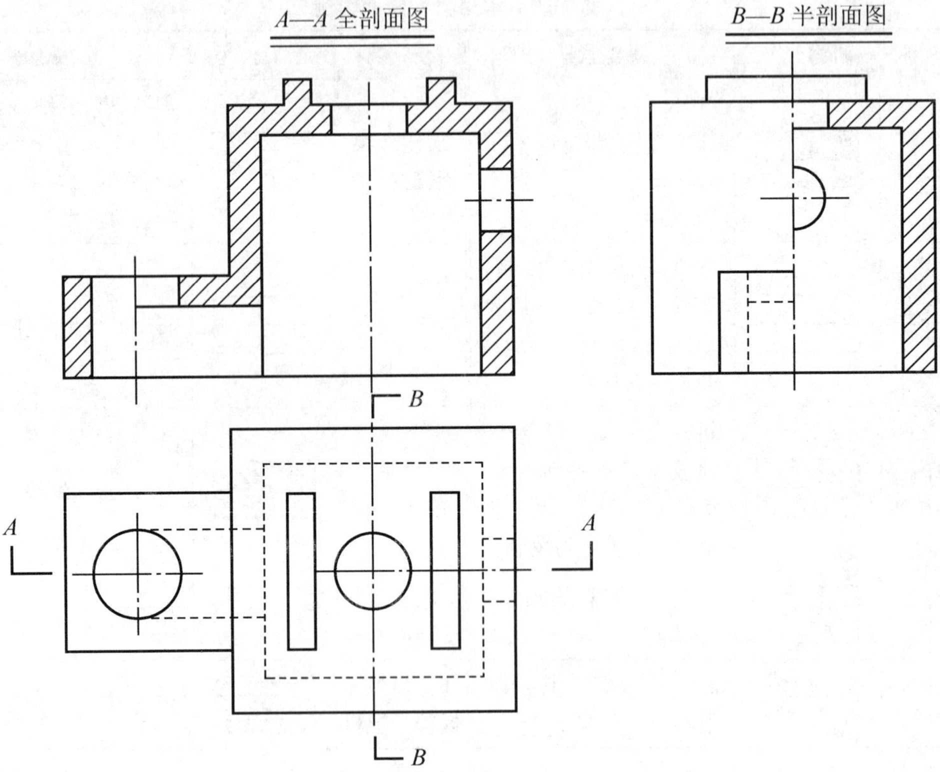

图 5.4　对不可见轮廓线若能通过其他视图表达则可省略

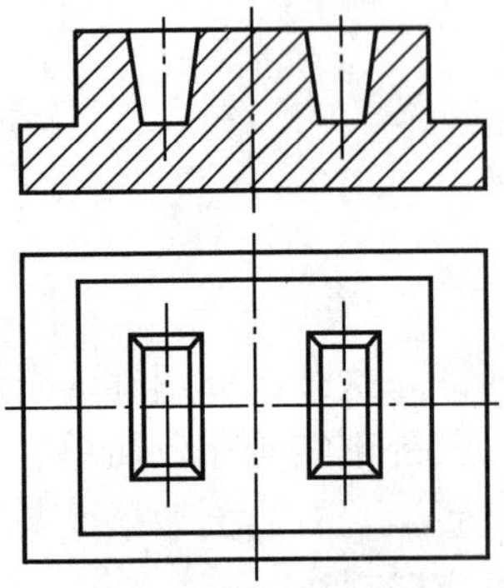

图 5.5　全剖面图

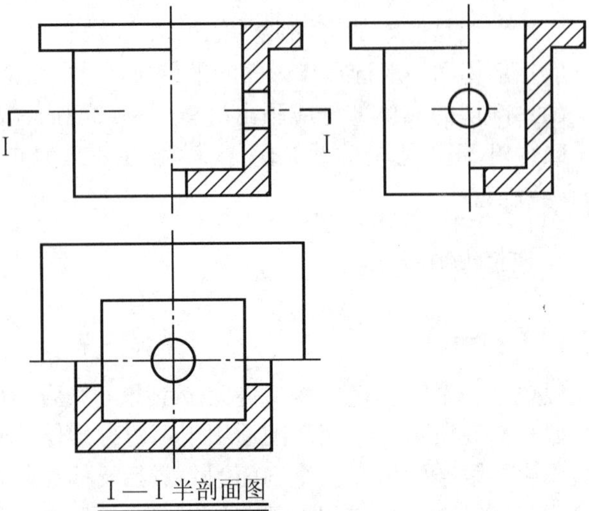

图 5.6　半剖面图

半剖面图一般应用于形体被剖切后内外结构图形均具有对称性，而且在中心线上没有轮廓线时。半剖面图的标注方法与全剖面图相同。

作半剖面图的注意事项如下。

(1) 半外形图和半剖面图的分界线为点画线；若分界线的点画线与轮廓线重合，应避免用半剖面图。

(2) 图形左右对称的，将外形投影图绘在中心线左边，剖面图在右边；上下对称的，外形投影图在上方，剖面图在下方。

(3) 当形体具有两个方向的对称平面，且半剖面图又置于基本投影位置时，标注可省略。

3. 局部剖面图

当形体只有某一个局部需要剖开表达时，就在投影图上将这一局部结构画成剖面图，这种局部剖切后得到的剖面图，称为局部剖面图，如图 5.7、图 5.8 所示。局部剖面图不用标注剖切线与观察方向，但是局部剖面图与外形之间要用波浪线分开，波浪线不得与轮廓线重合，也不得超出轮廓线之外。

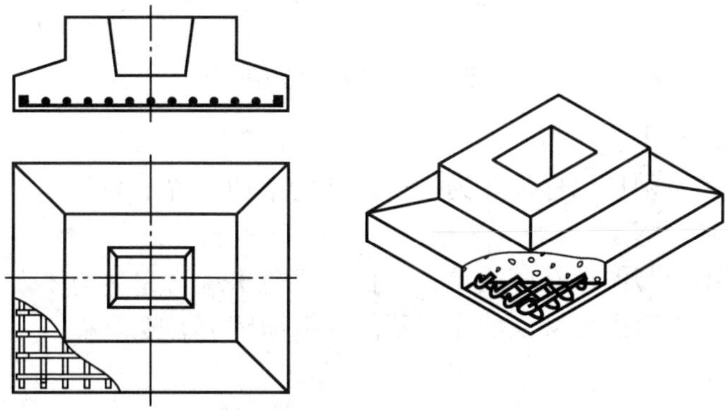

图 5.7 局部剖面图

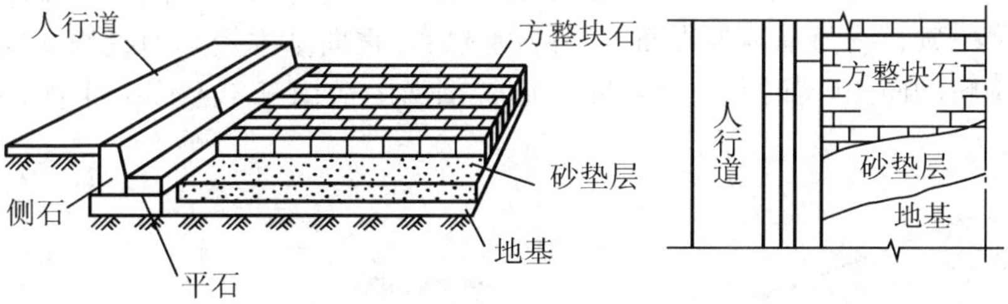

图 5.8 局部剖面图

作局部剖面图注意事项如下。

(1) 局部剖切比较灵活，但应照顾看图方便，不应过于零碎。

(2) 用折断符号表示形体断裂痕迹，应画在实体部分，不能超过视图轮廓线或画在中空部位，不能与图上其他线条重合。

(3) 局部剖面图只是形体整个外形投影中的一个部分，不需标注。

4. 阶梯剖面图

当形体内部结构的层次较多，采用一个剖切平面不能将形体内部结构全部表达清楚时，可以假想用两个或两个以上互相平行的剖切平面来剖开形体，所得到的剖面图称为阶梯剖面图，如图 5.9 所示。阶梯剖面图适用于表达内部结构不在同一平面的形体。

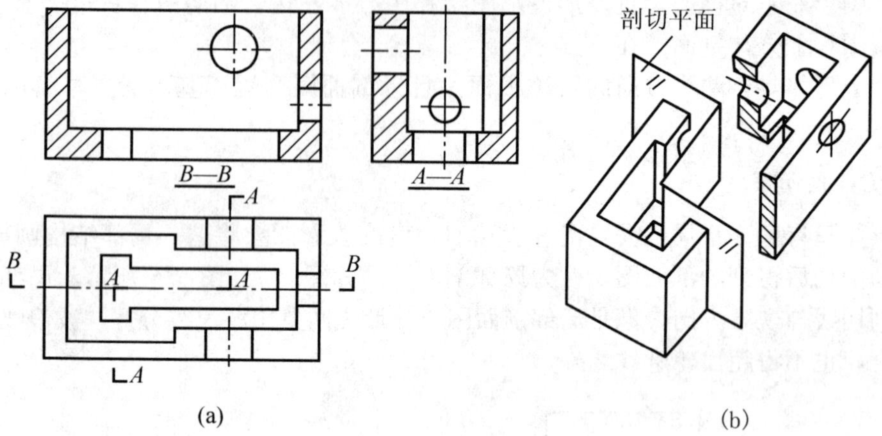

图 5.9 阶梯剖面图

作阶梯剖面图注意事项如下。

(1) 阶梯剖面图必须加以标注，为使转折处的剖切位置不与其他图线发生混淆，应在转角处标注转角符号“¬”。

(2) 转折位置不应与图形轮廓线重合，也要避免出现不完整的要素。

(3) 两个剖切平面转折处交线的投影不能在剖面图上表现出来。

5. 旋转剖面图

有的形体不能用一个或几个相互平行的平面进行剖切，而需要用两个相交的剖切平面(这两个剖切平面的交线应垂直基本投影面)进行剖切。剖开后，将倾斜于基本投影面的剖切平面绕其交线旋转到与基本投影面平行的位置后，再向基本投影面投影，这样得到的剖面图，称为旋转剖面图，如图 5.10 所示。旋转剖面图适用于不在同一平面，但具有回转轴的形体。

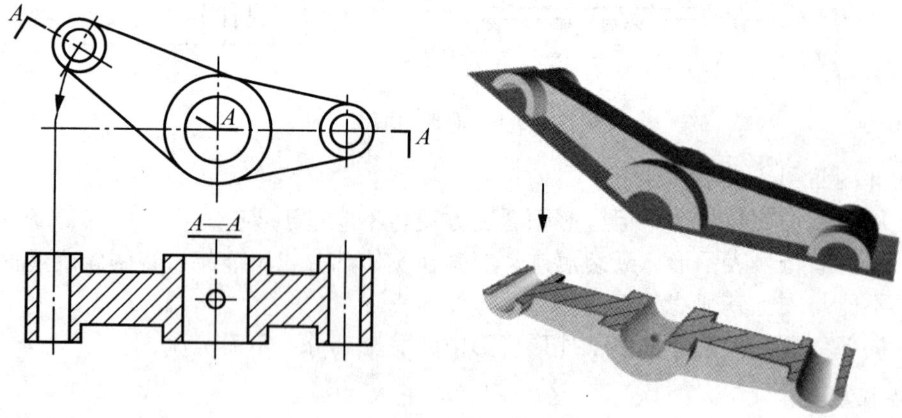

图 5.10 旋转剖面图

作旋转剖面图注意事项如下。

(1) 两剖切平面交线应与剖切的形体回转轴重合，并进行标注。

(2) 画旋转剖面图时，应先剖切，后旋转，再投影。

6. *展开剖面图*

剖切平面是用曲面或平面与曲面组合而成的铅垂面，沿构造物的中心线剖切，再将剖切平面展开(或拉直)，使之与投影面平行，并进行投影，这样所画出的剖面图称为展开剖面图。展开剖面图适用于道路路线、纵断面及带有弯曲结构的工程形体。如图 5.11 为所示为弯桥的展开剖面图。

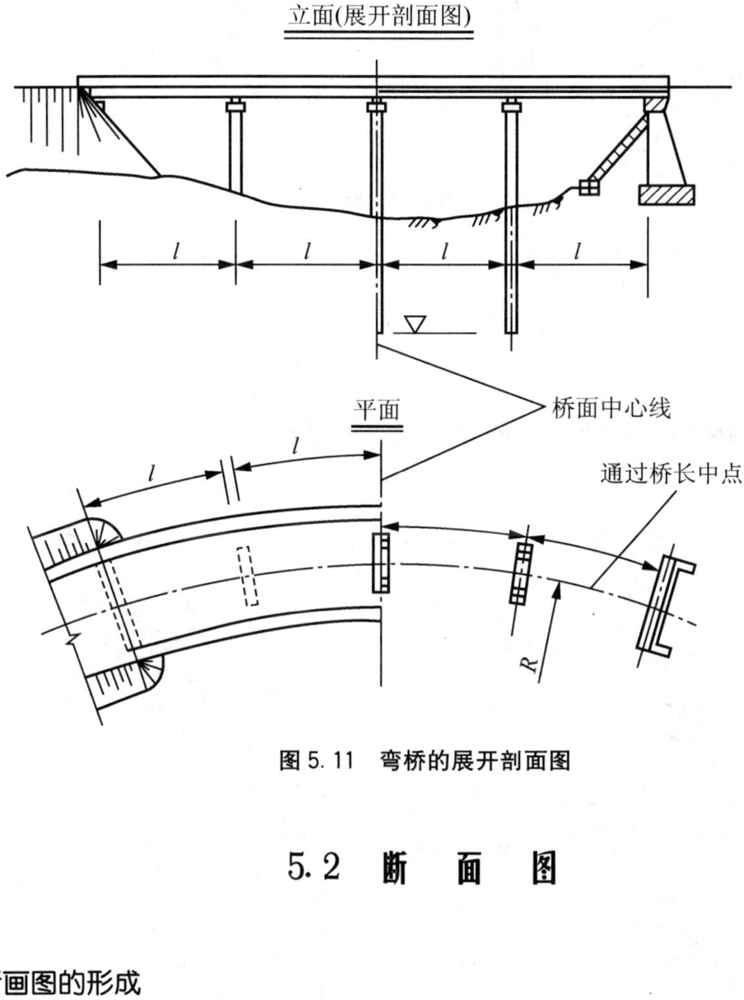

图 5.11 弯桥的展开剖面图

5.2 断 面 图

5.2.1 断画图的形成

当用假想的剖切平面将形体剖开后，得到被剖切处断面的形状(即截面)，同时在断面内画上材料图例或剖面线，这种图形称为断面图，如图 5.12 所示。

断面图的特点。

(1) 断面图只画出剖切平面剖切到的断面的投影，它只是面的投影。

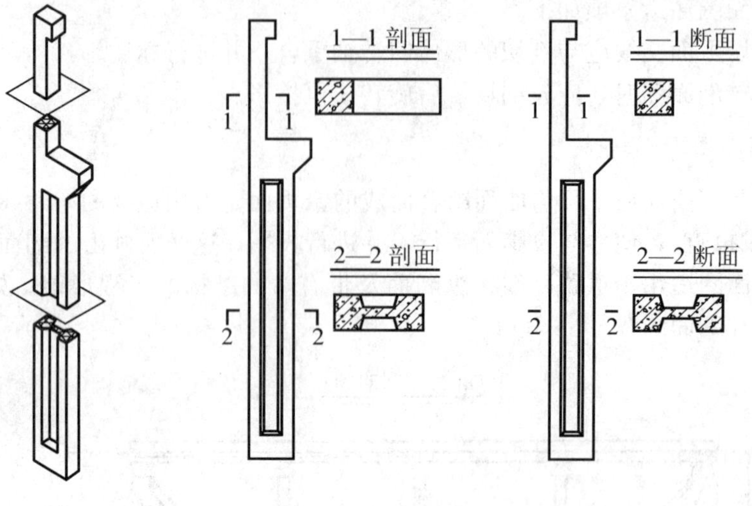

图 5.12　断面图与剖面图

(2) 断面图也用粗实线短画线表示剖切位置，但不再画表示投影方向的短线，而用表示编号的字母或数字注写位置来表明投影方向。

5.2.2　断面图的分类

常用的断面图有移出断面图、重合断面图和中断断面图。

1. 移出断面图

将断面画在形体的投影图之外的断面图，称为移出断面图，如图 5.13 所示。

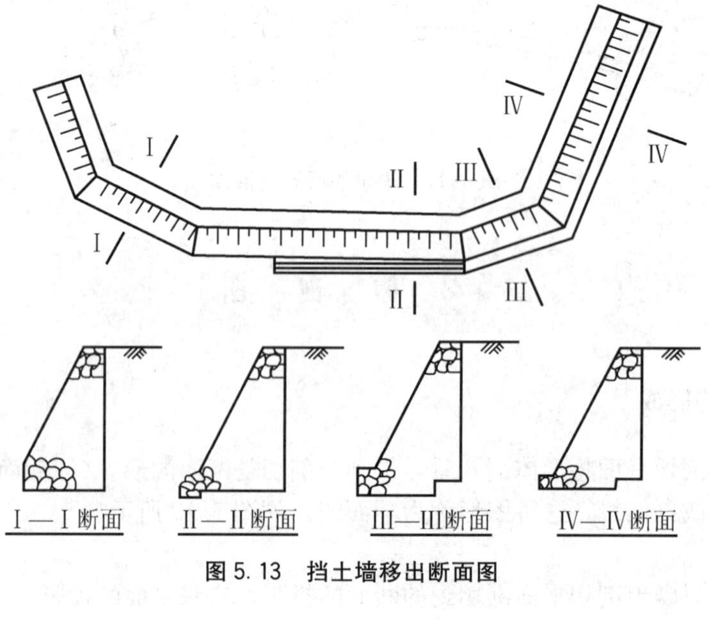

图 5.13　挡土墙移出断面图

移出断面图的轮廓线用标准实线绘制，一般只画出剖切后的断面形状，但剖切后出现完全分离的两个断面时，这些结构应按剖面图画出，如图 5.14 所示。

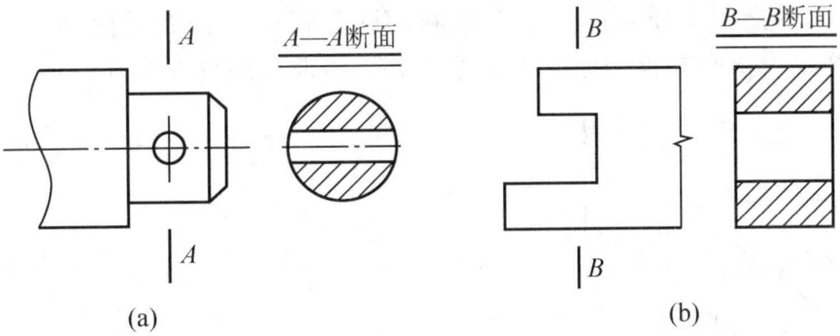

图 5.14 剖切后出现完全分离的两个断面时的画法

2. 重合断面图

将断面图画在形体的投影图以内的断面图，称为重合断面图(图 5.15)。为了与轮廓线相区别，重合断面的轮廓线用细实线表示。这种断面常用来表示型钢、路面结构坡度、墙面的雕饰及局部杆件等。

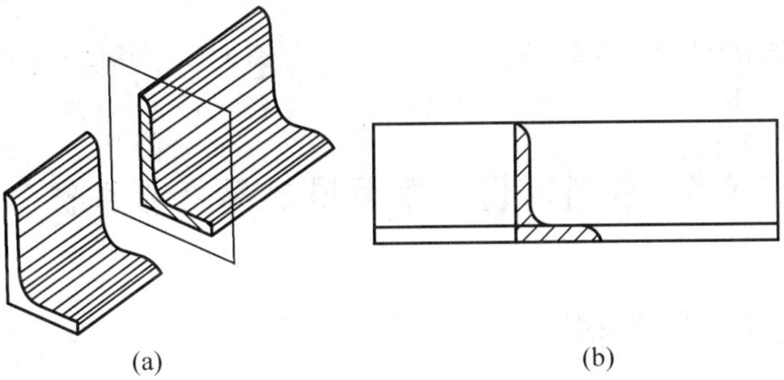

图 5.15 角钢的重合断面图

重合断面图的比例应与基本视图一致，其断面轮廓线规定用细实线，并不加任何标注。但当用于表示墙面的雕饰时，仅画出凹、凸轮廓，而不画整个构件厚度，如图 5.16 所示。

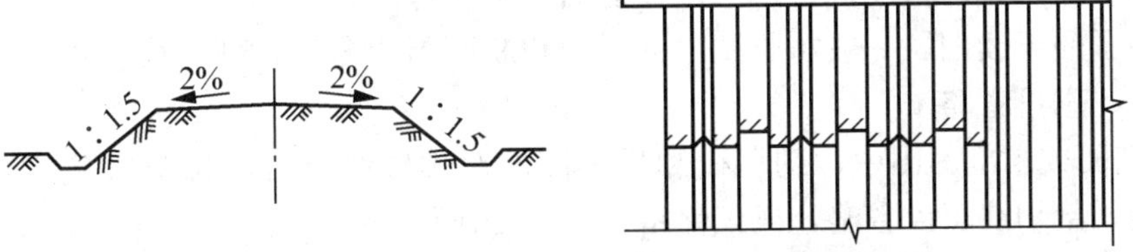

图 5.16 路面坡度与墙面雕饰的重合断面图

有时重合断面轮廓线内直接画出材料符号能使视图表达更清晰。如图 5.17 所示为桥台锥坡及挡土墙的重合断面图。

3. 中断断面图

画长构件时，常把视图断开，并把断面图画在中间断开处，称为中断断面图。如图 5.18 所示为一角钢的中断断面图。中断断面图不需标注，而且比例与基本视图一致。由于中断断面图是直接画在视图内的中断位置处，因此省略任何标注。

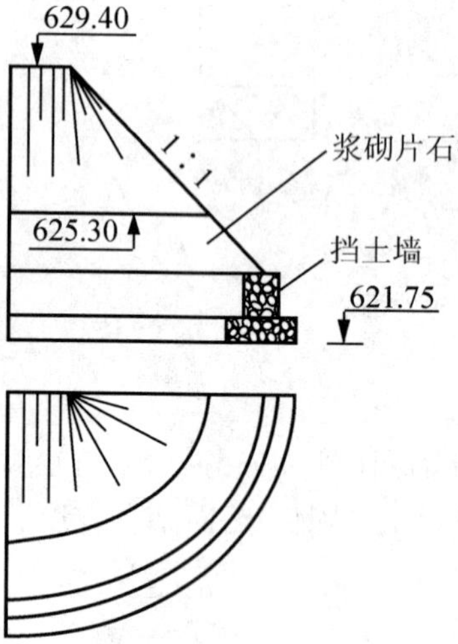

图 5.17 桥台锥坡及挡土墙的重合断面图

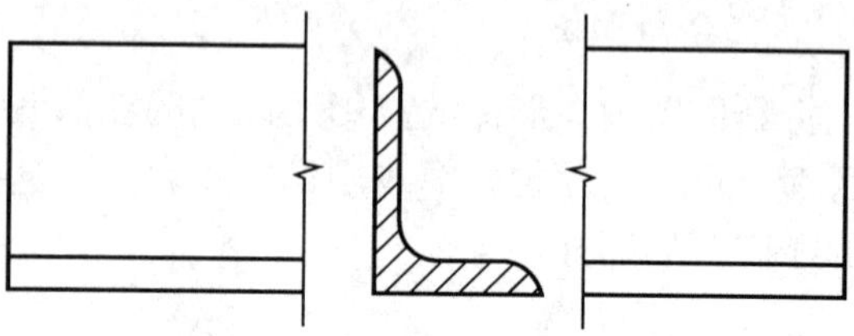

图 5.18 角钢的中断断面图

5.3 画剖面图、断面图的要点和举例

5.3.1 画剖面图、断面图的要点

(1) 剖面图是形体被切开以后，画出留下部分的投影，是“体”的投影，而断面图则只画出物体和剖切平面相接触的部分，是“面”的投影。

(2) 剖切是假设的，当物体的一个投影图用剖、断面图来表达后，其余的投影图不受影响，仍按完整的物体画出；若其余投影图再剖切时，还是把物体作为完整的来剖切。

(3) 通常采用投影面平行面作剖切平面，根据具体情况，可采用正平面、水平面或侧平面作剖切平面，特殊情况也可以采用投射面作剖切平面。

(4) 为了便于读图，一般需要注出剖面图和断面图的名称、剖切线和投影方向。但在下列情况下，则可省略。

① 全剖面或半剖面图中，剖切线和投影图的对称轴线重合，且图形又按投影图规定位置排列时，剖切线可以省略，或仅保留“x—x 剖面”等字样。

② 移出断面图位于剖切线的延长线上，且图形的对称轴线又和剖切线重合时，如图 5.19 所示。

③ 重合断面图。

④ 中断断面图。

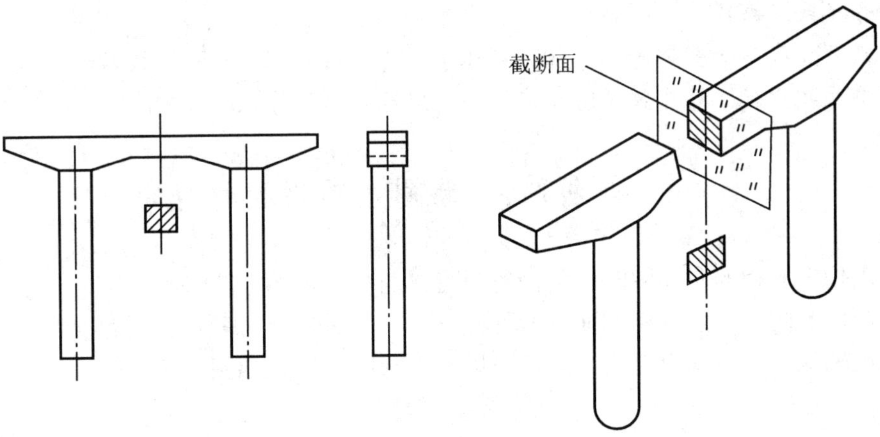

(a) (b)

图 5.19 桥墩盖梁的移出断面图

5.3.2 举例

例 5-1：图 5.20 为一沉井施工图。正立面图是左右对称的，因此采用半剖面图，一半显示外形，另一半显示井身构造。侧面图虽然也是左右对称，但因正中为一道隔墙，不宜采用半剖，所以采用阶梯剖。从两个投影图可以看出，它们的剖切互不干扰。投影图和

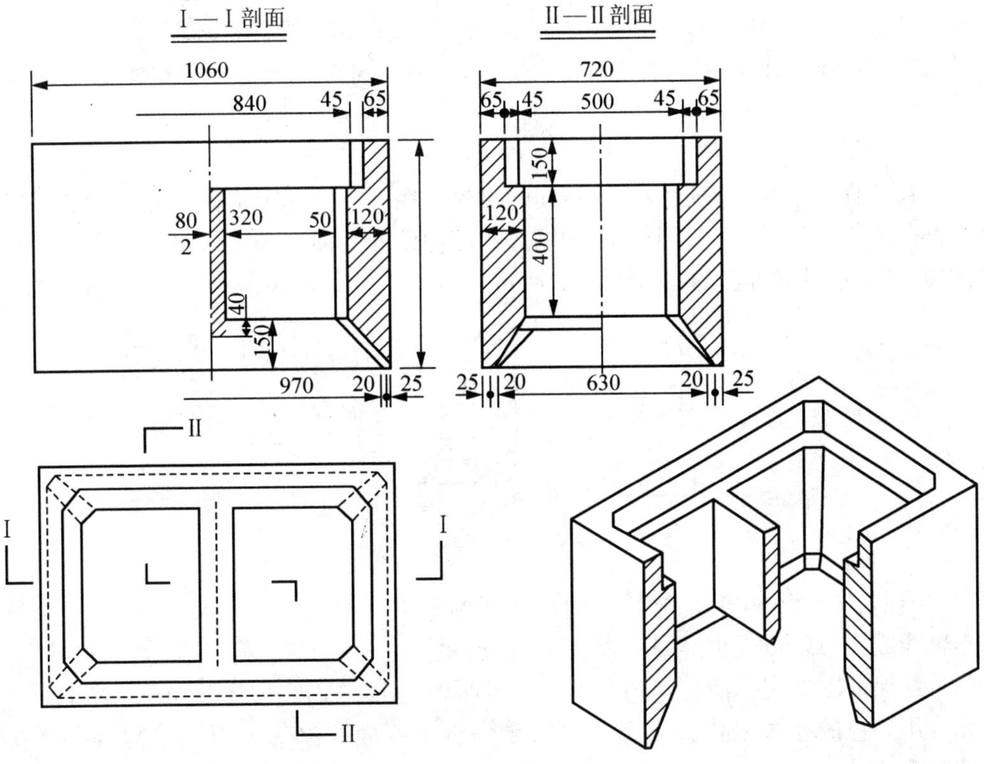

(a) (b)

图 5.20 沉井施工图

剖面图的分界线不画轮廓线而画中心线。在半剖面图中，如果某些尺寸只有一边能画尺寸界线时，则尺寸线不必全部画出，但应略超过对称轴线，如图中尺寸 970、840 等。在断面符号或剖面线中标注尺寸数字时，应该留有空隙，如图中尺寸 120。

5.4 剖面图、断面图的规定画法

(1) 画较大面积的断面图时，剖面符号可以简化，如图 5.21 所示。

(2) 薄板、圆柱等的构件剖面(如梁的隔板、柱、桩、轴等)，凡是剖切平面通过其对称中心线或轴线，均不画出剖面线，但可以画上材料图例，如图 5.22 所示。

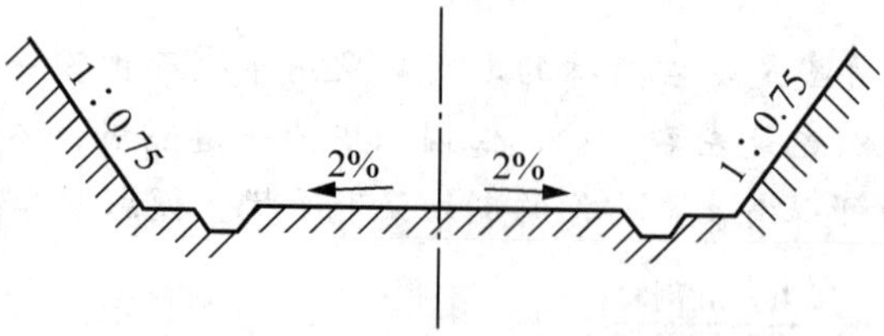

图 5.21　较大面积的断面图画法

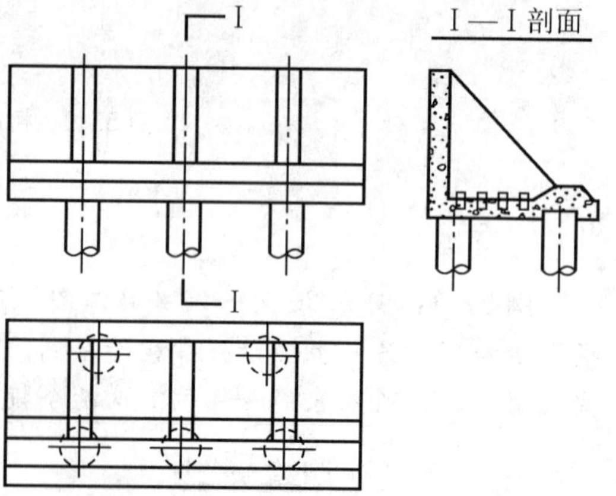

图 5.22　桩作为不可剖切面来表示

(3) 在工程图中为了表示构造物不同的材料，在同一断面上应画出材料分界线，并注明材料符号或文字说明。对两个或两个以上相邻构件的剖面，为表示区别，剖面线应画成不同倾斜方向或不同的间距，如图 5.23 所示。

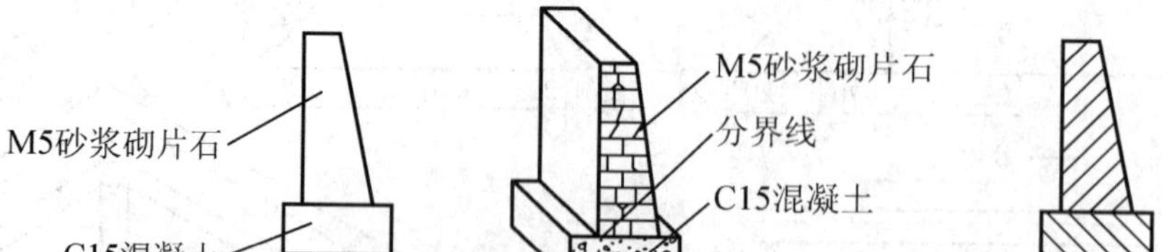

图 5.23　挡土墙材料分界线

(4) 当剖、断面图中有部分轮廓线与该图的基本轴线成 45°倾角时，可将剖面线画成与基本轴线成 30°或 60°的倾斜线，如图 5.24 所示。

(5) 在保证图形表达清楚的情况下，对于图样上实际宽度小于 2 mm 的狭小面积的剖面，允许用涂色的办法来代替剖面线，也允许将全部面积涂黑，但邻接部分必须留出空隙，如图 5.25 所示。

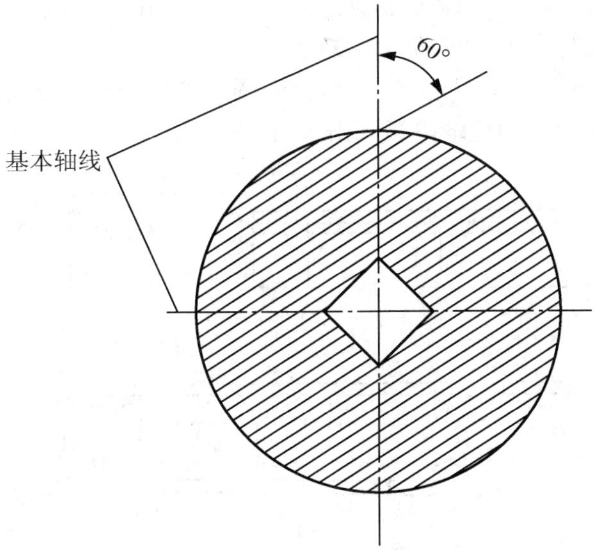

图 5.24 剖、断面图中轮廓线与该图的基本轴线成 45°倾角时的画法

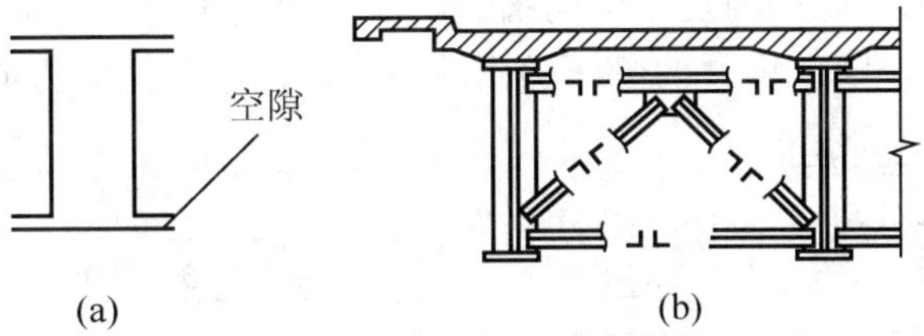

图 5.25 狭小面积的剖面画法

（6）对称图形可采用绘制一半或 1/4 图形的方法表示，除总体布置图外，在图形的图名前应标注“1/2”或“1/4”字样，也可以对称中心线为界，一半画一般构造图，另一半画断面图，还可以分别画两个不同的 1/2 断面。在对称中心线的两端，可标注对称符号，对称符号应由两条平行的细实线组成，如图 5.26 所示。

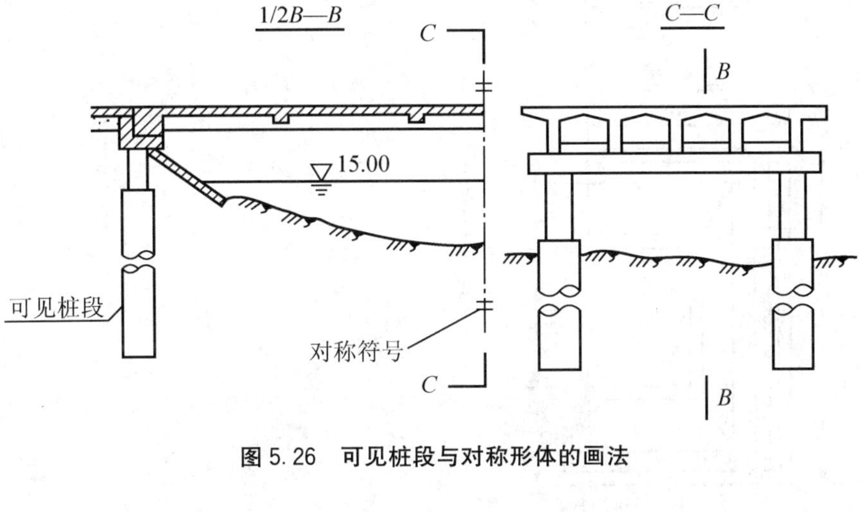

图 5.26 可见桩段与对称形体的画法

(7) 在道路制图标准中，有画近不画远的习惯。对剖面图的被切断面以外的可见部分可以根据需要而决定取舍，这种图仍称为断面图，但不注明“断面”，仅注剖切编号字母，如图 5.27 所示，按理论其 I—I 剖面应画成如图 5.27(b)所示的形式，但专业图常用图 5.27(c)的形式来表示。不把端隔板画出来。

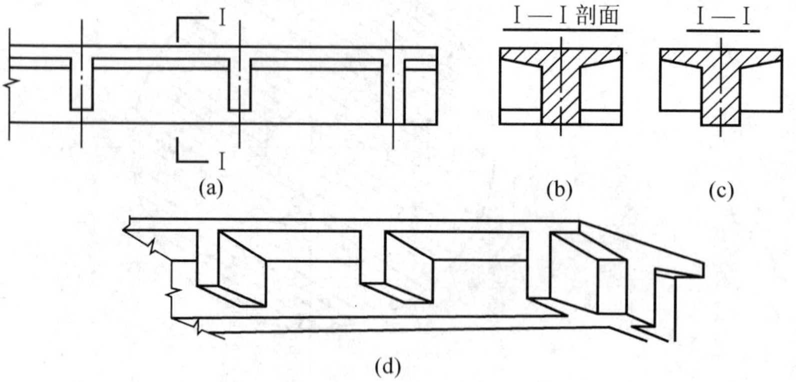

图 5.27　习惯画法

(8) 当用虚线表示被遮挡的复杂结构图时，应只绘制主要结构或离视图较近的不可见图线。如图 5.28 所示，U 形桥台的侧面图由从桥台的前、后两个方向投影所得到的台前、

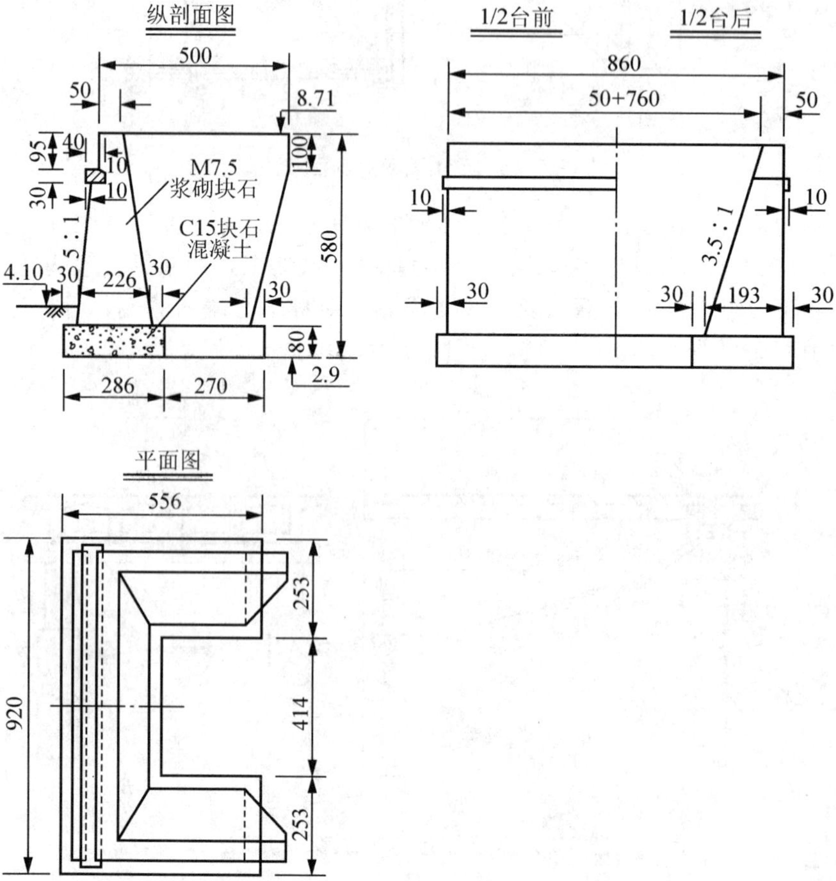

图 5.28　U 形桥台

台后两个图合并而成，为表示主要结构，避免重叠不清，虚线未画出。

(9) 当土体或锥坡遮挡视线时，可将土体看成透明体，使被土体遮挡部分，成为可见体以实线表示。如图 5.26 所示，地面线以下的部分桩段按可见画出。

(10) 只需表示形体的一部分形状时，可假想把不需要的部分折断，画出留下部分的投影，并在折断处画上折断线。对于不同材料的形体，折断线的画法也不同。表 5-2 中列出了不同材料形体的折断线的画法。

表 5-2　不同材料形体的折断线的画法

材料及形状	断裂线画法	断面形状	说明
方木	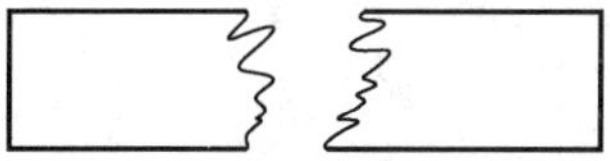		徒手画不规则的折断线
圆管状金属或其他材料	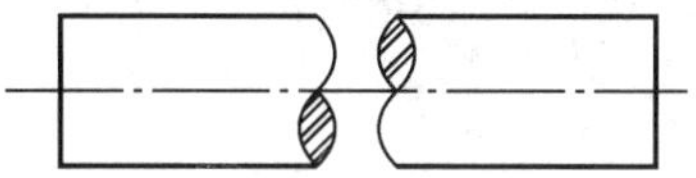		用曲线尺画顺滑反向弧线
	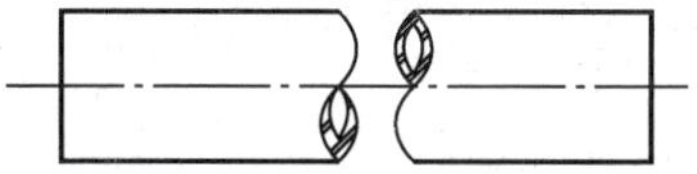		
不指明形状：金属等构件	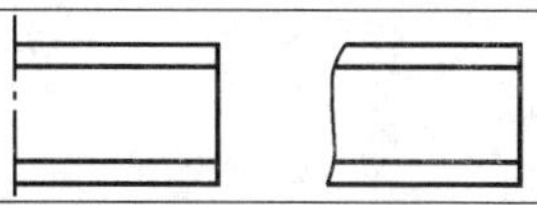		波浪线徒手画，轴线粗为 $b/3 \sim b/2$，用直尺画
不指明形状：土建类构造物	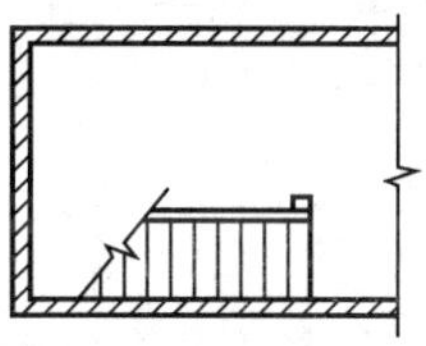 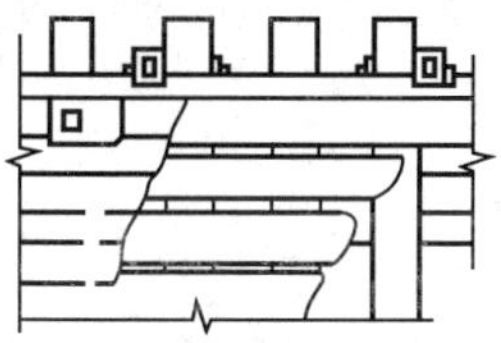		波浪线徒手画，局部断裂表示层次，折断线用尺画 采用折断时，构件需全部要切断
图形折断的画法与标注	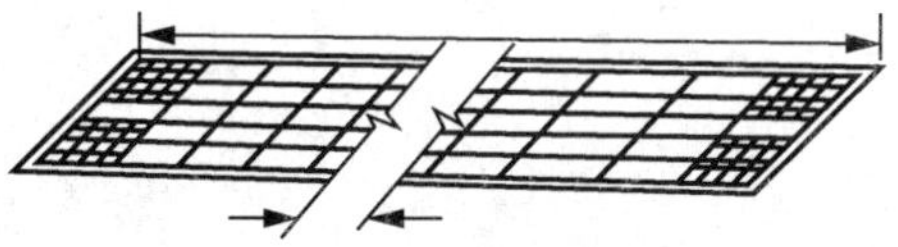		折断线成双画出，与构件基线平行，间距 4～5 mm

(11) 若形体较长，且沿长度方向截面形状不发生变化时，其投影图可采用断开画法，即假想将其折断，去掉中间一部分，只画两端部分，但尺寸要按总长标注，如图 5.26 中基桩的视图。

本章小结

(1) 假想用一个平面将形体从中间剖开，然后移走观察者与剖切平面之间的那一部分形体，将剩余部分形体进行投影，所得到的投影图称为剖面图，用来剖开形体的平面为剖切平面。

(2) 剖面图的标注应包含以下四个要素：剖切位置、投影方向、编号和材料图例。

(3) 剖面图的种类有：全剖面图、半剖面图、局部剖面图、阶梯剖面图、旋转剖面图和展开剖面图。

(4) 当用假想的剖切平面将形体剖开后，得到被剖切处断面的形状(即截面)，同时在断面内画上材料图例或剖面线，这种图形称为断面图。

(5) 断面图和剖面图的区别。

①断面图只画出剖切平面剖切到的断面的投影，它只是面的投影。

②断面图也用粗实线短画线表示剖切位置，但不再画表示投影方向的短线，而用表示编号的字母或数字注写位置来表明投影方向。

(6) 常用的断面图有移出断面图、重合断面图和中断断面图。

(7) 在某些特殊位置或特殊情况下，剖面图与断面图有一些习惯画法与规定画法应予以注意。

复习思考题

1. 剖面图和断面图是如何形成的？有什么作用？
2. 剖面图和断面图有哪些种类？分别适用于什么情况？
3. 剖面图和断面图有哪些规定画法？
4. 画半剖面图和局部剖面图应注意哪些问题？
5. 剖面图和断面图如何标注？

第 6 章

标高投影

教学目标

掌握点、直线、平面、曲面的标高投影的形成与表达方法；掌握坡度、平距和等高线的概念；掌握标高投影在地形图表达中的含义；掌握标高投影在施工中的常见应用。

教学要求

知识要点	能力要求	权重
点的标高投影	1. 了解基准面的概念； 2. 掌握标高的概念； 3. 掌握点的标高投影的形成与表达方法	10%
直线和平面的标高投影	1. 掌握直线和平面的标高投影的形成与表达方法； 2. 掌握坡度、平距、坡度比例尺和等高线的概念； 3. 能熟练计算坡度和平距； 4. 会求坡面交线、坡脚线或开挖线	50%
曲面的标高投影	1. 掌握曲面的标高投影的形成与表达方法； 2. 掌握标高投影在地形图表达中的含义； 3. 能绘制地形断面图； 4. 掌握标高投影在工程中的常见应用	40%

6.1 点的标高投影

工程形体周边的地形比较复杂，并且高度和长度之比相差很大，一般情况下不宜采用三面正投影图进行表达，常常需要绘制地形图，以便于在图纸上解决相关问题。由此产生了一种新的图示方法，称为标高投影。标高投影就是在形体的水平投影上，加注高程数字来表达形体形状的一种图示方法，或者可以理解成用单面投影加数字的方式显示地形地貌立体形象的图示方法。

假设空间点 A 位于已知水平面 H 的上方 4 个单位，如图 6.1(a)所示，点 B 位于 H 面下方 3 个单位，那么，A、B 的水平投影 a、b 之旁注上相应的高度值 4、−3，如图 6.1(b)所示，即得点 A、B 的标高投影图。我们看到的 4、−3 两个高度值，称为点的标高。

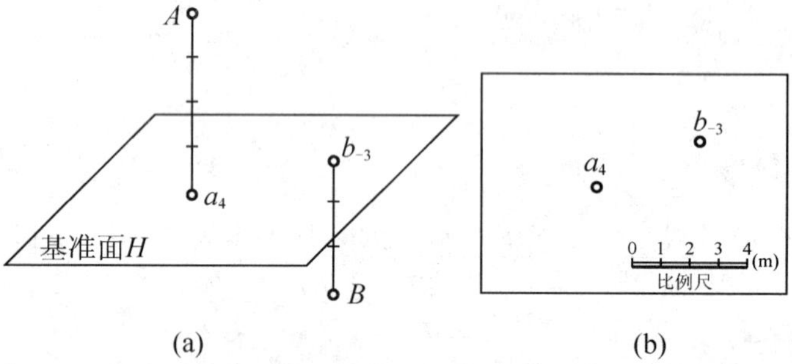

图 6.1　点的标高投影

通常以 H 面作为基准面，即它的标高值为零。H 面之上的点的标高为正值，H 面之下的点的标高为负值。根据标高投影图确定上述点 A 空间位置时，注意到点 A 的 H 投影 a 的脚标是 4，那么从 a 向上按比例尺量取 4 个单位，就确定出点 A 的空间位置。对于点 B，则是对应 b 的脚标−3，从 b 向下量取 3 个单位，从而得出点 B 的空间位置。常用的标高单位为米。标高投影是一种正投影图，必须标明比例或画出比例尺。

6.2 直线和平面的标高投影

6.2.1 直线的标高投影

1. 直线的表示法

在标高投影中，直线的位置是由直线上的两个点或直线上一点及该直线的方向确定。因此，直线的表示法有两种。

(1) 直线的水平投影并加注直线上两点的高程，如图 6.2(a)所示。

(2) 直线上一个点的标高投影并加注直线的坡度和方向，如图 6.2(b)所示。图中直线的方向用箭头表示，箭头指向下坡，1∶2 表示该直线的坡度。

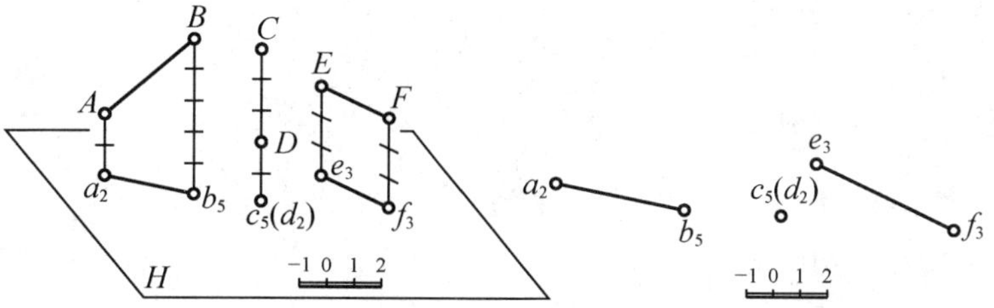

(a)

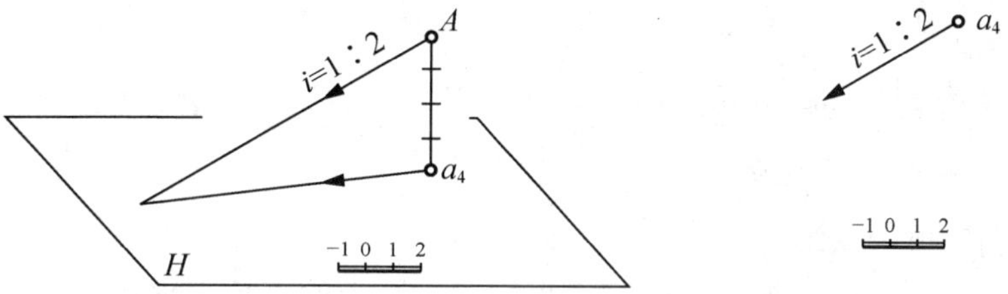

(b)

图 6.2 直线的标高投影

2. 直线的坡度和平距

(1) 坡度：直线上任意两点的高差与其水平距离之比称为该直线的坡度，用符号 i 表示，即

$$坡度(i)=\frac{高差(H)}{水平距离(L)}=\tan\alpha$$

上式也可以表述为：两点间的水平距离为 1 个单位时，两点间的高差即为坡度。

如图 6.2 中，直线 AB 的高差 $H=3$ m，用比例尺量得其水平距离 $L=6$ m，所以该直线的坡度 $i=\frac{H}{L}=\frac{3}{6}=\frac{1}{2}$，可写成 1∶2。

(2) 平距：直线上任意两点间的水平距离与其高差之比称为该直线的平距，用符号 l 表示，即

$$平距(l)=\frac{水平距离(L)}{高差(H)}=\cot\alpha=\frac{1}{i}$$

上式也可以表述为：两点间的高差为 1 个单位时，两点间的水平距离即为直线的平距。

由此可见，平距和坡度互为倒数。坡度越大，平距越小，坡度越小，平距越大。

例 6-1：求图 6.3 所示直线 ab 的坡度与平距，并求出直线上点 c 的高程。

【解】 先求坡度与平距

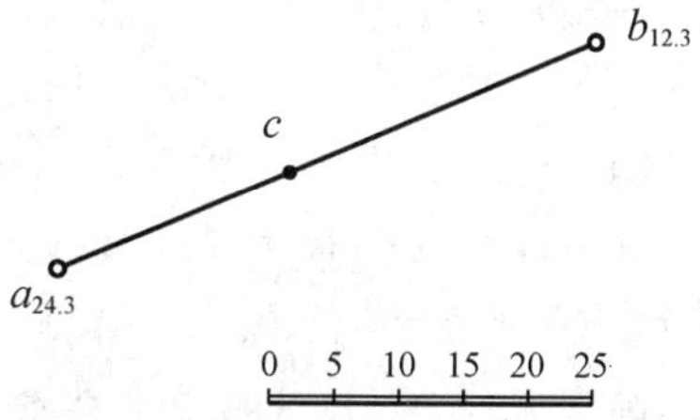

图 6.3 求直线上点 c 的高程

$$H_{ab}=24.3-12.3=12(\text{m})$$

由比例尺量取 $L_{ab}=36$ m

$$i=\frac{H_{ab}}{L_{ab}}=\frac{12}{36}=\frac{1}{3}$$

$$l=\frac{1}{i}=3$$

由比例尺量取 $L_{ac}=15$ m

$$\frac{H_{ac}}{L_{ac}}=i=\frac{1}{3}$$

$$H_{ac}=L_{ac}\times i=15\times\frac{1}{3}=5(\text{m})$$

故点 c 的高程是 24.3 m－5 m＝19.3 m

3. 直线的实长和整数标高点

1）直线的实长和倾角

在标高投影中求直线的实长，仍然可以采用正投影中的直角三角形法，如图 6.4(a)所示，直线的标高投影作为直角三角形的一条直角边，以直线两端点的高差作为另一直角边，用给定的比例尺做出后，斜边即为直线的实长。斜边和标高投影的夹角为直线对于水平面的倾角 α，如图 6.4(b)所示。

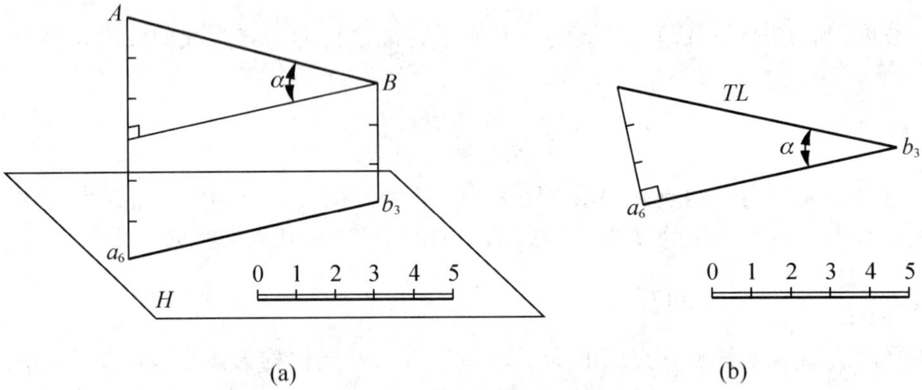

图 6.4　直线的实长和倾角

2）直线上的整数标高点

在实际工作中，常遇到直线两端的标高投影的高程并非整数，需要在直线的标高投影上做出各整数标高点的情况。解决这类问题，可利用定比分割原理作图。

例 6－2：如图 6.5 所示，已知直线 AB 的标高投影 $a_{4.3}b_{7.8}$，求直线上各整数标高点。

作图过程：平行于 AB 作一个辅助的铅垂面，采用标高投影比例尺作相应高程的水平线(水平线平行于 $a_{4.3}b_{7.8}$)，最高一条为 8，最低一条为 4。根据 A、B 两点的高程在铅垂面上画出直线 AB，其与各整数标高点的水平线交点向 $a_{4.3}b_{7.8}$ 作垂线得整数标高点 C、D、E。AB 反映实长，它与水平线的夹角反映该线对于水平面的倾角。

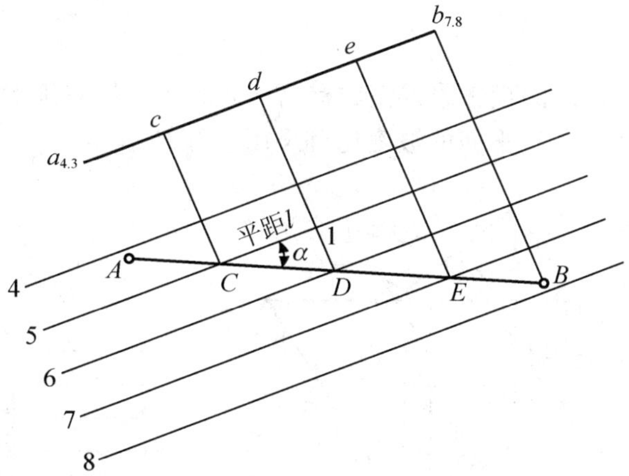

图 6.5　求直线上的整数标高点

6.2.2　平面的标高投影

1. 平面上的等高线和坡度线

1）等高线

标高投影中，预定高度的水平面与所表示表面(平面、曲面、地形面)的截交线称为等高线。如图 6.6(a)所示。在实际应用中常取整数标高的等高线，它们的高差一般取整数。把平面与基准面的交线，作为高程为零的等高线。图 6.6(b)为平面 P 上的等高线的标高投影。

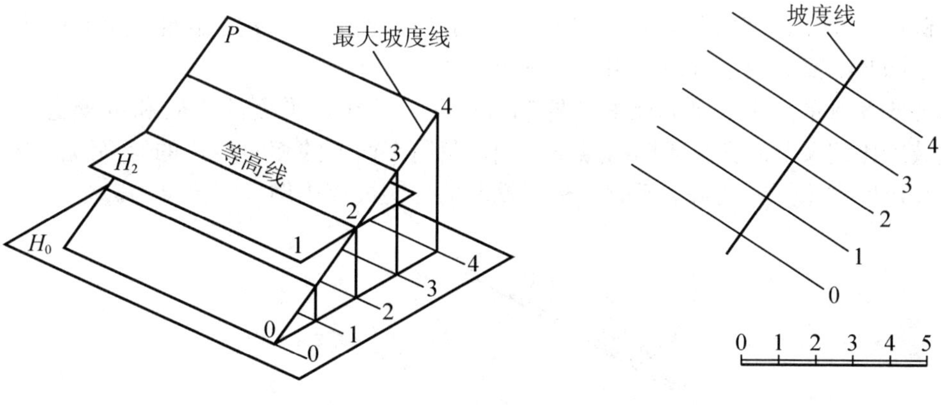

(a)　　(b)

图 6.6　等高线图例

2）平面上的等高线特性

平面上的等高线是一组互相平行的直线，当相邻等高线的高差相等时，其水平间距也相等。图 6.6(b)中相邻等高线的高差为 1m，它们的水平间距就是平距。

如图 6.6(a)所示，平面的坡度线和平面上的水平线垂直，坡度线的坡度就是该平面的坡度。

3）平面的坡度比例尺

工程上有时也将坡度线的投影附以整数标高，并画成一粗一细的双线，称为平面的坡度比例尺。如图 6.7 所示。P 平面的坡度比例尺用字母 P_i 表示。

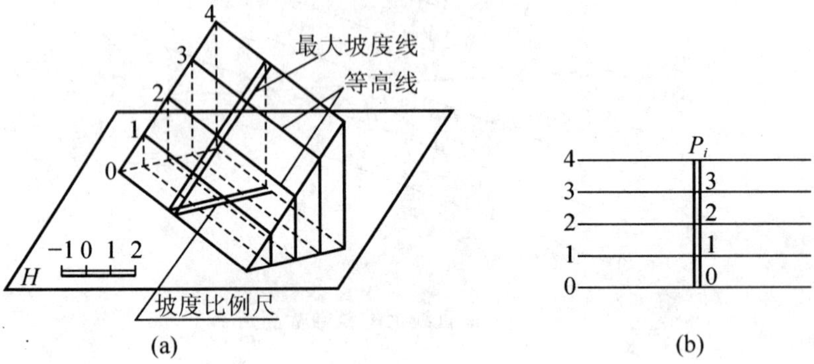

图 6.7　平面的坡度比例尺

2. 平面的表示法

1）等高线表示法

这种表示法实质上是用一组水平线表示平面，平面上的水平线称为平面上的等高线。在实际应用中我们一般采用高差相等、标高为整数的一系列等高线来表示平面，并把基准面 H 上的等高线，作为标高为零的等高线，如图 6.6(a)所示。

2）坡度比例尺表示法

这种表示法实质上就是最大坡度线表示法。已知平面的等高线组，可以利用等高线与坡度比例尺的相互垂直的关系，做出平面上的坡度比例尺，反之亦然。如坡度比例尺已知，则平面基准面的倾角可以利用直角三角形法求得。

如图 6.8 所示，坡度比例尺的位置和方向一经给定，平面的方向和位置也就随之确定。过坡度比例尺上的各整数标高点作垂线，就是平面上的相应高程的等高线。但要注意的是，在用坡度比例尺表示平面时，标高投影的比例尺或比例一定要给出。

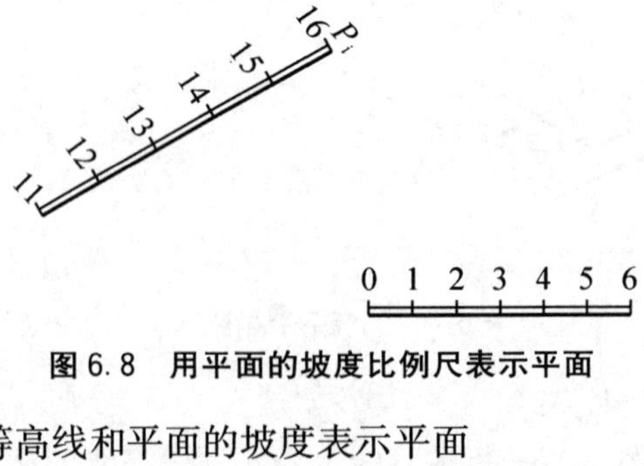

图 6.8　用平面的坡度比例尺表示平面

3）用平面上的一条等高线和平面的坡度表示平面

图 6.9(a)表示一个平面。知道平面上的一条等高线，就可定出坡度线的方向，由于平面的坡度已知，该平面的方向和位置就确定了。如果作平面上的等高线，可利用坡度求得

等高线的平距，然后作已知等高线的垂线，在垂线上按图中所给比例尺截取平距，再过各分点作已知等高线的平行线，即可做出平面上一系列等高线的标高投影，如图 6.9(b)所示。

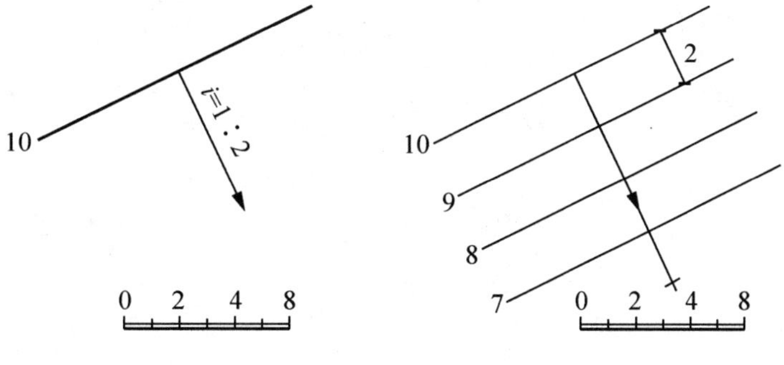

(a) (b)

图 6.9 用平面上的一条等高线和平面的坡度表示平面

4）用平面上的一条非等高线和该平面的坡度与倾向表示平面

例如：标高为 5m 的水平场地及一坡度为 1∶3 的斜坡引道，斜坡引道两侧的倾斜平面 ABC 和 DEF 的坡度均为 1∶2，这种倾斜平面可由平面内一条倾斜直线的标高投影加上该平面的坡度来表示，如图 6.10 所示。图中 a_2b_5 的旁边的箭头只是表明该平面向直线的某一侧倾斜，并非代表平面的坡度线方向，坡度线的准确方向需做出平面上的等高线后才能确定，所以用虚线表示。

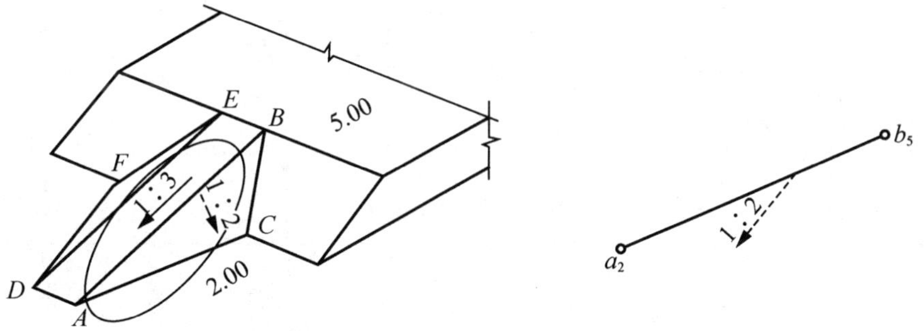

(a) (b)

图 6.10 用平面上的一条非等高线和该平面的坡度与倾向表示平面

3. 两平面的相对位置

两平面在空间的相对位置可分为平行与相交两种情况。

1）平行

如果两平面平行，则它们的坡度比例尺和等高线互相平行、平距相等、标高数字的增减方向一致，如图 6.11 所示。

2）相交

在标高投影中求两平面的交线，是利用辅助平面法在相交两平面上求得两个共有点，其连线即为两平面的交线。通常采用水平面作为辅助面。如图 6.12 所示，将两平面高程相同的等高线 20m 和 25m 的交点 a、b 连接，则 ab 即为所求两平面交线的高程投影。

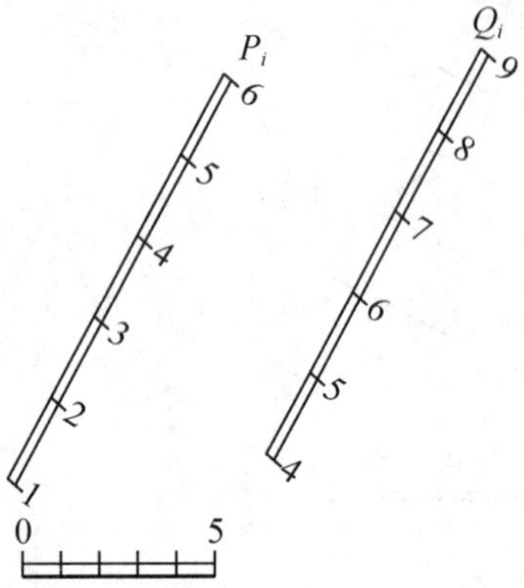

图 6.11　两平面平行

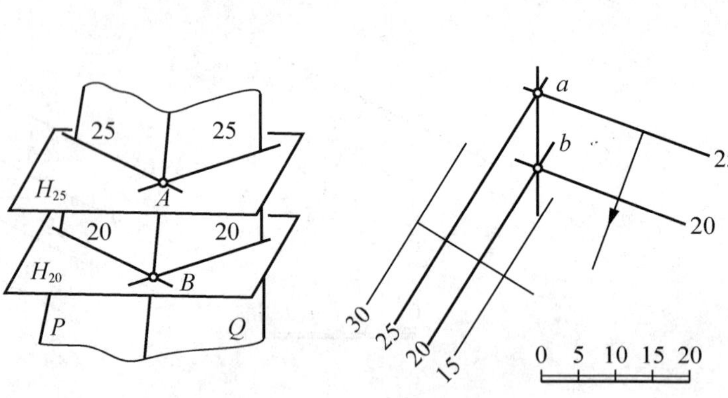

图 6.12　两平面相交

4. 求坡面交线、坡脚线或开挖线

在工程中，把建筑物相邻两坡面的交线称为坡面交线，坡面与地面的交线称为坡脚线(填方)或开挖线(挖方)。

在工程中，坡面倾斜情况可用示坡线表示。如图 6.13 所示，图中长短相间的细实线叫示坡线，它与等高线垂直，用来表示坡面，短画画在高的一侧。

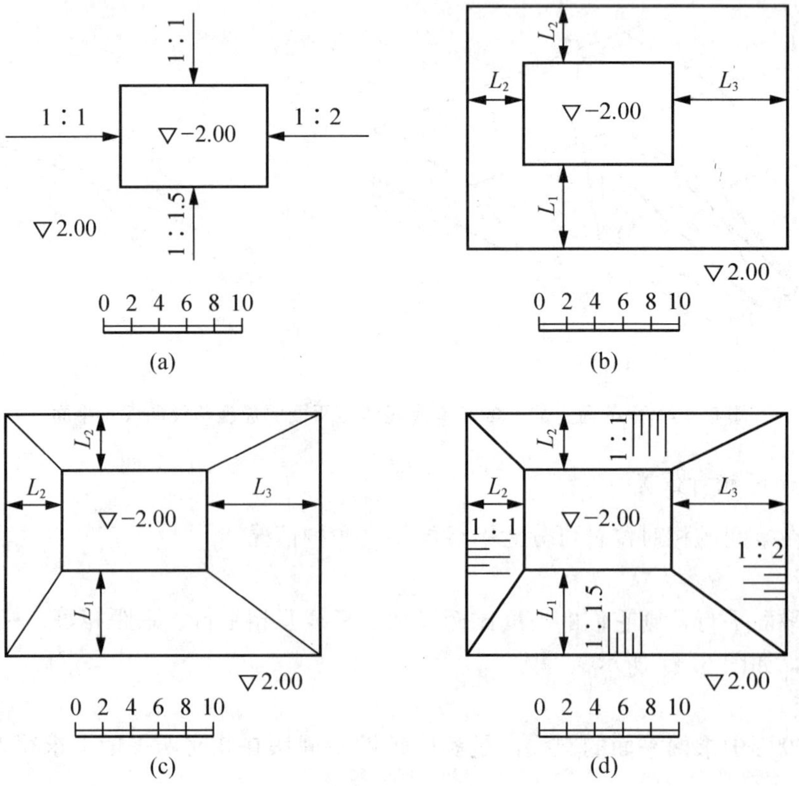

图 6.13　求开挖线和坡面交线

例 6-3：如图 6.13(a)所示，已知坑底的标高为－2 m，坑底的大小和各坡面的坡度如图所示，地面高程为 2 m，求作开挖线和坡面交线。

【解】 (1)求开挖线，如图 6.13(b)所示。地面高程为 2 m，因此开挖线就是各坡面上高程为 2 m 的等高线，它们分别与坑底的相应底边线平行，水平距离 $L_1=1.5\times4$ m=6 m，$L_2=1\times4$ m =4 m，$L_3=2\times4$ m=8 m。

(2) 求坡面交线，如图 6.13(c)所示。相邻两坡面高程相同的两条等高线的交点即两坡面的共有点，分别连接相应的两个共有点可得四条坡面交线。

(3) 将结果加深，画出各坡面的示坡线，如图 6.13(d)所示。

例 6-4：已知主路堤和支路堤相交，顶面标高分别为 3 m 和 2 m，地面标高为 0 m，各坡面坡度如图 6.14(a)所示，试作相交两堤的标高投影图。

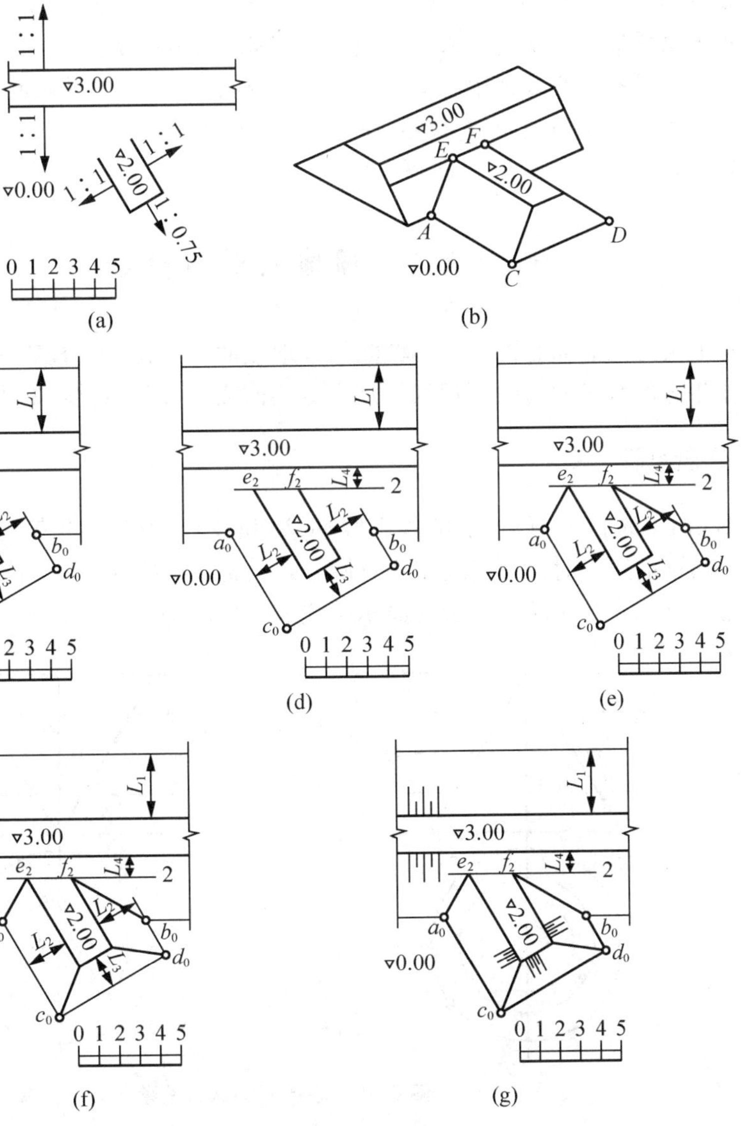

图 6.14 求相交两堤的标高投影图

【分析】 如图 6.14(b)所示。作相交两堤的高程投影图，需求三种线：各坡面与地面交线，即坡脚线；支堤顶面与主堤坡面的交线；主堤坡面与支堤坡面的交线。

作图步骤如下。

(1) 求坡脚线，如图 6.14(c)所示。

主堤堤顶边缘到坡脚线的水平距离 $L_1=H/i=(3-0)\text{m}/1=3\text{ m}$，再沿两侧坡面坡度线方向按比例量取，过零点作顶面边缘的平行线，即得两侧坡面的坡脚线。

支堤顶边缘到坡脚线的水平距离 $L_2=H/i=(2-0)\text{m}/1=2\text{ m}$，$L_3=H/i=(2-0)\text{m}\times 0.75=1.5\text{ m}$。主堤与支堤的坡脚线交于 a_0、b_0，支堤自身的坡脚线交于 c_0、d_0。

(2) 求支堤顶面与主堤坡面的交线，如图 6.14(d)所示。

支堤顶面高程为 2 m，与主堤坡面交线就是主堤坡面上高程为 2 m 的等高线中的 e_2f_2 一段，$L_4=H/i=(3-2)\text{m}/1=1\text{ m}$。

(3) 求主堤坡面与支堤坡面的交线，如图 6.14(e)所示。

主堤与支堤的坡脚线交于 a_0、b_0，连接 a_0e_2、b_0f_2，即得坡面交线。

(4) 求支堤坡面与坡面的交线，如图 6.14(f)所示。

(5) 画示坡线，如图 6.14(g)所示。

6.3 曲面的标高投影

工程上常见的曲面有锥面、同坡曲面和地形面等。在标高投影中表示曲面，就是用一系列高差相等的水平面与曲面相截，画出这些截交线(即等高线)的投影。

6.3.1 正圆锥面

如图 6.15 所示，正圆锥面的等高线都是同心圆，当高差相等时，等高线间的水平距离相等。当锥面正立时，等高线越靠近圆心，其标高数字越大；当锥面倒立时，等高线越靠近圆心，其标高数字越小。圆锥面示坡线的方向应指向锥顶。

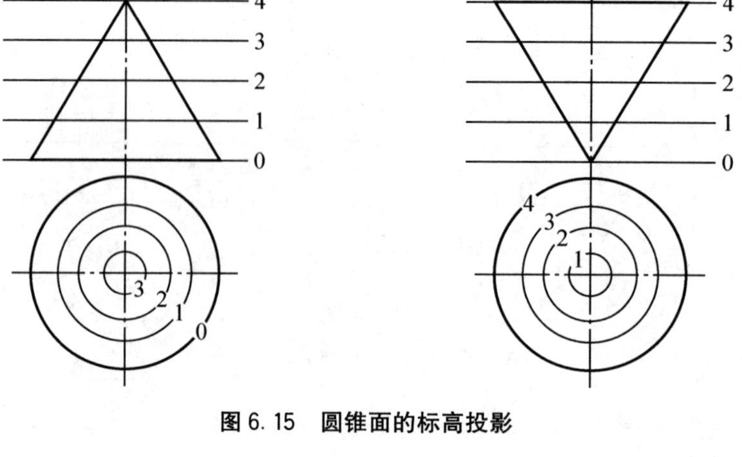

图 6.15 圆锥面的标高投影

注意：

(1) 必须注明锥顶高程，否则无法区分圆锥与圆台。

(2) 等高线在遇到标高数字时必须断开。

(3) 标高字头朝向高处以区分正圆锥与倒圆锥。

(4) 等高线的疏密反映了坡度的大小。

在土石方工程中，常在两坡面的转角处采用与坡面坡度相同的锥面过渡，如图 6.16 所示。

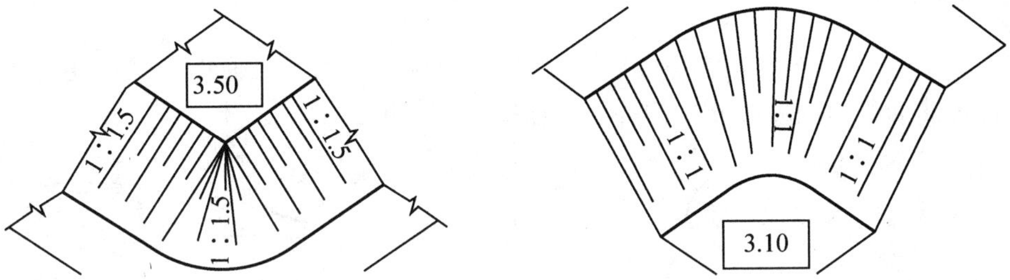

图 6.16 坡面转角

例 6-5：在土坝与河岸的连接处，用圆锥面护坡，河底标高为 118.00 m，土坝、河岸、圆锥台面标高及各坡面坡度如图 6.17(a)所示，试完成它们的标高投影图。

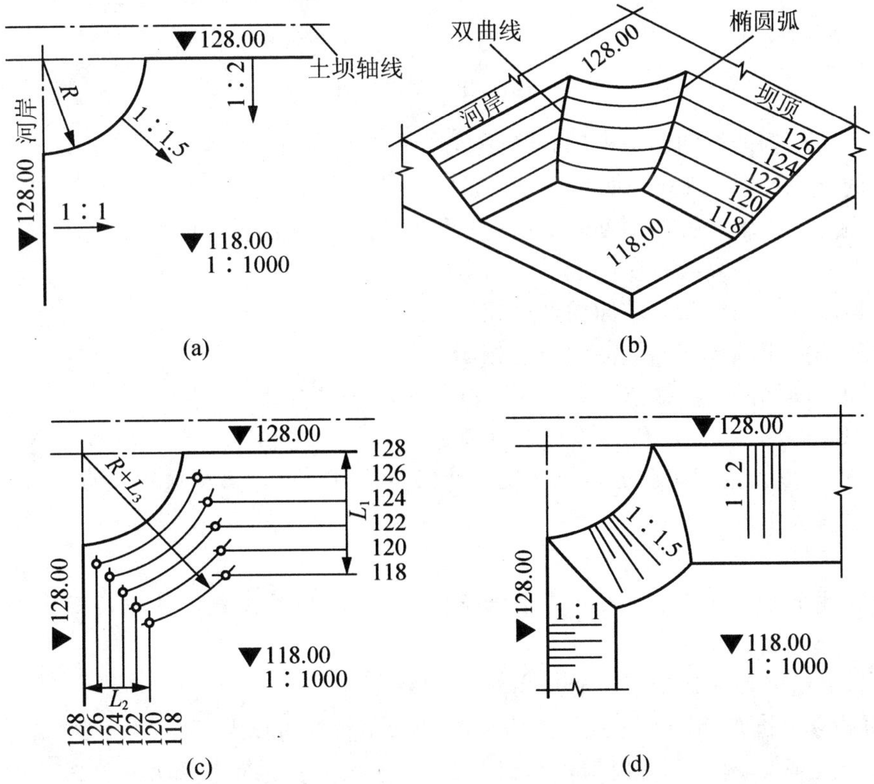

图 6.17 求土坝、河岸、护坡的标高投影

【解】 作图步骤如下。

(1) 作坡脚线。土坝、河岸、锥面护坡各坡面的水平距离分别为 $L_1=(128-118)\times2$ m$=20$ m，$L_2=(12-118)\times1$ m$=10$ m，$L_3=(12-118)\times1.5$ m$=15$ m，根据各坡面的水平距离即可做出坡脚线。圆弧面的坡脚线是圆锥台顶圆的同心圆，如图 6.17(c)所示。

(2) 作坡面交线。各坡面相同高程等高线的交点即为坡面交线上的点，依次光滑连接各点即得坡面交线，如图 6.17(d)所示。

6.3.2 同坡曲面

如图 6.18(a)所示，一段倾斜的弯道，两侧边坡是曲面，且曲面上任何地方的坡度都相同，这种曲面称为同坡曲面，即各处的坡度皆相等的曲面。

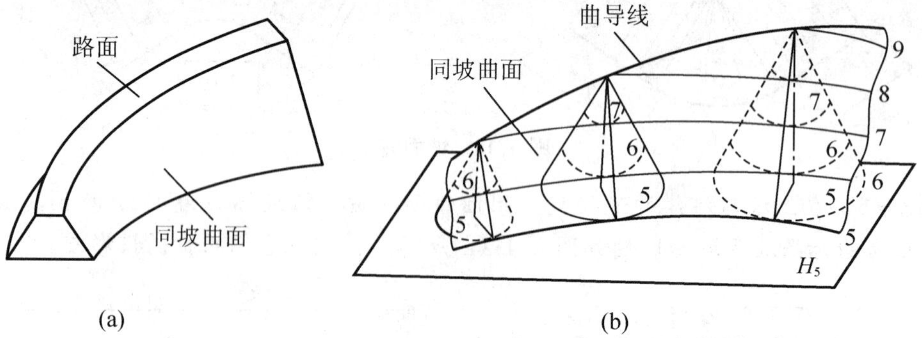

图 6.18 同坡曲面

工程上常用到同坡曲面。道路在弯道处，无论路面有无纵坡，其边坡均为同坡曲面。同坡曲面的形成如图 6.18(b)所示，以一条空间曲线作导线，一个正圆锥的顶点沿此曲导线运动，当正圆锥轴线方向不变时，所有正圆锥的包络曲面就是同坡曲面。

作同坡曲面的等高线，应明确以下 3 点。

(1) 运动的正圆锥与同坡曲面处处相切。

(2) 运动的正圆锥与同坡曲面坡度相同。

(3) 同坡曲面的等高线与运动正圆锥同标高的等高线相切。

例 6-6：如图 6.19(a)所示为一弯曲倾斜道路与干道相连，干道顶面标高为 9.00 m，地面标高为 5.00 m，弯曲引道由地面逐渐升高与干道相连，画出坡脚线与坡面交线。

作图步骤如下。

(1) 求干道边坡等高线及坡脚线。

算出边坡平距，作干道坡面上高程为 8、7、6、5 的等高线，其中坡面上高程为 5 的等高线即为干道坡脚线。

(2) 求引道两侧同坡曲面上的等高线及坡脚线。

① 四等分引道顶面的曲导线，定出曲导线上各整数高程点 a_6、b_7、c_8、d_9。

② 以 a_6、b_7、c_8、d_9 为圆心，分别以 $R=1$、2、3、4 为半径画同心圆，即为各正圆锥的等高线。

③ 作正圆锥上相同高程等高线的公切曲线(包络线)，即得引道边坡(即同坡曲面)的

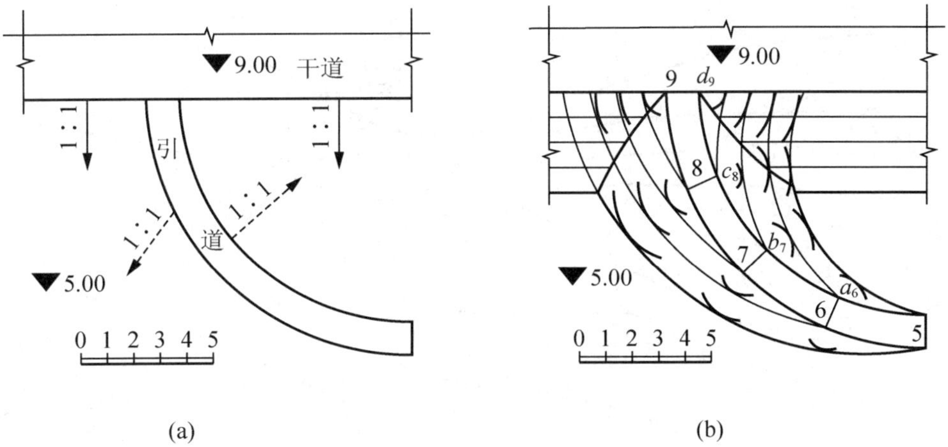

图 6.19 求坡面与坡面、坡面与地面间的交线

等高线。同样可做出另一侧边坡的等高线。其中同坡曲面上高程为 5 的同坡曲面等高线即为引道坡脚线。

(3) 求同坡曲面与干道边坡的交线。

将引道两个同坡曲面与干道边坡上同高程等高线的交点，用光滑曲线连接起来，即得坡面交线。

6.3.3 地形图

如图 6.20 所示，由于地形面是不规则曲面，所以它的等高线是不规则的曲线。地形等高线有下列特性。

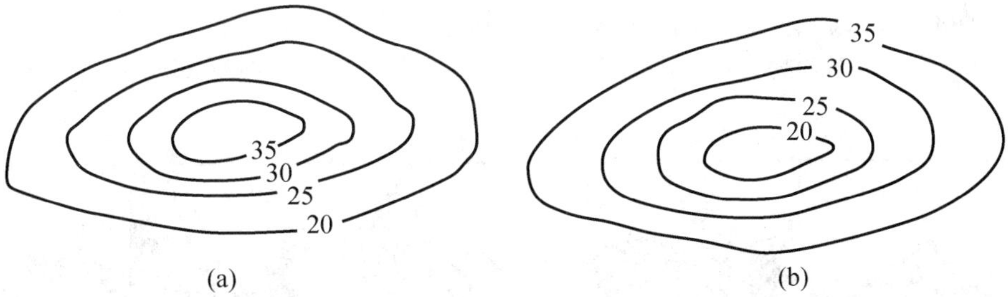

图 6.20 地形等高线

(1) 等高线一般是封闭曲线(在有限的图形范围内可不封闭)。

(2) 除悬崖、峭壁外，等高线不相交。

(3) 同一地形内，等高线愈密地势愈陡，反之等高线愈稀疏地势愈平坦。

用这种方法表示地形面，能够清楚地反映地形的起伏变化以及坡向等。如图 6.21 所示右方环状等高线，中间高、四面低，表示有一山头；山头东北面等高线密集、平距小，说明这里地势陡峭；西南面等高线稀疏、平距较大，说明这里地势平坦，坡向是北高南低。相邻两山头之间，形状像马鞍的区域称为鞍部。地形图上等高线高程数字的字头按规定应朝向上坡方向。相邻等高线之间的高差称为等高距，图 6.21 中的等高距为 5 m。

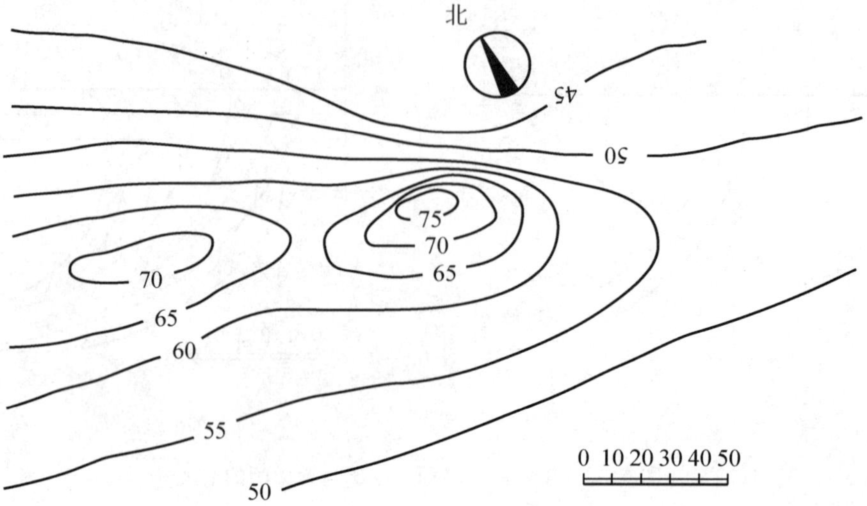

图 6.21　地形等高线

在一张完整的地形等高线图中，为了便于看图，一般每隔四条等高线有一条画成粗线。这样的粗等高线称为计曲线。不加粗的等高线称为首曲线。

为了便于看地形图，把典型地貌在地形图上的特征归纳如下(图 6.22)。

(1) 山丘：等高线闭和圈由小到大高程依次递减，等高线亦随之渐稀，则对应地形是山丘。

(2) 盆地：等高线闭和圈由小到大高程依次递增，等高线亦随之渐稀，则对应地形是盆地。

(3) 山脊：等高线凸出方向指向低高程，则对应地形是山脊。

(4) 山谷：等高线凸出方向指向高处，则对应地形是山谷。

(5) 鞍部：相邻两峰之间，形状像马鞍的区域称为鞍部，在鞍部两侧的等高线形状接近对称。

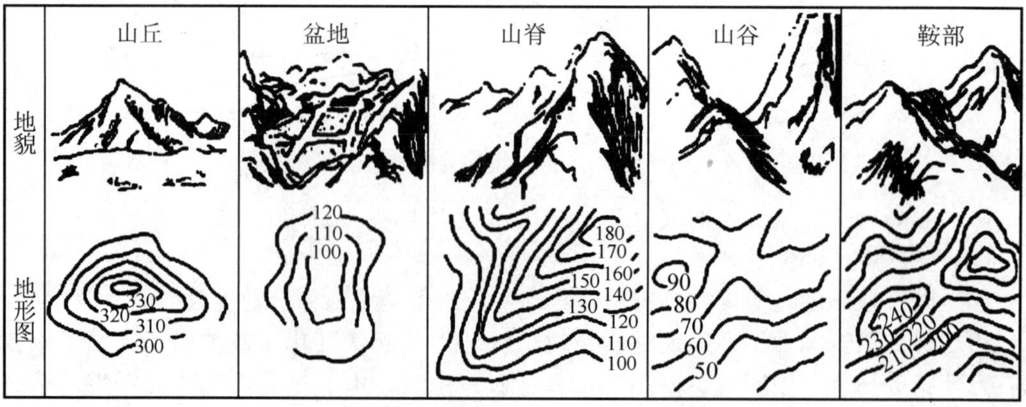

图 6.22　典型地貌在地形图上的特征

6.3.4 地形断面图

用铅垂面剖切地形面，剖切面与地形面的截交线就是地形断面，并画上相应的材料图例，称为地形断面图。其作图方法如图 6.23 所示。

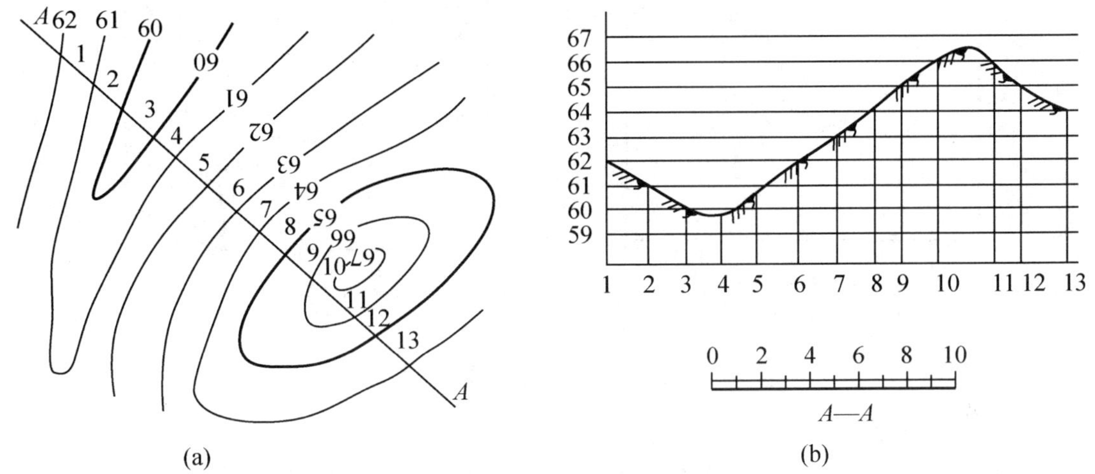

图 6.23 地形断面图

(1) 过 A—A 作铅垂面，它与地形面上各等高线的交点为 1、2、3…如图 6.23(a)所示。

(2) 以 A—A 剖切线的水平距离为横坐标，以高程为纵坐标，按等高距及比例尺画一组平行线，如图 6.23(b)所示。

(3) 将图 6.23(a)中的 1、2、3…各点转移到图 6.23(b)中最下面一条直线上，并由各点作纵坐标的平行线，使其与相应的高程线相交得到一系列交点。

(4) 光滑连接各交点，即得地形断面图，并根据地质情况画上相应的材料图例。

6.4 标高投影在工程中的应用

求解构筑物表面与地面的交线是土建工程实践中经常遇到的问题，如估算土石方量时首先要知道坡面的交线以及坡面与地面的交线(即坡脚线和开挖线)。

工程中的填挖边坡可能是平面或曲面，这些坡面与地形面相交得出的填挖边界线，也称边坡线。求作边坡线的方法，归结为求坡面上等高线与地形面上同高程等高线的交点，由交点连成边坡线。

6.4.1 平面与地形面的交线

例 6-7：如图 6.24(a)所示，地形面与一斜坡平面相交，求作地面与斜坡平面的交线。

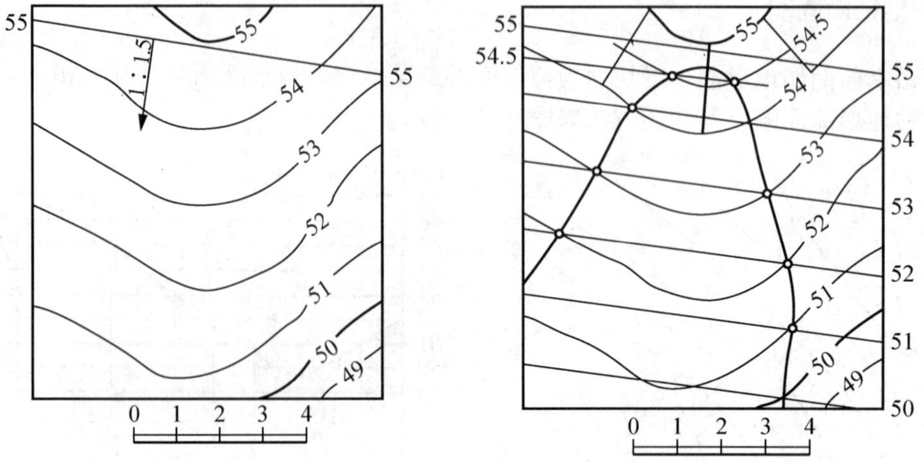

(a) (b)

图 6.24 求地面与斜坡平面的交线

【解】 作图步骤如图 6.24(b)所示。

斜坡平面由高程 55 的等高线和坡度 1∶1.5 给出，做出该平面上高差为 1 m 的等高线 54、53、52、51 等。比较这些等高线和地形图中的等高线可知，交线即是开挖线。开挖线由坡面和地面的同高程的等高线连接而成。

在地面等高线 54 与 55 之间内插一条高程为 54.5 的等高线，在斜平面的等高线 54 与 55 之间也内插一条 54.5 的等高线，二者交出开挖线上高程为 54.5 的点。再根据两边交线的走势，把大于 54.5 的一小段连接起来，完成开挖线的作图。

例 6-8：如图 6.25(a)所示，已知管线两端 A、B 的高程分别为 21.4 m 和 24.6 m，求管线 AB 与地面的交点。

【解】 做出包含直线的铅垂剖切面与地形面的截交线，再求直线与截交线的交点，就是直线与地形面的交点。

(1) 作间距相等的高程分别为 20、21、22、23、24、25 的平行线组。

(2) 将管线的标高投影 $a_{21.4}b_{24.6}$ 与地形面上各等高线的交点按它对应的高程和水平距离画到平行线组中，连接各交点得到地面截交线，如图 6.25(b)所示。

(3) 将管线两端点的标高投影 $a_{21.4}b_{24.6}$ 按其对应的高程和水平距离画到平行线组中，连接 AB，则直线 AB 与截交线的交点 K_1、K_2、K_3、K_4，即是 AB 直线与地面的交点，如图 6.25(c)所示。

(4) 在地形面上得到交点的标高投影 k_1、k_2、k_3、k_4，并将地面以下的部分画成虚线。

6.4.2 曲面与地形面的交线

求曲面与地形面的交线，即求曲面与地形面上一系列高程相同等高线的交点，然后把所得的交点依次相连，即为曲面与地形面的交线。

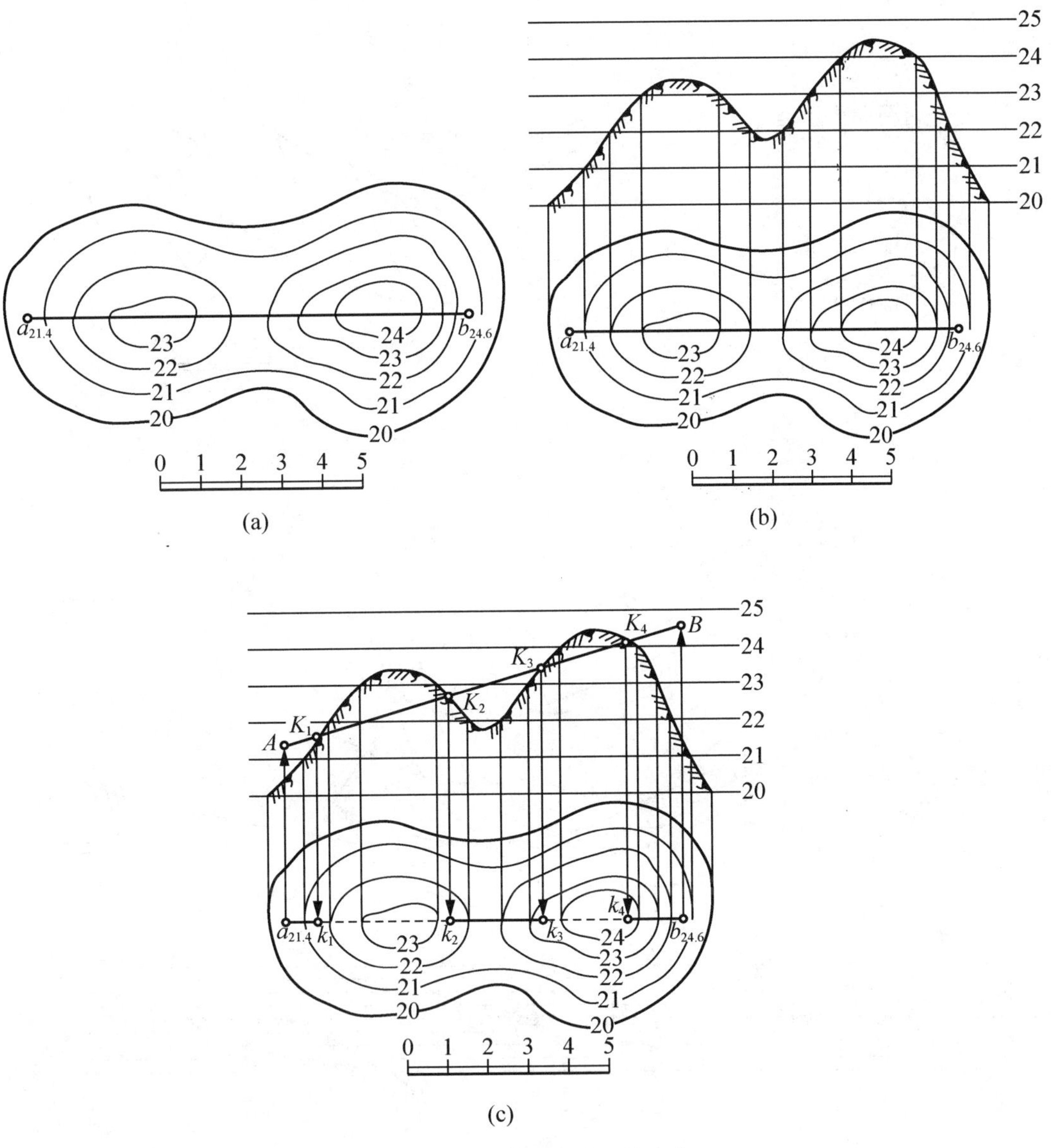

图 6.25　求管线与地面的交点

例 6-9：在如图 6.26 所示的地形面上修筑道路，已知路面位置及道路标准剖面，求道路边坡与地形面的交线。

【解】　路面高程为 60.00 m，所以地形面低于 60 m 的一端要填，高于 60 m 的一端要挖，地形面标高 60 m 的等高线通过路面的一段是填挖分界线。

采用剖面法，即用铅垂面作辅助面，每隔一定距离作一个与道路中线垂直的铅垂面(如图中的 A—A、B—B)用这个铅垂面剖切地面与道路，地形截交线与道路截交线的交点就是道路边坡与地面交线上的点，即坡脚线上的点。

作图步骤(以 A—A 剖面为例)：

(1) 在适当的位置作剖面线 A—A。

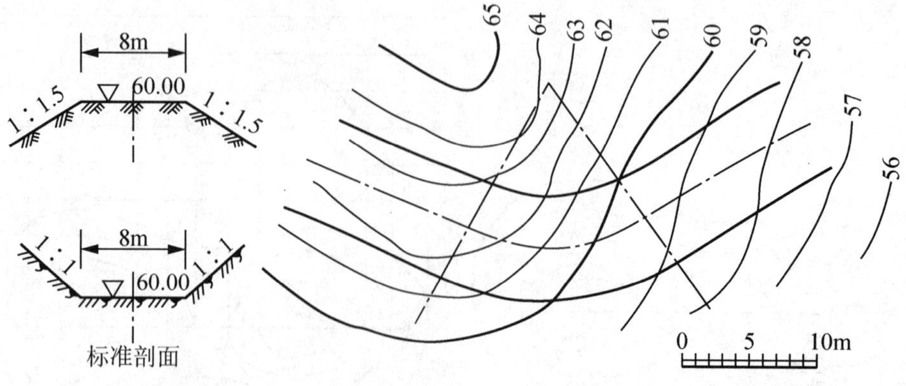

(a)

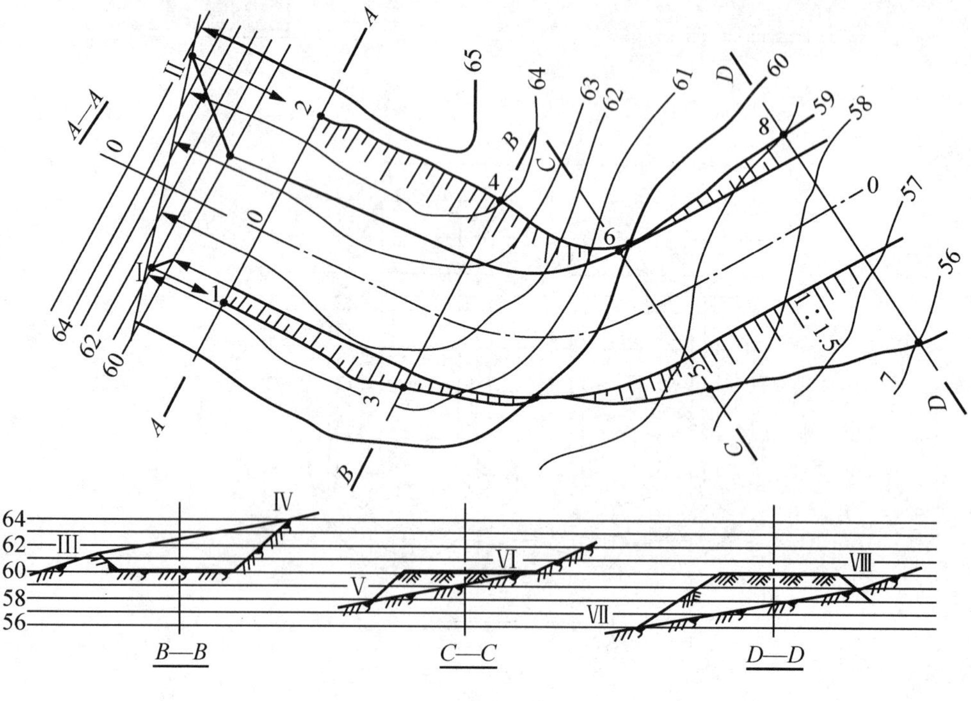

(b)

图 6.26　求道路边坡与地面的交线

(2) 作地形的 *A—A* 剖面图，并在此图上定出道路中心线的位置 0—0。

(3) 按道路标准剖面图画出路面及边坡线。因 *A—A* 处地面高出路面，所以边坡应按挖方剖面图画出，坡度为 1∶1。

(4) 在剖面图上标出道路边坡与地形剖面的交点Ⅰ、Ⅱ，然后在地形图的 *A—A* 剖切线上量取 01、02 分别等于 *A—A* 剖面上Ⅰ、Ⅱ两点到中心线的距离，得出 1，2 两点，即为开挖线上点。

同理可作 *B—B*、*C—C*、*D—D* 等剖面，又可求出交线上其他的交点，如 3、4、5…将同侧的点依次连接，就是所求的各边坡与地面的交线，即开挖线或坡脚线。

本章小结

(1) 标高投影就是在形体的水平投影上，加注高程数字来表达形体形状的一种图示方法。通常以 H 面作为基准面，即它的标高值为零。H 面之上的点的标高为正值，H 面之下的点的标高为负值。常用的标高单位为米。标高投影是一种正投影图，必须标明比例或画出比例尺。

(2) 直线的标高投影有两种表示法。

①直线的水平投影并加注直线上两点的高程。

②直线上一个点的标高投影并加注直线的坡度和方向。

(3) 直线的坡度和平距的计算。

$$\text{坡度}(i)=\frac{\text{高差}(H)}{\text{水平距离}(L)}=\tan\alpha$$

$$\text{平距}(l)=\frac{\text{水平距离}(L)}{\text{高差}(H)}=\cot\alpha=\frac{1}{i}$$

(4) 标高投影中，预定高度的水平面与所表示表面(平面、曲面、地形面)的截交线称为等高线。平面上的等高线是一组互相平行的直线，当相邻等高线的高差相等时，其水平间距也相等。

(5) 工程上有时将坡度线的投影附以整数标高，并画成一粗一细的双线，称为平面的坡度比例尺。

(6) 平面的标高投影表示方法有等高线表示法、坡度比例尺表示法，也可以用平面上的一条等高线和平面的坡度表示平面，或用平面上的一条非等高线和该平面的坡度与倾向表示平面。

(7) 在标高投影中表示曲面，就是用一系列高差相等的水平面与曲面相截，画出这些截交线(即等高线)的投影。

(8) 由于地形面是不规则曲面，所以它的等高线是不规则的曲线。

复习思考题

1. 标高投影是如何形成的？与三面投影有什么不同？
2. 什么是直线的坡度和平距？
3. 如何用标高投影表示直线？
4. 如何用标高投影表示平面？
5. 平面的坡度和倾角如何确定？
6. 什么是同坡曲面？

第 7 章

路线工程图阅读

教学目标

掌握路线工程图中平面图、纵断面图及横断面图的图示方法和表达内容。

教学要求

知识要点	能力要求	权重
路线平面图	1. 掌握路线平面图中包含的地形信息； 2. 掌握路线平面图中包含的路线信息； 3. 能够阅读路线平面图	40%
路线纵断面图	1. 掌握路线纵断面图中包含的信息； 2. 掌握路线纵断面图的测设数据表包含的信息； 3. 能够阅读路线纵断面图	40%
路线横断面图	1. 了解路线横断面图的图示方法； 2. 掌握路基横断面图的三种基本形式及表达内容； 3. 能够阅读路线横断面图	20%

7.1 路线平面图

路线平面图主要表示路线的走向和平面线形情况，以及沿线两侧一定范围内的地形、地物等。

路线平面图中包含地形和路线两部分信息。如图 7.1 所示为某公路 K3＋200～ K5＋200 段的路线平面图，下面以此图为例介绍路线平面图的表达内容。

1. 地形部分

(1) 比例。道路路线平面图比例一般比较小。通常为 1∶500、1∶1 000、1∶2 000、1∶5 000 等。

(2) 方向。在路线平面图上应通过指北针或测量坐标网来标明道路在该地区的方位与走向，本图采用的是指北针。

(3) 地形。平面图中地形起伏情况通过等高线来表示，本图中相邻两条等高线之间的高差为 2m，每隔 4 条等高线画一条粗的计曲线，并标明相应的高程数字。从平面图中可看出该地区西南和西北地势较高，东北面有一座山峰。河流两岸地势较平坦。

(4) 地貌地物。道路工程常用地物图例如图 7.2 所示。从平面图上的标记可知，该地区有一条河自北向南流过，两岸为水稻田，山坡上为旱地，并种有果树，河边有一村落。

(5) 水准点。沿路线附近每隔一段距离，需要标注水准点位置，用于路线的高程测量。

2. 路线部分

(1) 设计路线。用加粗实线表明路线。

(2) 里程桩。道路路线的总长度和各段间的长度用里程桩号表示。里程桩号从路线的起点至终点依次顺序编号。里程桩分公里桩和百米桩两种。公里桩标在路线前进方向的左侧，用符号表示桩位，公里标注在符号上方，如“K4”表示离起点 4 km。百米桩标在路线前进方向的右侧，用垂直于路线的细短线表示桩位。以字头朝向路线的阿拉伯数字标在短线端部表示百米数。如 K4 公里桩前方标注的 2，表示桩号为 K4＋200，说明该点距路线起点为 4 200 m。

(3) 平曲线。道路路线在平面上由直线段和曲线段组成，在路线的转折处应设平曲线。图中 JD 表示交角点，是路线的两直线段的理论交点；α 为转折角，是路线前进中向左或向右偏转的角度；R 为圆曲线的半径，是连接圆弧的半径长度；T 为切线长，是切点与交角点间的长度；L 为曲线长，是圆曲线两切点间的弧长；E 为外距，是中点到交角点的距离。

在路线平面图中，除了要标注转折处的交角点外，还要标注曲线段的起点 ZY(直圆)、中点 QZ(曲中)、终点 YZ(圆直)的位置。

从本路线平面图(图 7.1)中可知，该公路由 K3＋300 处开始，由西南方地势较低处开始，在交角点 JD_6 处向右转折，转角 $\alpha_y=58°25'10''$，圆曲线半径 $R=500$ m，到交角点 JD_7 处向左转折，$\alpha_z=23°41'05''$，圆曲线半径 $R=600$ m。

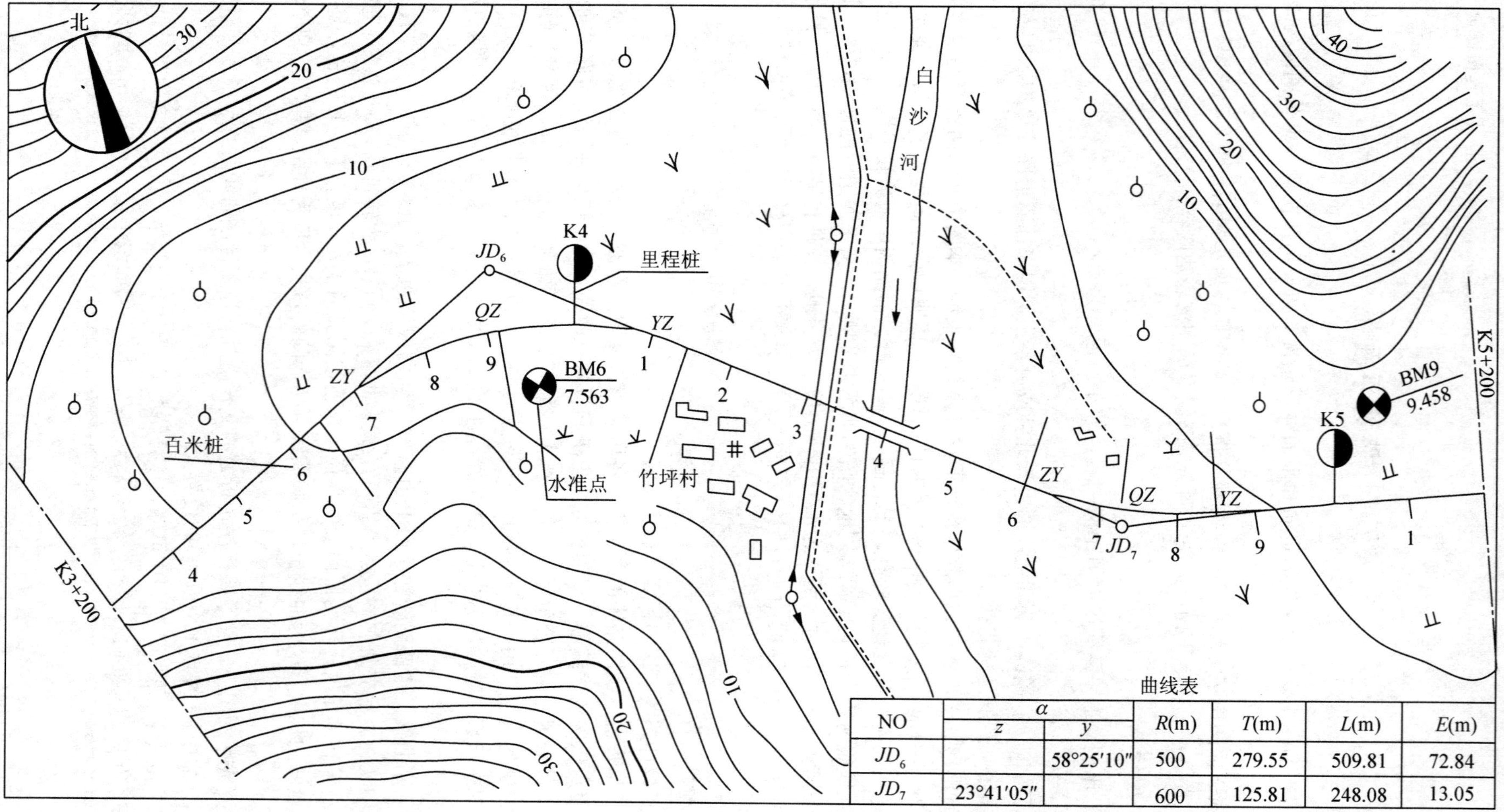

曲线表

NO	α z	α y	R(m)	T(m)	L(m)	E(m)
JD_6		58°25′10″	500	279.55	509.81	72.84
JD_7	23°41′05″		600	125.81	248.08	13.05

图7.1　路线平面图

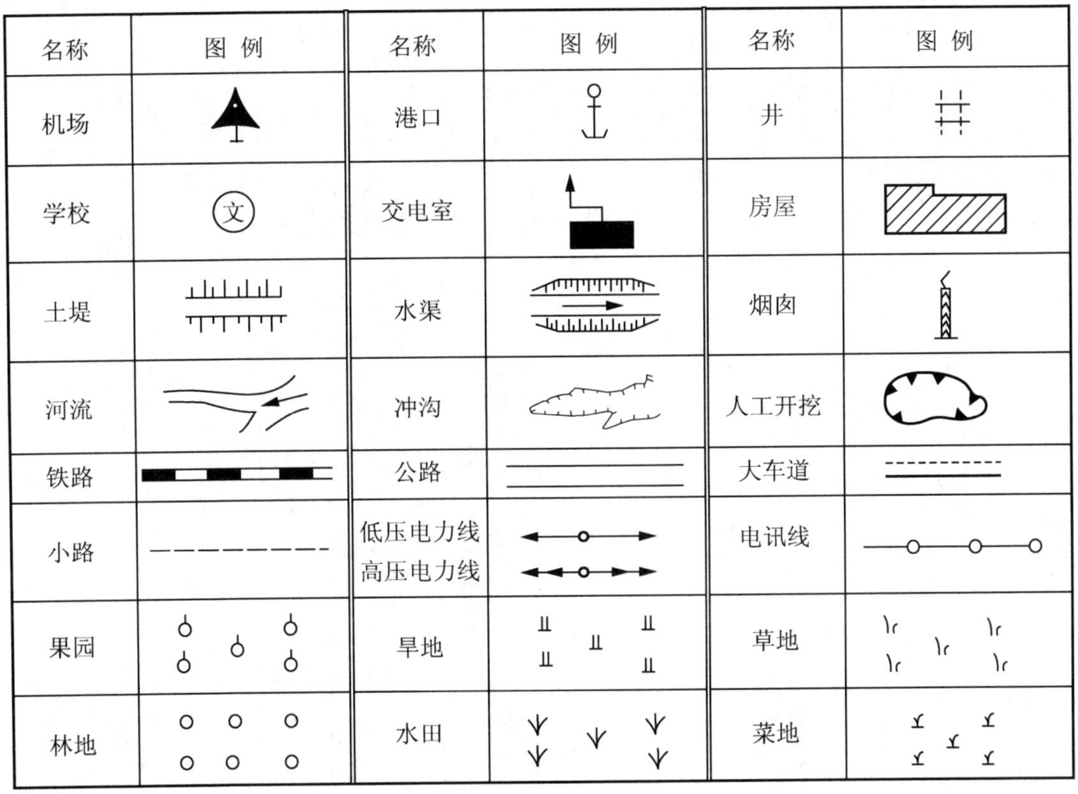

图 7.2　道路工程常用地物图例

7.2　路线纵断面图

路线纵断面图是通过公路中心线用假想的铅垂剖切面纵向剖切，然后把剖切面展开后绘制所得，如图 7.3 所示。

1. 纵断面图包含信息

(1) 比例。纵断面图的水平方向表示路线的长度(前进方向)，竖直方向表示设计线和地面的高程。由于路线的高差比路线的长度尺寸小得多，为了便于画图和读图，绘制纵断面图时，竖向比例比水平比例放大 10 倍，如图 7.3 中竖向比例为 1∶200，水平比例为 1∶2 000，并且还应在纵断面图的左侧按竖向比例画出高程标尺。

(2) 设计线和地面线。在纵断面图中，道路的设计线用粗实线表示，原地面线用细实线表示。设计线是根据地形起伏和公路等级，按相应的工程技术标准确定的。对新建公路的路基设计标高规定为：高速公路和一级公路宜采用中央分隔带的外侧边缘标高；二级公路、三级公路、四级公路宜采用路基边缘标高，在设置超高、加宽路段为设超高、加宽前该处边缘标高。地面线是根据原地面上沿线各点的实测中心桩而绘制的。通过比较设计线与地面线的相对位置可决定填挖高度。

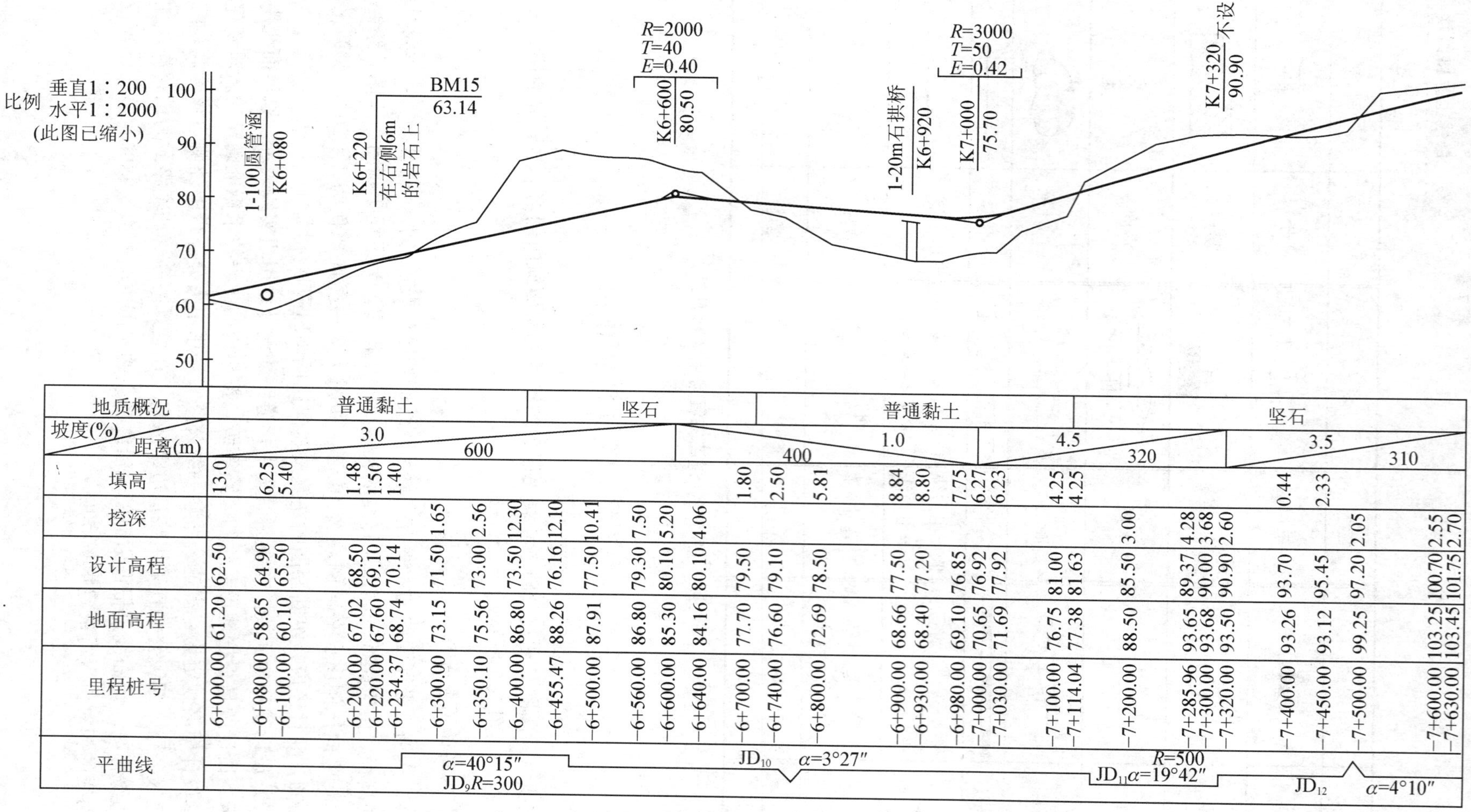

比例 垂直1：200 水平1：2000
(此图已缩小)
100
90
80
70
60
50
1-100圆管涵 K6+080
K6+220 在右侧6m 的岩石上
BM15 63.14
R=2000 T=40 E=0.40
K6+600 80.50
1-20m石拱桥 K6+920
R=3000 T=50 E=0.42
K7+000 75.70
K7+320 90.90 不设
地质概况
普通黏土
坚石
普通黏土
坚石
坡度(%) 距离(m)
3.0 600
1.0 400
4.5 320
3.5 310
填高
挖深
设计高程
地面高程
里程桩号
6+000.00 61.20 62.50 13.0
6+080.00 58.65 64.90 6.25
6+100.00 60.10 65.50 5.40
6+200.00 67.02 68.50 1.48
6+220.00 67.60 69.10 1.50
6+234.37 68.74 70.14 1.40
6+300.00 73.15 71.50 1.65
6+350.10 75.56 73.00 2.56
6−400.00 86.80 73.50 12.30
6+455.47 88.26 76.16 12.10
6+500.00 87.91 77.50 10.41
6+560.00 86.80 79.30 7.50
6+600.00 85.30 80.10 5.20
6+640.00 84.16 80.10 4.06
6+700.00 77.70 79.50 1.80
6+740.00 76.60 79.10 2.50
6+800.00 72.69 78.50 5.81
6+900.00 68.66 77.50 8.84
6+930.00 68.40 77.20 8.80
6+980.00 69.10 76.85 7.75
7+000.00 70.65 76.92 6.27
7+030.00 71.69 77.92 6.23
7+100.00 76.75 81.00 4.25
7+114.04 77.38 81.63 4.25
7+200.00 88.50 85.50 3.00
7+285.96 93.65 89.37 4.28
7+300.00 93.68 90.00 3.68
7+320.00 93.50 90.90 2.60
7+400.00 93.26 93.70 0.44
7+450.00 93.12 95.45 2.33
7+500.00 99.25 97.20 2.05
7+600.00 103.25 100.70 2.55
7+630.00 103.45 101.75 2.70
平曲线
α=40°15″ JD9R=300
JD10 α=3°27″
R=500 JD11α=19°42″
JD12 α=4°10″

图7.3 路线纵断面图

（3）竖曲线。设计线是由直线和竖曲线组成的，在设计线的纵向坡度变更处(变坡点)，为了便于车辆行驶，按技术标准的规定应设置圆弧竖曲线。曲线分为凸形和凹形两种，在图中分别用┌┬┐和└┴┘的符号表示。符号中部的竖线应对准变坡点，竖线左侧标注变坡点的里程桩号，竖线右侧标注竖曲线中点的高程。符号的水平线两端应对准竖曲线的始点和终点，竖曲线要素(半径 R、切线长 T、外距 E)的数值标注在水平线上方。在图 7.3 中的变坡点处桩号为 K6＋600，竖曲线中点的高程为 80.50m，设有凸形竖曲线(R＝2 000m，T＝40m，E＝0.40m)；在变坡点 K6 ＋ 980 处设有凹形竖曲线(R＝3 000m，T＝50m，E＝0.42m)，在变坡点 K7 ＋ 300 处由于坡度变化较小，可注明不设竖曲线。

（4）工程构筑物。道路沿线的工程构筑物如桥梁、涵洞等，应在设计线的上方或下方用竖直引出线标注，竖直引出线应对准构筑物的中心位置，并注出构筑物的名称、规格和里程桩号。例如图 7.3 中在涵洞中心位置用“O”表示，并进行标注，表示在里程中桩 K6＋080 处设有一座直径为 100cm 的单孔圆管涵洞。例：$\dfrac{\text{1－20m 石拱桥}}{\text{K6＋920}}$表示在里程桩 K6＋920 处设有一座桥，该桥为一孔径为 20m 的石拱桥。

（5）水准点。沿线设置的测量水准点也应标注，竖直引出线对准水准点，左侧注明里程桩号，右侧写明其位置，水平线上方注出其编号和高程，如水准点 BM15 设置在里程 K6 ＋ 220 处的右侧距离为 6m 的岩石上，高程为 63.14m。

2. 资料表包含信息

路线纵断面图的测设数据表与图样上下对齐布置，以便阅读。这种表示方法，能较好地反映出纵向设计在各桩号处的高程、填挖方量、地质条件和坡度，以及平曲线与竖曲线的配合关系。资料表主要包括以下项目和内容。

（1）地质概况。根据实测资料，在图中注出沿线各段的地质情况。

（2）坡度/距离。标注设计线各段的纵向坡度和水平长度距离。表格中的对角线表示坡度方向，左下至右上表示上坡，左上至右下表示下坡，坡度和距离分注在角线的上、下两侧。如图中第一格的标注“3.0/600”，表示此段路线是上坡，坡度为 3％，路线长度为 600m。

（3）标高。表中有设计标高和地面标高两栏，它们应和图样互相对应，分别表示设计线和地面线上各点(桩号)的高程。

（4）填挖高度。设计线在地面线下方时需要挖土，设计线在地面线上方的需要填土，挖或填的高度值应是各点(桩号)对应的设计标高与地面标高之差的绝对值。

（5）里程桩号。沿线各点的桩号是按测量的里程数值填入的，单位为 m，桩号从左向右排列。在平曲线的起点、中点、终点和桥涵中心点等处可设置加桩。

（6）平曲线。为了表示该路段的平面线型，通常在表中画出平曲线的示意图。直线段用水平线表示中，道路左转弯用凹折线表示，右转弯用凸折线表示，有时还需注出平曲线各要素的值。

（7）超高。为了减少汽车在弯道上行驶时的横向作用力，道路在平曲线处需设计成外侧高内侧低的形式，道路边缘与设计线的高程差称为超高，如图 7.4 所示。

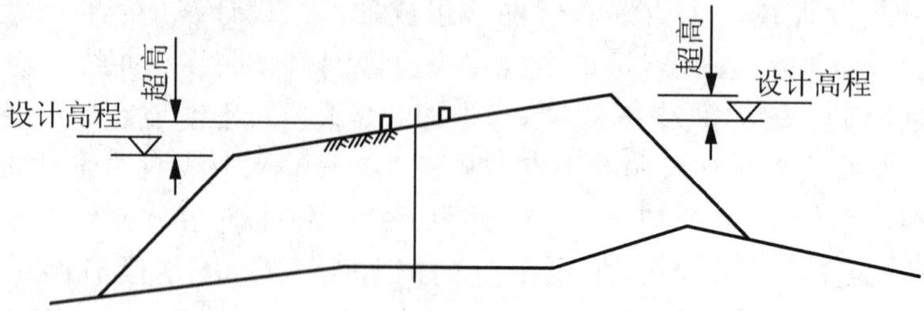

图 7.4　道路超高

(8) 纵断面图的标题栏绘在最后一张图或每张图的右下角，注明路线名称及纵、横比例等。每张图纸右上角应有角标，注明图纸序号及总张数。

7.3　路线横断面图

1. 图示方法

路线横断面是用假想的剖切平面，垂直于路中心线剖切而得到的图形。

在横断面图中，路面线、路肩线、边坡线、护坡线均用粗实线表示，路面厚度用中粗实线表示，原有地面用细实线表示，路中心线用细点画线表示。

横断面图的水平方向和高度方向宜采用相同比例，一般比例为 1∶200、1∶100 或 1∶50。

2. 路基横断面图

为了路基施工放样和计算土石方量的需要，在路线的每一中心桩处，应根据实测资料和设计要求，画出一系列的路基横断面图，主要是表达路基横断面的形状和地面高低起伏状况。路基横断面图一般不画出路面层和路拱，以路基边缘的标高作为路中心的设计标高。

路基横断面图的基本形式有 3 种。

(1) 填方路基。如图 7.5(a)所示，整个路基全为填土区的称为路堤。填土高度等于设计标高减去路面标高，填方边坡一般为 1∶1.5。在图下注有该断面的里程桩号、中心线处的填方高度 H_T(m)以及该断面的填方面积 A_T(m^2) 。

(2) 挖方路基。如图 7.5(b)所示，整个路基全为挖土区称为路堑。挖土深度等于地面标高减去设计标高，挖方边坡一般为 1∶1。图下注有该断面的里程桩号、中心线处挖方高度 H_w(m)以及该断面的挖方面积 A_w(m^2)。

(3) 半填半挖路基。如图 7.5(c)所示，路基断面一部分为填土区，一部分为挖土区，是前两种路基的综合，在图下仍注有该断面的里程桩号、中心处的填 (或挖)高度 H 及该断面的填方面积 A_T和挖方面积 A_w。

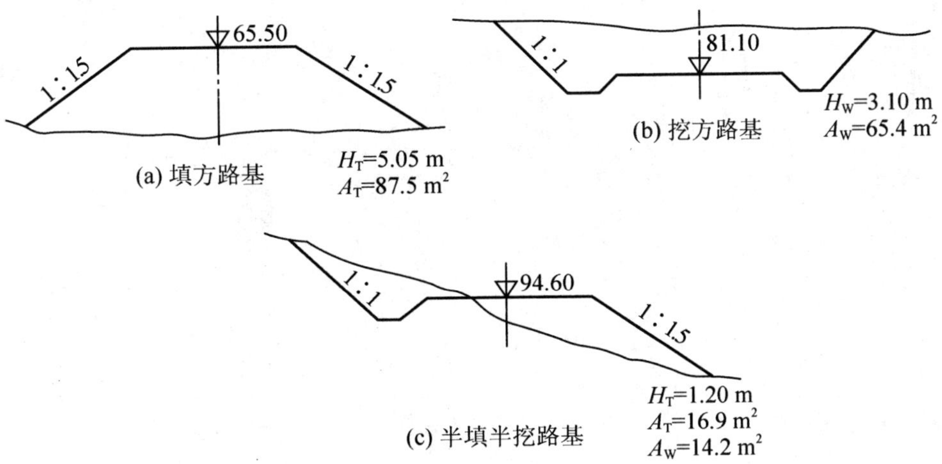

图 7.5　路基横断面的三种形式

本章小结

(1) 路线平面图主要表示路线的走向和平面线形情况，以及沿线两侧一定范围内的地形、地物等。路线平面图中包含地形和路线两部分信息。

(2) 路线纵断面图是通过公路中心线用假想的铅垂剖切面纵向剖切，然后把剖切面展开后绘制所得，包含比例、设计线、地面线、竖曲线、工程构筑物和水准点等内容。

路线纵断面图的测设数据表与图样上下对齐布置，能反映出纵向设计在各桩号处的高程、填挖方量、地质条件、坡度及平曲线与竖曲线的配合关系等信息。

(3) 路线横断面是用假想的剖切平面垂直于路中心线剖切而得到的图形。路基横断面图的基本形式有 3 种：填方路基、挖方路基和半填半挖路基。

第二部分

AutoCAD

第 8 章

AutoCAD 基础知识

教学目标

了解 AutoCAD 的基本功能；熟悉 AutoCAD 的用户界面；掌握 AutoCAD 命令的执行方式；掌握设置 AutoCAD 的绘图环境的方法；掌握图形显示缩放、移动的方法；掌握状态栏辅助工具的使用；了解 AutoCAD 的坐标系。

教学要求

知识要点	能力要求	权重
AutoCAD 的基本功能	了解 AutoCAD 绘图软件能实现的基本功能	10%
AutoCAD 的用户界面	1. 熟悉 AutoCAD 的工作界面； 2. 掌握 AutoCAD 命令的执行方式	20%
AutoCAD 的文件操作	掌握创建、打开、保存、关闭 AutoCAD 文件的方法	5%
设置 AutoCAD 的绘图环境	1. 掌握设置图形单位的方法； 2. 掌握设置图形界限的方法； 3. 掌握设置绘图比例的方法； 4. 掌握图层的概念及管理图层的方法； 5. 掌握图形显示缩放、移动的方法； 6. 能正确使用状态栏辅助工具； 7. 了解世界坐标系和用户坐标系的概念； 8. 掌握 AutoCAD 中直角坐标和极坐标的概念及输入格式	65%

8.1 AutoCAD 基本功能

1. 二维绘图与编辑

利用 AutoCAD 的基本绘图工具，如直线、多段线、多边形、圆等，可以绘制各种类型的工程图。通过编辑工具可对图形进行删除、移动、偏移、阵列、镜像等操作，使图形满足设计要求。

2. 创建表格

在 AutoCAD 中可按 Word 中表格的操作方法对 CAD 中的表格进行操作。可以从图形中的现有表格快速创建表格样式。可以将表格数据链接至 Microsoft Excel 中的数据。数据链接可以包括指向整个电子表格、单个单元格或多个单元区域的链接。对数据链接进行的更新是双向的，因此无须单独更新表格或外部电子表格。

3. 尺寸标注和文字

通过标注功能可对图形中的各类尺寸进行标注，包括对直线段、圆、弧、角度等的标注。对需要说明的位置可进行文字标注。

4. 三维绘图与编辑

利用 AutoCAD，可以绘制三维实体。三维实体可通过系统提供的实体模型创建工具，也可以在二维图形的基础上，通过拉伸、扫掠、放样、旋转等工具完成。通过三维编辑工具，如移动、阵列、镜像、旋转、分割等工具可实现对图形的修改。

5. 视图显示控制

通过视图显示控制，可以实现图形的缩小、放大、移动等操作。

8.2 AutoCAD 的用户界面

8.2.1 AutoCAD 的工作界面

AutoCAD 的工作界面由标题栏、菜单栏、各种工具栏、绘图窗口、光标、命令窗口、状态栏、坐标系图标、模型/布局选项卡及滚动条等组成，如图 8.1 所示。

1. 标题栏

标题栏左侧显示软件的版本和图形的路径名称，右侧按钮分别为窗口最小化按钮、还原按钮、最大化按钮、关闭按钮。

2. 绘图窗口

绘图窗口是用户绘制图形的区域，在此用户可以创建二维和三维图形、编辑图形、输

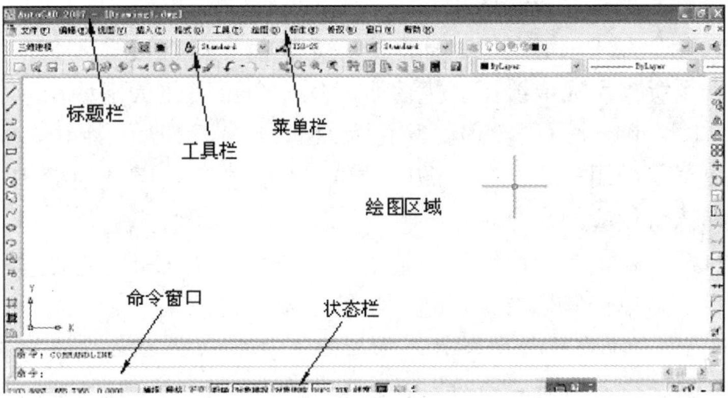

图 8.1 AutoCAD 的工作界面

入文本、标注尺寸等。

3. 命令窗口和文本窗口

命令窗口是一个可调整大小的窗口，可以显示 AutoCAD 命令、系统变量等信息的提示。

文本窗口是记录 AutoCAD 命令的窗口，它可以显示每个绘图工作期间的命令行历史记录，用户可通过 F2 键在文本窗口和命令窗口之间切换。

4. 菜单栏

菜单栏位于工作界面上部，单击菜单名，则弹出下拉菜单，下拉菜单包括了 AutoCAD 几乎全部的功能，用户可利用下拉菜单执行 AutoCAD 命令。

5. 快捷菜单

快捷菜单可以加快命令的操作速度，在屏幕的不同区域上单击鼠标右键，可以显示不同的快捷菜单。

6. 工具栏

工具栏是由一些执行相关或类似任务的工具按钮组成。工具栏上的按钮可以调用相应的命令，用户只需在相应的图标上单击鼠标左键，即能执行相应的命令。

7. 状态栏

状态栏位于命令行下面，用来反映当前的绘图状态。

8.2.2 AutoCAD 命令

1. AutoCAD 命令的执行方式

（1）菜单命令方式。菜单命令方式是通过选择下拉菜单或快捷菜单中相应的命令项来绘制图形，当用户不熟悉某个命令形式时，可通过该方式绘制图形。

（2）工具栏命令方式。工具栏命令方式是在工具栏上单击所要执行命令相应的工具按钮，然后根据命令行的提示完成绘图操作。

(3) 键盘输入命令方式。键盘输入命令方式是在命令行直接输入命令的英文字母来激活命令，然后根据系统提示完成绘图。大多数常用命令可简化为一两个字符，如直线命令(Line)可简化为“L”，圆命令(Circle)可简化为“C”。

(4) 使用快捷菜单调用命令。在绘图区域单击鼠标右键，系统根据当前操作弹出快捷菜单，用户可选择执行相应的命令。

(5) 重复执行命令。重复上次刚使用过的命令，可以按 Enter 键或空格键，或者也可以在命令行的提示下，单击鼠标右键，通过快捷菜单重复前一个命令。

注意：AutoCAD 系统在执行命令时，是按照人机对话的方式完成操作的。即输入命令后，要求用户按提示信息一步一步进行选择或参数输入，用户通过键盘、鼠标、快捷菜单来响应，完成系统的要求。

2. 透明命令

透明命令是指在不中断当前执行 AutoCAD 命令的过程中，去执行的某些命令。例如，在执行直线绘制过程中，要放大图形，可通过缩放命令进行图形的放大。透明命令主要用于控制图形显示，打开(关闭)辅助工具等。

3. 命令的终止、结束、撤销与恢复

(1) 终止命令。用户在执行命令的过程中，如发现所执行的命令是错误的，可按 Esc 键，终止正在执行的命令。

(2) 结束命令。用户在命令行输入一个命令后，必须按 Enter 键或空格键才能被计算机接收，当执行完某一个命令，应按 Enter 键或空格键表示命令完成。

(3) 撤销命令。撤销命令允许用户从最后一个命令开始，逐一向前撤销以前执行过的命令，可以一直撤销到本次启动时的状态或保存后的第一个命令为止。

8.3 AutoCAD 的文件操作

8.3.1 创建新图形文件

用户可以使用多种方法创建新图形文件，激活“新建”命令方法如下。

命令：NEW

菜单：文件→新建

工具栏：单击标准工具栏的“新建”图标□

8.3.2 打开已有图形文件

打开已存在的图形文件的方法如下。

命令：OPEN

菜单：文件→打开

工具栏：单击标准工具栏的“打开”图标

在弹出的“选择文件”对话框，可以选择 .dwg、.dwf、.dws 和 .dwt 类型文件。

8.3.3 保存图形文件

保存文件方式有两种：快速存盘(QSave)是将当前所绘图形存盘；另存为(Sava As)是将当前编辑的图形以新的名字存盘。

(1) 快速存盘的方法如下。

命令：QSAVE

菜单：文件→保存

工具栏：单击标准工具栏的“保存”图标

(2) 文件另存为的方法如下。

命令：SAVEAS

菜单：文件→另存为

8.3.4 关闭图形文件

关闭图形文件的方法如下。

命令：CLOSE

菜单：文件→退出

8.4 设置 AutoCAD 的绘图环境

8.4.1 设置图形单位

在开始绘图前，进行绘图单位的设置，可设置绘图的长度单位、角度单位的格式以及它们的精度，如图 8.2 所示。

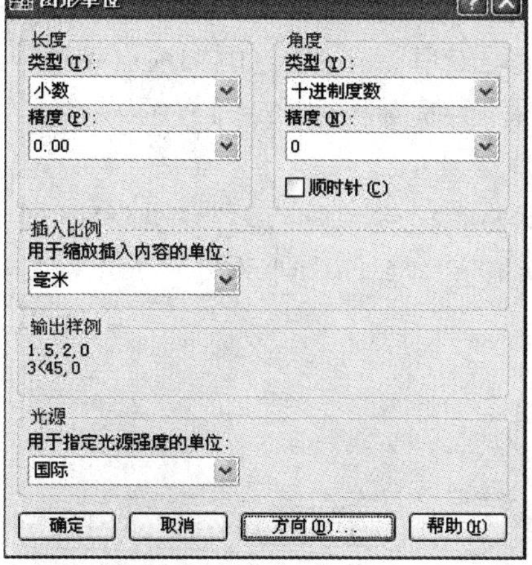

图 8.2 设置图形单位

调用方法：
命令：UNITS
菜单：格式→单位

8.4.2 设置图形界限

在 AutoCAD 中，绘图工作环境是一个无限大的空间。设置图形界限，其作用类似于手工绘图时选择绘图图纸的大小，可预先确定整个绘图区域的希望尺寸。

调用方法：
命令：LIMITS
菜单：格式→图形界限
命令格式：
命令：limits

指定左下角点或［开(ON)/关(OFF)］：(用输入坐标或直接在绘图区域单击鼠标的方式指定图形界限左下角点)

指定右上角点 ：(用输入坐标或直接在绘图区域单击鼠标的方式指定图形界限右上角点)

命令行中各项含义如下。
开(ON)——开启图形界限，无法在图形界限外绘图。
关(OFF)——关闭图形界限，允许在图形界限外绘图。

例 8-1：按 A3 图纸大小设置图形界限。
命令：limits
指定左下角点或［开(ON)/关(OFF)］：0，0
指定右上角点 ：420，297
命令：limits
指定左下角点或［开(ON)/关(OFF)］：ON

8.4.3 设置绘图比例

CAD 绘图时，图形不论放大或缩小，在标注尺寸时，应按构件的实际尺寸标注。在图纸的标题栏中“比例”一栏均应填写比例，如“1∶100”。

计算机绘图时尽可能按构件的实际大小(1∶1)绘出，若要按 1∶n 的比例出图，比例因子设定为 n。

可以通过“格式”菜单下的“比例缩放列表”选择合适的比例因子。

比例因子的确定应考虑两方面因素：构件的尺寸大小、采用的图纸幅面。

8.4.4 图层管理

1. 图层的基本概念

图层是无厚度而透明的图纸，相当于图纸绘图中使用的重叠图纸。每个图层都有与之相关的线型、线宽、颜色、打印样式等特征，由于图层具有开、关、冻结、解冻、锁定、非锁定等管理图层的功能，用户可以随时打开显示图形或关闭一些暂时不需要的图层，运用图层可以组织不同类型的图形信息并进行管理。在绘图过程中，可通过建立不同的图层，对每类对象按其各自的属性，如颜色、线型、线宽等进行管理。

2. 图层特点

（1）用户可以在一幅图中指定任意数量的图层。系统对图层数没有限制，对每一图层上的对象数也没有任何限制。

（2）每一图层有一个名称加以区别。当开始绘一幅新图时，AutoCAD 自动创建名为 0 的图层，这是 AutoCAD 的默认图层，其余图层需用户来定义。

（3）一般情况下，位于一个图层上的对象应该是一种绘图线型，一种绘图颜色。用户可以改变各图层的线型、颜色等特性。

（4）虽然 AutoCAD 允许用户建立多个图层，但只能在当前图层上绘图。

（5）各图层具有相同的坐标系和相同的显示缩放倍数。用户可以对位于不同图层上的对象同时进行编辑操作。

（6）用户可以对各图层进行打开、关闭、冻结、解冻、锁定与解锁等操作，以决定各图层的可见性与可操作性。

3. 图层创建

图层创建的方法有以下几种。

命令：LAYER

菜单：格式→图层

工具栏：单击图层工具栏中的“图层特性管理器”图标

通过以上几种方式均可激活 LAYER 命令，打开“图层特性管理器”对话框，对图层中的对象进行颜色、线型、线宽的设置，并通过显示、隐藏、冻结、解冻、锁定、非锁定等工具对图层进行管理，如图 8.3 所示。

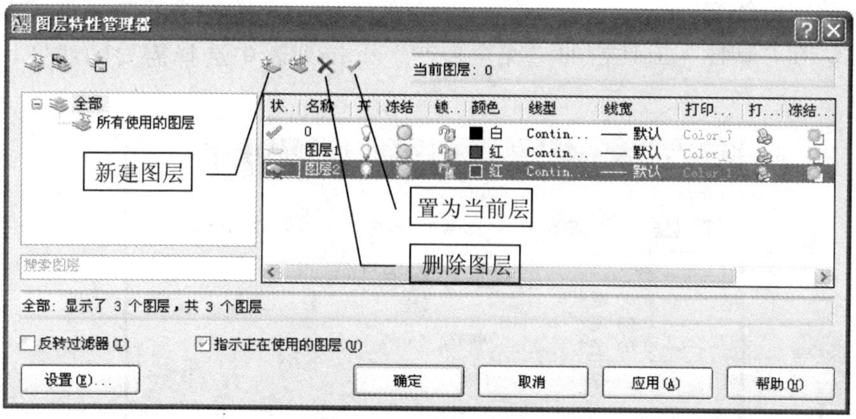

图 8.3　图层特性管理器

4. 图层属性

1）设置线型

可以根据需要直接为对象设置线型。

调用方法：

命令：LINETYPE

菜单：格式→线型

激活 LINETYPE 命令，弹出“线型管理器”对话框进行设置，如图 8.4 所示。

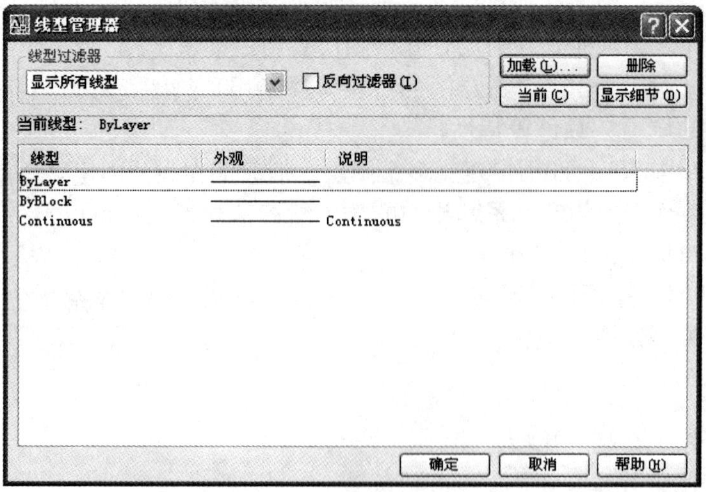

图 8.4　线型管理器

2）设置线宽

线宽是线条在打印输出时的宽度，可以在屏幕上显示，也可以输出到图纸上。

调用方法：

命令：LWEIGHT

菜单：格式→线宽

工具栏：在“特性”工具栏的“线宽控制”下拉列表中选择需要的线宽，如图 8.5 所示。

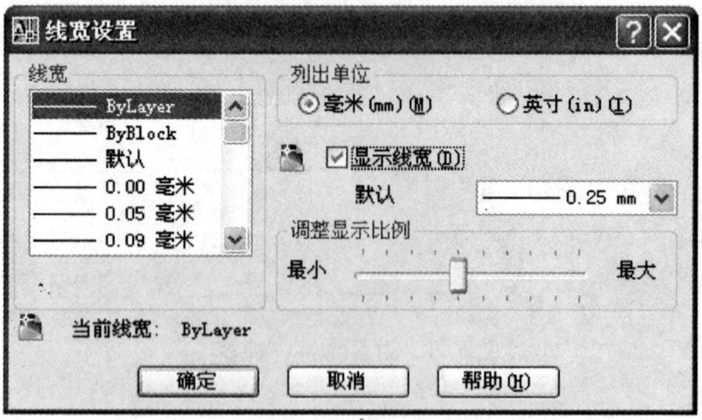

图 8.5　线宽设置

3）设置线型比例

在 AutoCAD 中，如果线型的比例不合适，绘制的线条不能反映线型，可以根据需要调整线型比例。

调用方法：

命令：LTSCALE(全局比例因子)

菜单：格式→线型

操作步骤：

(1) 选择要更改其线型比例的对象。

(2) 单击鼠标右键，在快捷菜单选择“特性”选项，弹出“特性”选项板。

(3) 在“线型比例”中输入新值，所选线型按此比例重新生成。

如图 8.6 所示，为“线型比例”值为 3(左侧)与“线型比例”值为 6(右侧)的图形比较。

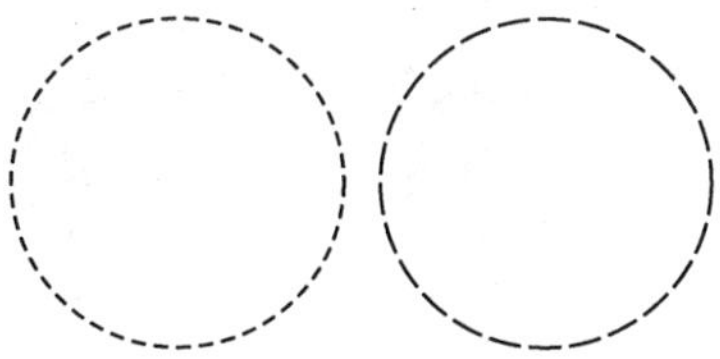

图 8.6 线型比例不同的图形比较

例 8-2：使用“图层特性管理器”来创建图层。

操作步骤：

(1) 在图层工具栏中单击“图层特性管理器”图标。

(2) 在“图层特性管理器”对话框中，单击“新建图层”按钮。图层列表显示名为“图层 1”，修改图层名称为“轮廓”；再次单击“新建图层”按钮。图层列表显示名为“图层 2”，修改图层名称为“中心线”。

(3) 为“轮廓”图层选择颜色，在“配色系统”选项卡上通过色块设置轮廓线的颜色为白色。

(4) 为“轮廓”层选择“线型”为默认的连续线型“Continuous”。

(5) 为“轮廓”层选择“线宽”为 0.30 mm。

(6) 为“中心线”层选择线型颜色为红色。

(7) 为“中心线”层选择线型，单击“中心线”图层中线型选项，在“选择线型”对话框中单击“加载”按钮，通过线型选择列表，设置中心线层的线型为“CENTER”，单击“确定”按钮，将线型“CENTER”加入到线型库中，再选择“CENTER”单击“确定”按钮，将“中心线”层线型设置为“CENTER”。

(8) 为“中心线”层选择线宽为“默认”。

(9) 单击“确定”按钮，关闭“图层特性管理器”。

(10) 单击“图层”工具栏中的下拉箭头，可显示图层控制列表。两个新图层“轮廓”和“中心线”将出现在列表里。

8.4.5 “对象特性”工具栏

利用“对象特性”工具栏，可以快速、方便地设置绘图颜色、线型及线宽。当采用对象特性方式对某图层中的选定图形对象进行了设置，该图形对象的颜色、线型、线宽将不再按图层中的属性来显示，如图 8.7 所示。

图 8.7 “对象特性”工具栏

8.4.6 绘图辅助功能

1. 图形显示缩放

图形显示缩放只是将屏幕上的对象放大或缩小其视觉尺寸，就像用放大镜或缩小镜(如果有的话)观看图形一样，从而可以放大图形的局部细节，或缩小图形观看全貌。执行显示缩放后，对象的实际尺寸仍保持不变。

调用方法：

命令：ZOOM

菜单：视图→缩放→实时

工具栏：单击标准工具栏的“实时缩放”图标

2. 图形显示移动

图形显示移动是指移动整个图形，就像是移动整个图纸，以便使图纸的特定部分显示在绘图窗口。执行显示移动后，图形相对于图纸的实际位置并不发生变化。

调用方法：

命令：PAN

菜单：视图→平移→实时

工具栏：单击标准工具栏的“实时平移”图标

3. 状态栏辅助工具

1）栅格捕捉、栅格显示

在 AutoCAD 中可利用栅格捕捉，可以使光标在绘图窗口按指定的步距移动。单击栅格命令可在屏幕上显示一个可见的点阵，它只是绘图的辅助工具，不会被打印，可以随时隐藏或显示栅格，其点距是可变的。

栅格捕捉、栅格显示设置方法如下。

命令：SNAP(栅格捕捉)、GRID(栅格)

菜单：工具→草图设置(选择“捕捉和栅格”选项卡)

快捷菜单：在状态栏“栅格”的按钮上单击右键，选择“设置”选项。

2）正交功能

利用正交功能，用户可以在当前坐标系统限制光标只能沿水平或垂直方向移动，主要用于绘制水平、垂直线。

3）对象捕捉

利用对象捕捉功能，在绘图过程中可以快速、准确地确定一些特殊点，如圆心、端点、中点、切点、交点、垂足等。

对象捕捉设置方法：

命令：OSNAP

菜单：工具→草图设置(选择“对象捕捉”选项卡)

快捷菜单：在状态栏“对象捕捉”的按钮上单击右键，选择“设置”选项。

对象捕捉模式有以下几种。

(1）捕捉端点：捕捉到圆弧、直线、多段线等最近的端点。

(2）捕捉中点：捕捉到圆弧、直线、多段线等的中点。

(3）捕捉圆心：捕捉到圆、圆弧、椭圆、椭圆弧的圆心。

(4）捕捉节点：捕捉到点对象、标注定义点或标注文字起点。

(5）捕捉交点：捕捉到两个对象的交点。“延伸交点”捕捉到两个对象的潜在交点。

(6）捕捉延长线：当光标经过对象的端点时，显示临时延长线或圆弧，以便用户在延长线或圆弧上指定点。

(7）捕捉插入点：捕捉到属性、块、形或文字的插入点。

(8）捕捉垂足：捕捉圆弧、圆、椭圆、椭圆弧、直线、多线、多段线、射线、面域、实体、样条曲线或参照线的垂足。

(9）捕捉切点：捕捉到圆弧、圆、椭圆、椭圆弧或样条曲线的切点。

(10）捕捉最近点：捕捉到圆弧、圆、椭圆、椭圆弧、直线、样条曲线等的最近点。

(11）捕捉外观交点：捕捉不在同一个平面上的两个对象的外观交点。

(12）捕捉平行线：无论何时 AutoCAD 提示输入矢量的第二个点，都绘制平行于另一个对象的矢量。

4）自动对象捕捉

自动对象捕捉又称为隐含对象捕捉，利用此捕捉模式可以使 AutoCAD 自动捕捉到某些特殊点。

5）极轴追踪

所谓极轴追踪，是指当 AutoCAD 提示用户指定点的位置时(如指定直线的另一端点)，拖动光标，使光标接近预先设定的方向(即极轴追踪方向)，AutoCAD 会自动将橡皮筋线吸附到该方向，同时沿该方向显示出极轴追踪矢量，并浮出一个小标签，说明当前光标位置相对于前一点的极坐标。

6）对象捕捉追踪

对象捕捉追踪是对象捕捉与极轴追踪的综合应用。

8.4.7 坐标系

1. 世界坐标系

AutoCAD 系统为用户提供了一个绝对的坐标系，即世界坐标系(WCS)。

坐标输入方法有以下几种。

1）直角坐标系

直角坐标系，由一个原点坐标为(0，0)和两个通过原点的、相互垂直的坐标轴构成。例如，某点的直角坐标为(3，4)，如图 8.8 所示。

2）极坐标系

平面上任何一点 P 都可以由该点到原点的连线长度 L 和连线与极轴的交角 α 所定义，即通过一组坐标值($L<\alpha$)来定义点的位置。比如，“30<45”表示距离原点(0，0)为 30 个图形单位，角度为 45°处的一点，如图 8.9 所示。

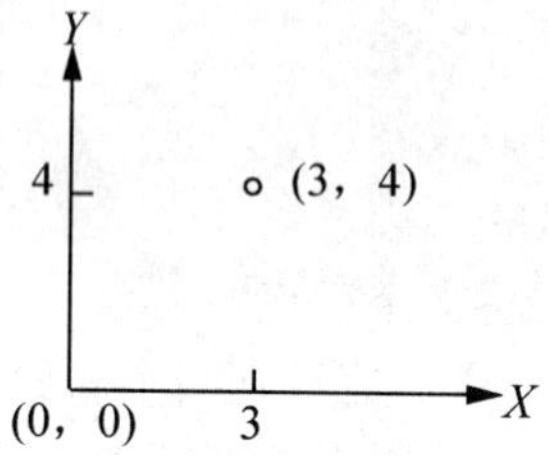

图 8.8　直角坐标

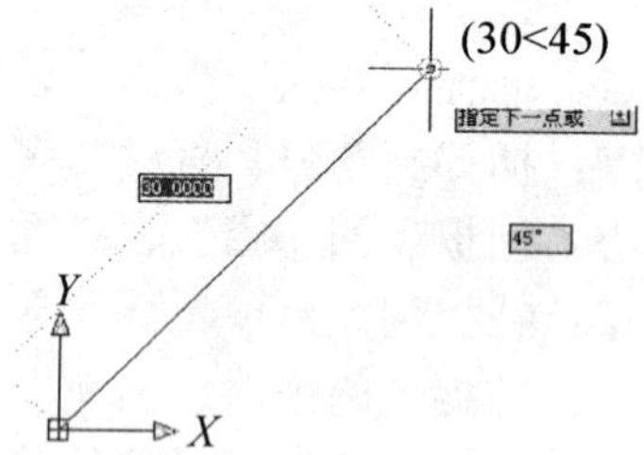

图 8.9　极坐标

3）相对坐标

(1) 相对直角坐标。

某一直线的起点坐标为(3，3)、终点坐标为(3，6)，则终点相对于起点的相对坐标为(@0，3)，如图 8.10 (a)所示。

(2) 相对极坐标。

某一直线的起点坐标为(3，3)、终点坐标为(3，6)，用相对极坐标表示即为(@3<90)，如图 8.10(b)所示。

其中(@0，3)就是相对直角坐标，(@3<90)就是相对极坐标。

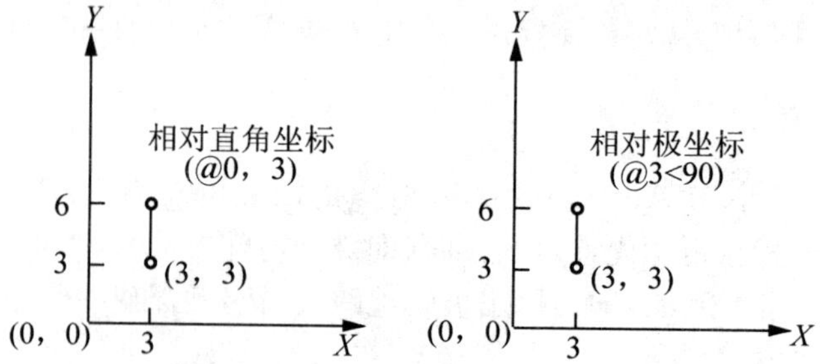

图 8.10　相对直角坐标与相对极坐标

再例如“@30，15”表示距前一点沿 X 轴正方向 30 个单位、沿 Y 轴正方向 15 个单位的新点。“@100<72”表示距当前点的距离为 100 个单位，与 X 轴夹角为 72°的点，如图 8.11 所示。

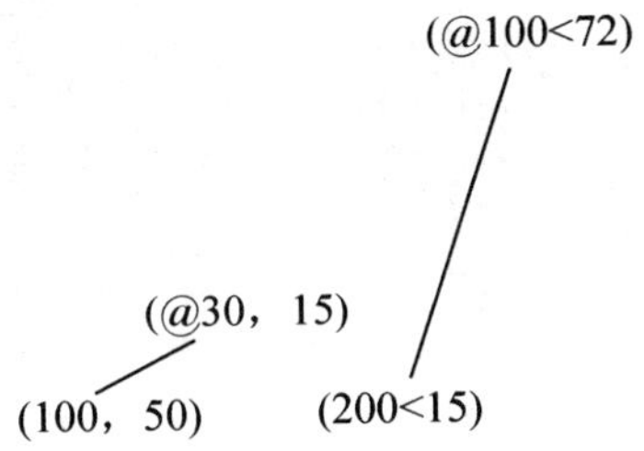

图 8.11　相对直角坐标与相对极坐标

2. 用户坐标系

用户可根据需要创建无限多的坐标系，这些坐标系称为用户坐标系(UCS)。可以使用UCS命令创建用户坐标系，来建立自己的原点和坐标轴方向。

本章小结

(1) AutoCAD能实现二维绘图与编辑、三维绘图与编辑、创建表格和文字、进行尺寸标注等功能。

(2) AutoCAD的工作界面由标题栏、菜单栏、各种工具栏、绘图窗口、光标、命令窗口、状态栏、坐标系图标、模型/布局选项卡及滚动条等组成。

(3) 执行AutoCAD命令的方式有：菜单命令、工具栏命令和键盘输入命令。此外，在绘图区域单击鼠标右键，系统根据当前操作弹出快捷菜单，用户可选择执行相应的命令；还可以按Enter键或空格键重复前一个命令。

(4) 在开始绘图前，进行绘图单位的设置。可设置绘图的长度单位、角度单位的格式以及它们的精度。

(5) 在绘图过程中，可通过建立不同的图层，对每类对象按其各自的属性，如颜色、线型、线宽等进行管理。

(6) AutoCAD的状态栏辅助工具有栅格捕捉、栅格显示、正交、对象捕捉、极轴、追踪等。正确使用这些工具对CAD绘图很有帮助。

(7) AutoCAD使用的坐标系有世界坐标系和用户坐标系。世界坐标系是一个绝对的坐标系，用户坐标系是用户使用UCS命令建立的，具有自己的原点和坐标轴方向的坐标系。

(8) 坐标的输入格式。

直角坐标(x，y)，相对直角坐标(@ x，y)。

极坐标($L<\alpha$)，相对极坐标(@$L<\alpha$)。

第9章

基本二维图形绘制

教学目标

掌握图形定位的方式；掌握二维图形的绘制命令；掌握为指定区域填充图案的方法。

教学要求

知识要点	能力要求	权重
图形定位	能熟练地在AutoCAD中进行图形定位	20%
基本二维绘图命令	1. 掌握通过菜单栏执行命令的方法； 2. 掌握通过工具栏执行命令的方法； 3. 掌握通过输入键盘命令执行命令的方法； 4. 能熟练运用AutoCAD二维绘图命令绘制基本二维图形	65%
图案填充	1. 掌握填充边界的概念和选择方法； 2. 掌握图案填充的三种方式； 3. 能熟练地为指定区域填充图案	15%

9.1 图形定位

在 AutoCAD 图形绘制时，可通过 3 种方式实现定位。

1. 直接给距离方式

直接给距离方式是以鼠标为导向，从键盘直接输入线段长度来绘制图形的，用该方法绘制线段时，应打开“正交”或“极轴”进行导向。

2. 给坐标方式

给坐标方式是绘图的一种基本方式，是通过给出线段的每个端点坐标来实现的。给坐标方式包括直角坐标、极坐标、球坐标和柱坐标几种输入方法。其中直角坐标和极坐标输入方法用于二维图形，球坐标和柱坐标输入方法用于三维图形。有了“直接距离”方式后，该方式很少使用。

3. 其他数据输入方法

(1) 直接用鼠标在屏幕上取点。
(2) 用对象捕捉方式捕捉一些特殊点。

4. 绝对坐标、相对坐标的使用

绝对坐标：绝对坐标是从坐标系原点测量所得的坐标值，坐标(0，0)是坐标系原点。
相对坐标：相对坐标是相对于上一输入点的距离偏移。

通过前、后两点的位置关系，可以使用相对坐标输入点。相对坐标表示方式是在坐标前面添加一个“@”符号。例如，坐标“@10，20”指定的点在 X 轴方向上距离上一指定点 10 个单位，在 Y 轴方向上距离上一指定点 20 个单位。

9.2 基本二维绘图命令

在执行 AutoCAD 命令时，应时刻关注命令窗口的提示，并按照提示进行相应的操作。养成这一良好习惯，能够大大提高绘图速度并减轻记忆负担。

1. 绘直线

在 AutoCAD 中，利用直线(LINE)命令可以画出一条线段，也可以连续输入下一点，画出一系列连续的直线段，直到按 Enter 键或空格键退出直线命令。

调用方法：
命令：LINE
菜单：绘图→直线
工具栏：单击绘图工具栏中的“直线”图标⁄
命令格式：
命令：line

指定第一点：(指定直线的一个端点)

指定下一点或［放弃(U)］：(继续指定点绘制直线，最后按 Enter 键结束命令)

例 9-1：利用直线命令绘制如图 9.1 所示的长度和高度均为 100 的直角三角形。

命令：line

指定第一点：(0，0)

指定下一点或［放弃(U)］：@100，0

指定下一点或［放弃(U)］：@ 0，100

指定下一点或［闭合(C)/放弃(U)］：C

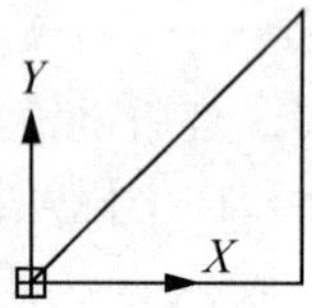

图 9.1　使用直线命令绘制三角形

2. 绘构造线

构造线是指在两个方向上无限延长的直线。构造线一般用作辅助线。例如，在三视图绘制时，为了保持投影之间的对应关系，可先画出若干条构造线，再以构造线为基准画图。

调用方法：

命令：XLINE

菜单：绘图→构造线

工具栏：单击绘图工具栏中的“构造线”图标

命令格式：

命令：xline

指定点或［水平(H)/垂直(V)/角度(A)/二等分(B)/偏移(O)］：(指定通过点 1)

指定通过点：(指定通过点 2，绘制一条双向无限长直线)

指定通过点：(继续指定点，继续绘制直线，最后按 Enter 键结束命令)

3. 绘矩形

用户可以直接绘制矩形，也可以对矩形进行倒角或倒圆角，还可以改变矩形的线宽。

调用方法：

命令：RECTANG

菜单：绘图→矩形

工具栏：单击绘图工具栏中的“矩形”图标

命令格式：

命令：rectang

指定第一个角点或［倒角(C)/标高(E)/圆角(F)/厚度(T)/宽度(W)］：(指定一个角点或可以选择其他选项)

指定另一个角点或［面积(A)/尺寸(D)/旋转(R)］：(指定第二个角点，按 Enter 键结束矩形的绘制，或可以选择其他选项)

命令行中其他各选项的含义如下。

倒角(C)——在矩形中设置倒角。

标高(E)——输入矩形的标高值，一般用于三维绘图。

圆角(F)——在矩形中设置圆角。

厚度(T)——输入矩形的厚度值，一般用于三维绘图。

宽度(W)——设置矩形的线宽。

面积(A)——通过指定矩形的面积及其一条边的尺寸来定义矩形的尺寸。

尺寸(D)——通过输入矩形的长度和宽度来定义矩形的尺寸。

旋转(R)——输入矩形的旋转角度。

例 9－2：绘制如图 9.2 所示正方形，长、宽尺寸均为 20。

命令：rectang

指定第一个角点或［倒角(C)/标高(E)/圆角(F)/厚度(T)/宽度(W)］：(指定第一个角点)

指定另一个角点或［面积(A)/尺寸(D)/旋转(R)］：D

指定矩形的长度：20

指定矩形的宽度：20

指定另一个角点或［面积(A)/尺寸(D)/旋转(R)］：(按 Enter 键)

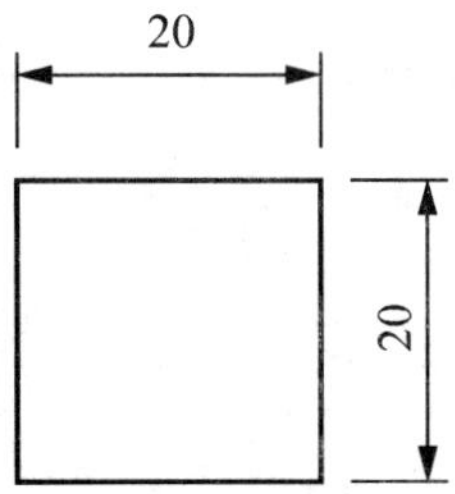

图 9.2 使用矩形命令绘制正方形

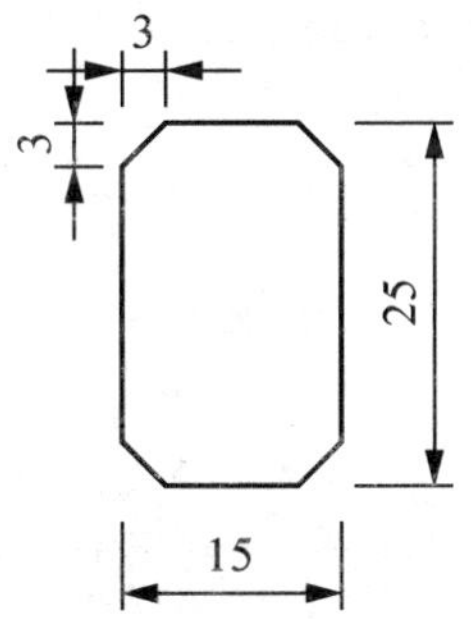

图 9.3 绘制倒角矩形

例 9－3：绘制如图 9.3 所示倒角矩形。

命令：rectang

指定第一个角点或［倒角(C)/标高(E)/圆角(F)/厚度(T)/宽度(W)］：C

指定矩形的第一个倒角距离：3

指定矩形的第二个倒角距离：3

指定第一个角点或［倒角(C)/标高(E)/圆角(F)/厚度(T)/宽度(W)］：(指定第一个角点)

指定另一个角点或［面积(A)/尺寸(D)/旋转(R)］：D

指定矩形的长度：15

指定矩形的宽度：25

指定另一个角点或［面积(A)/尺寸(D)/旋转(R)］：(按 Enter 键)

4. 绘正多边形

用户可利用正多边形工具绘制出边数不等的正多边形。

调用方法：

命令：POLYGON

菜单：绘图→正多边形

工具栏：单击绘图工具栏中的“正多边形”图标

命令格式：

命令：polygon

输入边的数目：(输入正多边形边的数目)

指定正多边形的中心点或［边(E)］：(指定正多边形的中心点)

输入选项［内接于圆(I)/外切于圆(C)］：(指定绘制正多边形的方式)

指定圆的半径：(指定正多边形的外切圆或内接圆的半径)

例 9-4：在如图 9.4(a)所示圆中绘制一正方形，正方形内接于圆的半径为 12，如图 9.4(b)所示。

命令：polygon

输入边的数目：4

指定正多边形的中心点或［边(E)］：(指定中心点)

输入选项［内接于圆(I)/外切于圆(C)］<I>：I

指定圆的半径：12

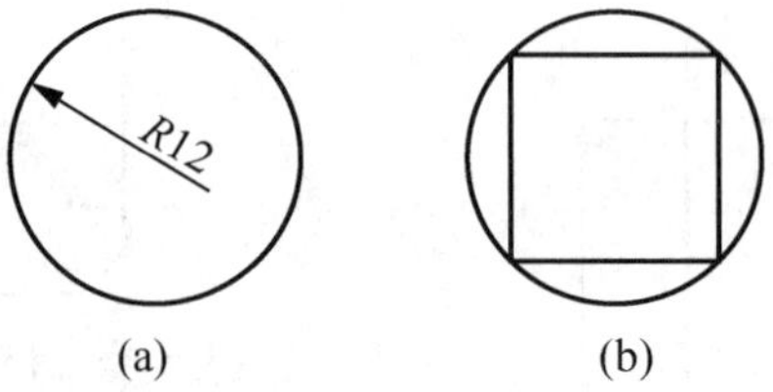

图 9.4　绘制正方形

5. 绘圆

AutoCAD 提供了多种画圆的方法，包括以圆心、半(直)径绘制圆，以两点方式绘制圆，以三点方式绘制圆，以相切、相切方式绘制圆等。

调用方法：

命令：CIRCLE

菜单：绘图→圆

工具栏：单击绘图工具栏中的“圆”图标

命令格式：

命令：circle

指定圆的圆心或［三点(3P)/两点(2P)/切点、切点、半径(T)］：(指定圆心或可以选择通过指定圆周上的三点、圆直径的两个端点及圆的相切关系等方式来画圆)

指定圆的半径或［直径(D)］：(直接输入半径数值或在绘图区单击指定半径长度)

指定圆的直径：(直接输入直径数值或在绘图区单击指定直径长度)

默认方式是指定圆的半径，此时键入半径值或用光标确定圆上一点即可将圆确定下来。若输入“D”并按 Enter 键，则是通过指定圆的直径画圆。

命令行中其他各选项的含义如下。

三点(3P)——指定圆周上的三点画圆。

两点(2P)——指定直径的两个端点画圆。

切点、切点、半径(T)——指定与圆相切的两个对象和半径画圆。

例 9-5：绘制如图 9.5 所示的公切圆。

命令：circle

指定圆的圆心或［三点(3P)/两点(2P)/相切、相切、半径(T)］：T

指定对象与圆的第一个切点：(将光标移至已知直线上，当出现“切点”符号提示时，单击左键)

指定对象与圆的第二个切点：(将光标移至已知圆上，当出现“切点”符号提示时，单击左键)

指定圆的半径：(输入公切圆的半径，按 Enter 键结束)

图 9.5　绘制公切圆

6. 绘圆弧

AutoCAD 提供了多种画圆弧的方法，可以根据已知条件使用 ARC 命令绘制圆弧。圆弧的控制要复杂一些，除了圆心半径之外，还需要起始角和终止角，角度以逆时针方向为正。

调用方法：

命令：ARC

菜单：绘图→圆弧

工具栏：单击绘图工具栏中的“圆弧”图标

AutoCAD 提供了 11 种画圆弧的方法，默认方式下是通过依次指定圆弧的起点、第二点和端点创建圆弧，其他方式要结合选项输入。若通过下拉菜单选择“绘图→圆弧”，即可显示如图 9.6 所示的子菜单，上面列出了 11 种创建圆弧的方法，其中“继续”是指通过上一个对象的终点并与之相切创建圆弧。

例 9-6：在图 9.7(a)所示图形上绘制一段圆弧，使之成为包含角为 90°的扇形。

命令：arc

指定圆弧的起点或［圆心(C)］：(拾取 A 点)

指定圆弧的第二个点或[圆心(C)/端点(E)]：C

指定圆弧的圆心：(拾取 O 端点)

指定圆弧的端点或[角度(A)/弦长(L)]：(拾取 B 点)

图 9.6 "圆弧"子菜单

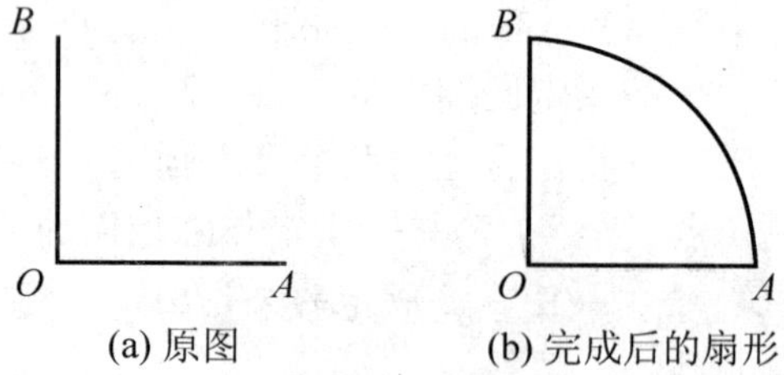

图 9.7 绘制圆弧

7. 绘椭圆和椭圆弧

ELLIPSE 命令可用于绘制椭圆或椭圆弧。

调用方法：

命令：ELLIPSE

菜单：绘图→椭圆

图标：单击绘图工具栏中的"椭圆"图标或"椭圆弧"图标

命令格式：

命令：ellipse

指定椭圆的轴端点或[圆弧(A)/中心点(C)]：(指定椭圆轴的第一个端点或可以选择画椭圆弧、指定椭圆的中心点)

指定轴的另一个端点：(指定椭圆轴的第二个端点)

指定另一条半轴长度或[旋转(R)]：(指定椭圆另一条半轴的长度或可以设置椭圆的旋转角度)

例 9-7：绘制如图 9.8 所示的长轴尺寸为 200，短轴尺寸为 100 的椭圆。

命令：ellipse

指定椭圆的轴端点或[圆弧(A)/中心点(C)]：(指定长轴的第一个端点)

指定轴的另一个端点：200

指定另一条半轴长度或[旋转(R)]：50

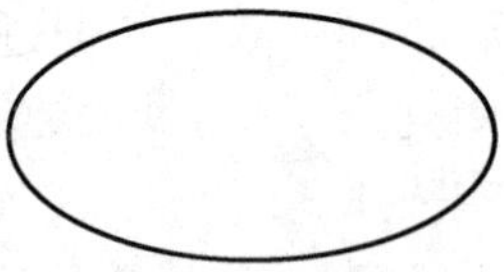

图 9.8 绘制椭圆

8. 绘点

在 AutoCAD 中，通过绘制点可以确定一些坐标点，也可以对线段、圆弧进行等分。

1）点绘制的调用方法

命令：POINT

菜单：绘图→点

工具栏：单击绘图工具栏中的“点”图标

2）设置点的样式与大小(图 9.9)

调用方法：

菜单：格式→点样式

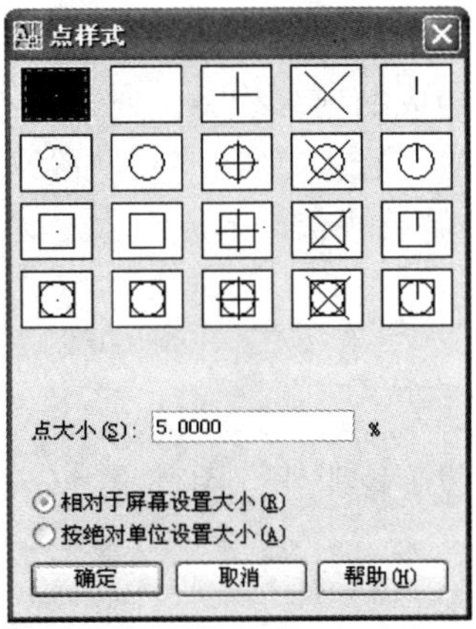

图 9.9 “点样式”对话框

3）绘定数等分点

调用方法：

命令：DIVIDE

菜单：绘图→点→定数等分

命令格式：

命令：divide

选择要定数等分的对象：(选择要等分的对象)

输入线段数目或 [块(B)]：(指定拟等分的数量)

4）绘定距等分点

调用方法：

命令：MEASURE

菜单：绘图→点→定距等分

命令格式：

命令：measure

选择要定距等分的对象：(选择对象)

指定线段长度或 [块(B)]：(指定拟分段的长度)

例9-8：将例9-7中绘制的椭圆10等分。

命令：divide

选择要定数等分的对象：(选中椭圆)

输入线段数目或[块(B)]：10

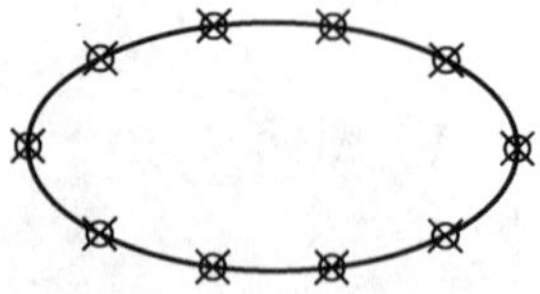

图9.10　等分椭圆

9. 绘制多段线

多段线是由几段线段或圆弧构成的连续线条。它是一个单独的图形对象。

在AutoCAD中绘制的多线段，无论有多少个点(段)，均为一个整体，不能对其中的某一段进行单独编辑(除非把它分解后再编辑)。

调用方法：

命令：PLINE

菜单：绘图→多段线

工具栏：单击绘图工具栏中的“多段线”图标

命令格式：

命令：pline

指定起点：(指定多段线的一个端点)

指定下一个点或[圆弧(A)/半宽(H)/长度(L)/放弃(U)/宽度(W)]：(指定多段线的另一个端点或可以进行其他的设置)

指定下一点或[圆弧(A)/闭合(C)/半宽(H)/长度(L)/放弃(U)/宽度(W)]：(指定点线段的另一个端点或可以进行其他的设置)

其他各选项的含义如下。

圆弧(A)——可以利用多段线绘制圆弧。

闭合(C)——可以将多段线的首尾自动连接起来，形成闭合区域。

半宽(H)——指线的宽度。如果输入半宽的值为50，则线实际宽度为100。

长度(L)——指所绘制的线的长度。

放弃(U)——放弃刚刚所执行的操作。

宽度(W)——指线的宽度。它输入的值就是实际上所绘制出来的宽度值。

例9-9：利用多段线命令绘制如图9.11所示的箭头。

命令：pline

指定起点：0，0

当前线宽：0.0000

指定下一个点或[圆弧(A)/半宽(H)/长度(L)/放弃(U)/宽度(W)]：W

指定起点宽度：5

指定端点宽度：5

指定下一个点或［圆弧(A)/半宽(H)/长度(L)/放弃(U)/宽度(W)］：@80，0

指定下一个点或［圆弧(A)/闭合(C)/半宽(H)/长度(L)/放弃(U)/宽度(W)］：A

指定圆弧的端点或［角度(A)/圆心(CE)/闭合(CL)/方向(D)/半宽(H)/直线(L)/半径(R)/第二个点(S)/放弃(U)/宽度(W)］：A

指定包含角：180

指定圆弧的端点或［圆心(CE)/半径(R)］：R

指定圆弧的半径：24

指定圆弧的弦方向：90

指定圆弧的端点或［角度(A)/圆心(CE)/闭合(CL)/方向(D)/半宽(H)/直线(L)/半径(R)/第二个点(S)/放弃(U)/宽度(W)］：L

指定下一个点或［圆弧(A)/闭合(C)/半宽(H)/长度(L)/放弃(U)/宽度(W)］：W

指定起点宽度：10

指定端点宽度：0

指定下一个点或［圆弧(A)/闭合(C)/半宽(H)/长度(L)/放弃(U)/宽度(W)］：@－15，0

指定下一个点或［圆弧(A)/闭合(C)/半宽(H)/长度(L)/放弃(U)/宽度(W)］：(按Enter 键)

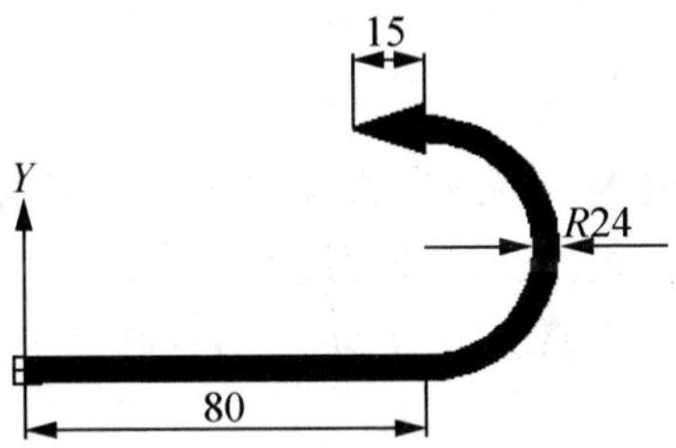

图 9.11 多段线绘制箭头

10. 绘制圆环

调用方法：

命令：DONUT

菜单：绘图→圆环

命令格式：

命令：donut

指定圆环的内径<默认值>：(输入圆环的内径数值)

指定圆环的外径<默认值>：(输入圆环的外径数值)

指定圆环的中心点或<退出>：(指定圆环的中心点)

指定圆环的中心点或<退出>：(继续指定圆环的中心点，绘制出同样大小的圆环，或者按 Enter 键结束圆环命令)

说明：默认值是上一次执行该命令时输入的数值，若直接按 Enter 键表示使用该数值。若要绘制填充成实心的圆，可以指定内径为 0，工程图中常用此绘制钢筋断面图(图 9.12)。

对于像圆环这样有内部填充的命令，可以使用 FILL 命令来打开或关闭填充模式。

命令：fill

输入模式 [开(ON)/关(OFF)] <开>：(选择 ON 表示打开填充模式，选择 OFF 表示关闭填充模式)

(a) 实心圆　　(b) 实心圆环　　(c) 空心圆环

图 9.12　绘制圆环

9.3　图 案 填 充

图案填充可用于对封闭图形填充图案，来区分图形的不同部分，以指出剖面图或断面图中的不同材质。

1. 图案填充相关概念

1）填充边界

填充区域的边界称为填充边界。当进行图案填充时，首先要确定填充图案的边界。定义边界的对象只能是直线、双向射线、单向射线、多段线、样条曲线、圆弧、圆、椭圆、椭圆弧和面域等对象，或用这些对象定义的块，而且作为边界的对象在屏幕上必须全部可见。

2）孤岛

填充区域的内部，可能嵌套有另外一些较小的封闭区域，这些填充区域内部的封闭区域称为孤岛。使用填充命令，当填充区域为封闭图形，用户采用拾取点的方式确定填充边界，即在希望填充的区域内任意点取一点，系统就可以自动确定出填充边界，同时也确定该边界内的岛。当填充区域开放时，用户通过选择对象的方式确定填充边界的，则必须确切地选取填充区域内的岛。

3）填充方式

图案填充有 3 种方式。

(1) 普通方式[图 9.13(a)]。

(2) 外部方式[图 9.13(b)]。

外部方式也是从外部边界向内填充，但在下一个边界处就停止填充，内部区域将不再考虑。

(3) 忽略方式[图 9.13(c)]。

忽略方式将忽略内部边界，填充外部边界所围成的整个区域。

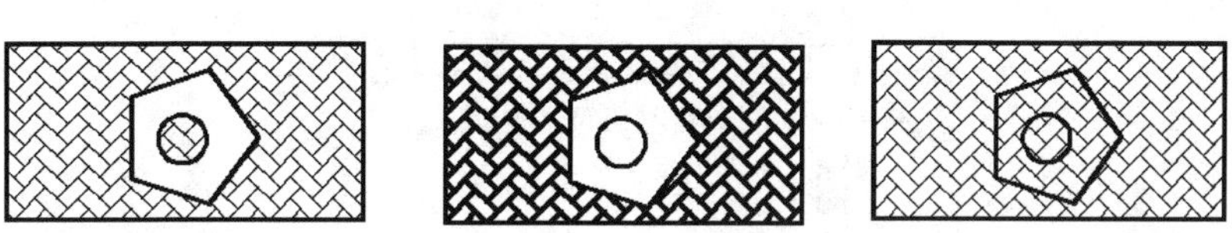

(a) 普通方式　　(b) 外部方式　　(c) 忽略方式

图 9.13　图案填充的三种方式

进入“图案填充和渐变色”对话框后，单击右下角的按钮即可选择填充方式，如图 9.14 所示。

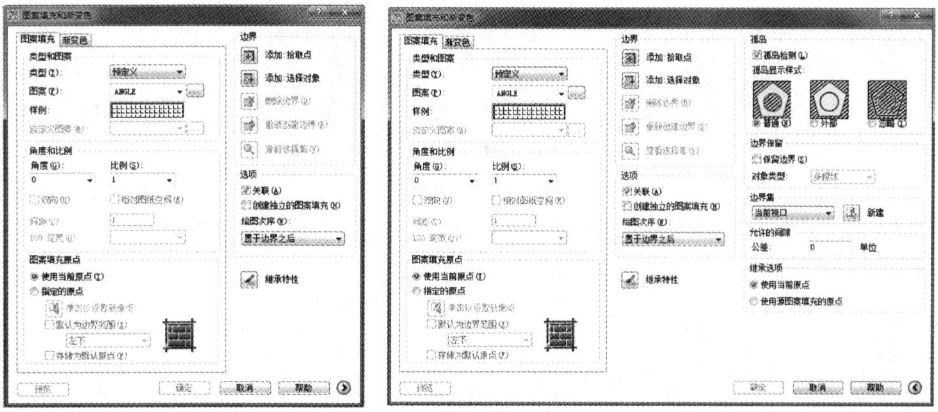

(a)　　(b)

图 9.14　“图案填充和渐变色”对话框

2. 图案填充操作

调用方法：

命令：BHATCH

菜单：绘图→图案填充

工具栏：单击绘图工具栏中的“图案填充”图标

操作步骤：

(1) 激活 BHATCH 命令，弹出“图案填充和渐变色”对话框(图 9.14)。

(2) 选择填充图案。在“图案填充”选项卡中，“类型”列表框内有 3 个选项：预定义、用户定义和自定义，用以选择填充图案的类型。“图案”列表框中显示可用的预定义图案，单击列表框右边的按钮可以打开如图 9.15 所示的“填充图案选项板”对话框。

(3) 指定填充边界。如图 9.16 所示，指定填充边界有两种方式：拾取点和选择对象。单击“拾取点”按钮，则用光标在拟填充的区域内任意点取一点，系统将会按照设定好的孤岛检测模式自动检测填充边界。单击“选择对象”按钮，则用光标直接指定填充边界。

(4) 完成选择填充图案和指定填充边界的步骤后，直接单击“确定”按钮即可完成图案填充工作。如果填充的图案需要进行修改，直接双击即可重新进入“图案填充和渐变色”对话框，重新设置图案、比例和角度等。

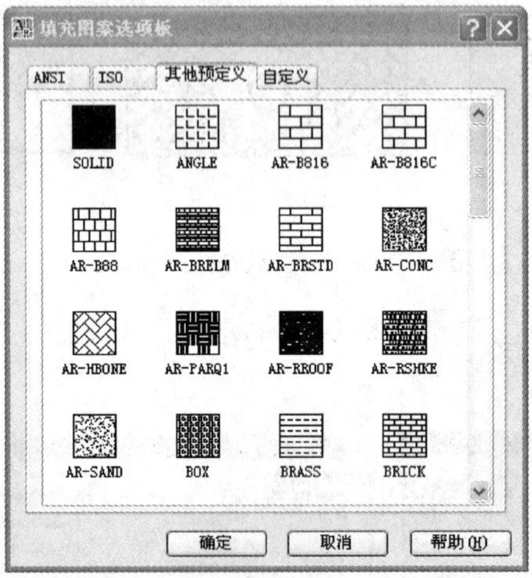

图 9.15 “填充图案选项板”对话框

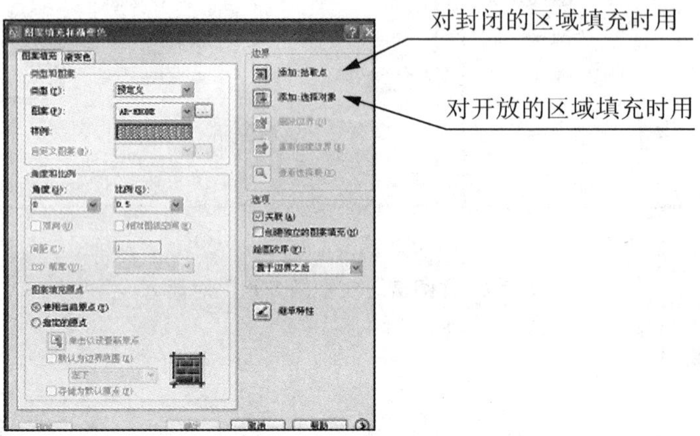

图 9.16 指定填充边界

例 9-10：将图 9.17(a)中两长方形之间的区域用 45°斜线填充。

激活“图案填充”命令，打开“图案填充和渐变色”对话框，单击“图案”列表框右边的按钮，选择图案▨。单击“拾取点”按钮，用光标在指定区域内任意单击一点，回到“图案填充和渐变色”对话框，单击“确定”，得到如图 9.17(b)所示的填充图案。斜线之间的间距稍大，因此需要调整图案的比例。将光标移动到填充的图案上并双击鼠标左键，回到“图案填充和渐变色”对话框，将图案比例设置成小一点的数值，单击“确定”退出，得到如图 9.17(c)所示的填充效果。

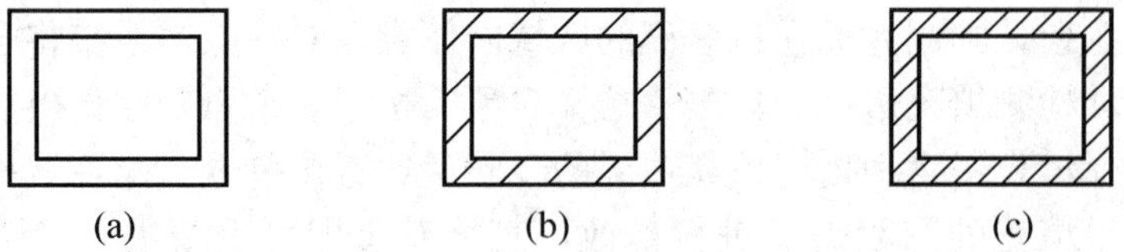

图 9.17 图案填充

本章小结

(1) 在AutoCAD图形绘制时，可通过以下方式实现定位：直接给距离方式、给坐标方式、直接用鼠标在屏幕上取点或用对象捕捉方式捕捉一些特殊点。

(2) 绝对坐标是从坐标系原点测量所得的坐标值；相对坐标是相对于上一输入点的距离偏移。相对坐标的表示方式是在坐标前面添加一个"@"符号。

(3) AutoCAD提供了二维图形绘制命令，如绘制直线、圆、圆弧、多段线、多线等。执行命令的方式有：菜单命令、工具栏命令和键盘输入命令。

(4) 在执行AutoCAD命令时，应时刻关注命令窗口的提示，并按照提示进行相应的操作。养成这一良好习惯，能够大大提高绘图速度并减轻记忆负担。

(5) 图案填充时，填充区域的边界称为填充边界。定义边界的对象只能是直线、双向射线、单向射线、多段线、样条曲线、圆弧、圆、椭圆、椭圆弧、面域等对象，或用这些对象定义的块，作为边界的对象在屏幕上必须全部可见。

第 10 章

二维图形的编辑

教学目标

掌握选择对象的方式；掌握二维图形的修改命令，并能熟练运用修改命令编辑图形；掌握使用夹点编辑图形的方法。

教学要求

知识要点	能力要求	权重
选择对象	1. 掌握在 AutoCAD 中选择对象的五种方式； 2. 能熟练地在 AutoCAD 中选择对象和扣除已选择的对象	10%
图形修改命令	1. 掌握二维图形的修改命令； 2. 能熟练运用修改命令编辑图形； 3. 能用二维图形绘图命令结合修改命令熟练绘制复杂图形	80%
夹点功能	1. 了解夹点的概念； 2. 掌握使用夹点编辑图形的方法	10%

10.1 选择对象

图形编辑是对已有图形进行的删除、复制、移动等操作。灵活运用各种图形编辑方法，可以简化作图过程，减少重复操作，显著提高绘图的效率。

在编辑图形前，必定要将拟编辑的对象进行选中。AutoCAD 中可供使用的对象选取方法如下。

(1) 用拾取框逐个点取。

(2) 窗口选择：即用鼠标拖出一个窗口，选取被包围的图形对象。该种方式分为两种情况：从左到右设置窗口，只能选中完全被包围的对象；从右到左设置窗口，将选中完全被包围以及被边框触及的对象。

(3) 选择全部：在“选择对象:”的提示下输入“ALL”并按 Enter 键，将选中除了被锁住或被冻结以外的全部图形对象。

(4) 栏选：在“选择对象:”提示下输入“F”并按 Enter 键，然后画一条折线，将选中与其相交的所有图形对象。使用栏选方式可以很容易地从复杂图形中选择非相邻的对象。

(5) 扣除方式：在“选择对象:”提示下输入“R”并按 Enter 键，系统提示“删除对象:”，此后选中的对象将从选择集中扣除。若要重新回到选择对象模式，在“删除对象:”提示下输入“A”并按 Enter 键即可。用户也可以按住 Shift 键选择对象完成扣除功能。

10.2 图形修改命令

1. 删除对象

删除指定的对象，就像是去除图纸上不需要的内容。

调用方法：

命令：ERASE

菜单：修改→删除

工具栏：单击修改工具栏中的“删除”图标

当需要删除某些图形时，先调用“删除”命令，然后选择要删除的对象，按 Enter 键或空格键或单击鼠标右键，即可删除选定的对象。

说明：执行“删除”命令，可以先选择对象后调用删除命令，也可以先调用删除命令然后再选择对象。当选择多个对象时，多个对象都被删除；若选择的对象属于某个对象组，则该对象组的所有对象都被删除。

2. 移动对象

移动对象是将已有图形对象平移一个位置。移动对象仅仅是位置的平移，并不改变对象的方向和大小。

调用方法：

命令：MOVE

菜单：修改→移动

工具栏：单击修改工具栏中的“移动”图标✥

命令格式：

命令：move

选择对象：(选择要移动的对象，按 Enter 键结束选择对象)

指定基点或［位移(D)］＜位移＞：(指定移动的基点)

指定第二个点或＜使用第一个点作为位移＞：(指定拟将图形移动到的位置)

例 10-1：移动图 10.1(a)所示的小圆，使移动后的小圆圆心位于 A 点。

命令：move

选择对象：(选中小圆，按 Enter 键结束选择对象)

指定基点或［位移(D)］＜位移＞：(用光标拾取 O 点作为基点)

指定第二个点或 ＜使用第一个点作为位移＞：(用鼠标移动图形到 A 点)［图 10.1(b)］

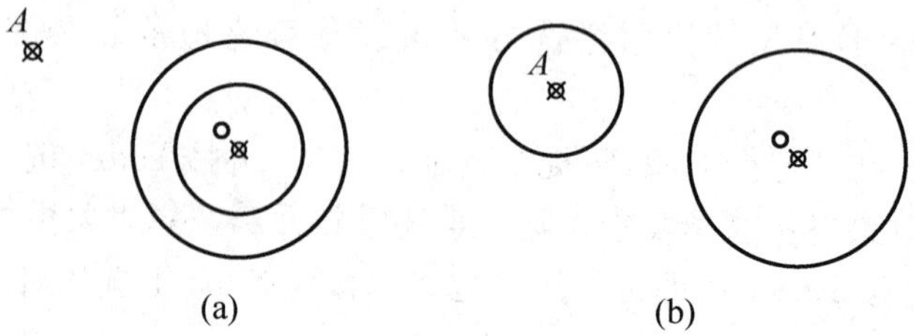

图 10.1　移动对象

3. 复制对象

复制对象是在指定的位置创建原对象的副本，可做多重复制。

调用方法：

命令：COPY

菜单：修改→复制

工具栏：单击修改工具栏中的“复制”图标

说明：复制命令需要指定位移的矢量，即基点和第二点的位置，这两点可以处于图中的任何位置。可以在不中断“复制”命令的情况下多次复制一个对象。

命令格式：

命令：copy

选择对象：(选择要复制的对象，按 Enter 键结束选择对象)

指定基点或［位移(D)/ 模式(O)］：＜位移＞：(指定复制的基点)

指定第二个点或 ＜使用第一个点作为位移＞：(用鼠标复制图形到指定位置或输入复制位移)

指定第二个点或［退出(E)/放弃(U)］＜退出＞：(继续重复上述复制过程，按 Enter 键退出)

命令行中各项含义如下。

位移(D)——指定位移，即键入 X、Y(三维还有 Z)方向的位移分量，中间用逗号分开。

模式(O)——复制模式，[单个(S)/多个(M)]。输入 S，只能复制一次对象；输入 M，可以连续多次复制所选择的对象。

例 10-2：将图 10.2(a)所示图形复制成为图 10.2(c)所示图形。

命令：copy

选择对象：(选中矩形，按 Enter 键结束选择对象)

指定基点或 [位移(D)] <位移>：(用光标拾取 A 点作为基点)

指定第二个点或 <使用第一个点作为位移>：(用鼠标复制图形到 B 点) [图 10.2(b)]

指定第二个点或 [退出(E)/放弃(U)] <退出>：(用鼠标复制图形到 C 点) [图 10.2(c)]

指定第二个点或 [退出(E)/放弃(U)] <退出>：(按 Enter 键退出)

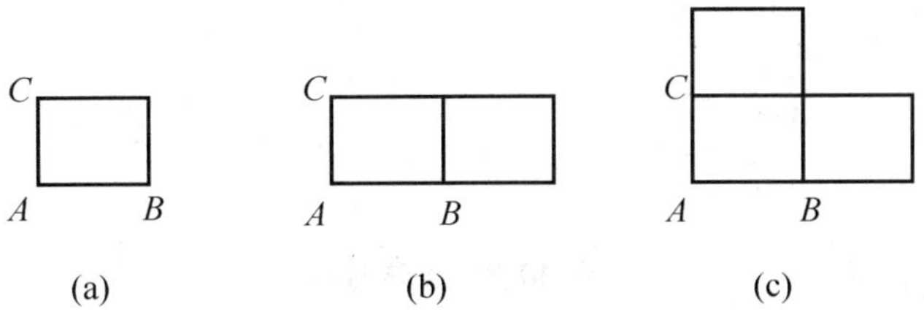

图 10.2　复制对象

4. 旋转对象

旋转对象令是将指定的图形绕旋转中心(称其为基点)旋转指定的角度。

调用方法：

命令：ROTATE

菜单：修改→旋转

工具栏：单击修改工具栏中的“旋转”图标

命令格式：

命令：rotate

选择对象：(选择要旋转的对象，按 Enter 键结束选择对象)

指定基点：(指定旋转中心)

指定旋转角度，或 [复制(C)/参照(R)]：(指定旋转角度)

对象的旋转可以采用不同的方式设置。

(1) 可以通过移动光标，光标所在点与基点的连线决定了旋转角度，当图形移至合适的位置后，单击鼠标左键，确定图形旋转后的位置。

(2) 若输入一数值，系统将认定此数值为指定的旋转角度，逆时针旋转为正值，顺时针旋转为负值。

(3) 若键入 C，则将选中的对象复制后旋转。

(4) 若键入 R，系统接下来将提示。

指定参照角：（指定一个参照角）

指定新角度：（指定新的旋转角度）

此时系统将把新角度与参照角度的差值作为最终旋转角度进行旋转。

例 10－3：用旋转命令对图 10.3(a)所示图形进行编辑，使之成为图 10.3(b)所示图形。

命令：rotate

选择对象：[选中图 10.3(a)所示菱形，按 Enter 键结束选择对象]

指定基点：（用光标拾取 A 点作为基点）

指定旋转角度，或[复制(C)/参照(R)]：C

指定旋转角度，或[复制(C)/参照(R)]：90

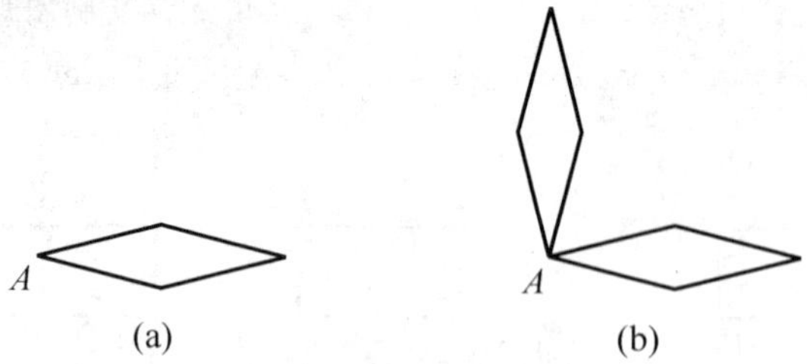

图 10.3　旋转对象

5. 缩放对象

缩放对象是放大或缩小指定的图形。

调用方法：

命令：SCALE

菜单：修改→缩放

工具栏：单击修改工具栏中的“缩放”图标

命令格式：

命令：scale

选择对象：（选择要缩放的对象，按 Enter 键结束选择对象）

指定基点：（指定在比例缩放中的基准点，即缩放中心点）

指定比例因子或[复制(C)/参照(R)]：（指定一个比例因子或输入选项 C/R）

对象的缩放可以采用不同的方式完成。

(1) 若指定一个比例因子，系统将按此比例放大(比例因子大于 1)或缩小(比例因子小于 1)选定的对象。

(2) 如果键入 C，则按比例复制出选中的对象(复制出的图形是经过放大或缩小的)。

(3) 如果键入 R，系统将提示。

指定参照长度：（指定一个参照长度）

指定新长度：（指定一个新长度）

此时系统将按新长度和参照长度的比值作为比例因子缩放所选对象。

例 10－4：将实例 10－3 中绘制的图形缩小一半。

命令：scale
选择对象：[选中图 10.4(a)所示图形，按 Enter 键结束选择对象]
指定基点：(用光标拾取 A 点作为基点)
指定比例因子或 [复制(C)/参照(R)]：0.5

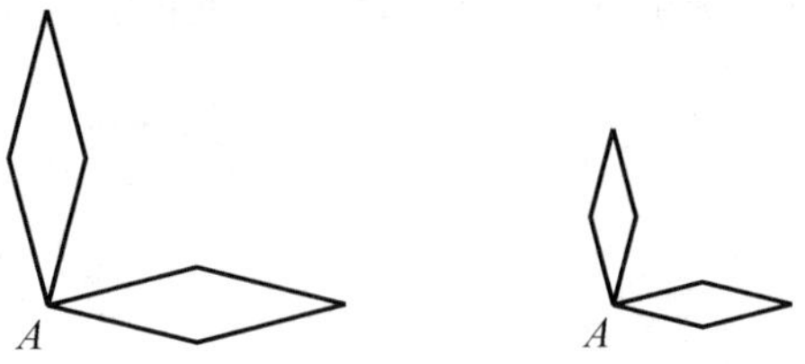

(a) (b)

图 10.4 缩放对象

6. 偏移对象

偏移对象是创建一个与选择对象形状相同，等距的平行直线、平行曲线和封闭的图形。在工程设计中经常用于创建轴线和等距离的图形。

调用方法：
命令：OFFSET
菜单：修改→偏移
工具栏：单击修改工具栏中的“偏移”图标
命令格式：
命令：offset
指定偏移距离或 [通过(T)/ 删除(E)/图层(L)] < 通过>：(键入偏移距离)
选择要偏移的对象或<退出>：(选择要偏移的对象)
指定点以确定偏移所在一侧：(单击鼠标指定偏移方向)
选择要偏移的对象或<退出>：(继续选择对象或按 Enter 键退出命令)
选项说明：
(1) 若键入 T，系统将提示。
选择要偏移的对象或 <退出>：(选择要偏移的对象)
指定通过点：(指定一点，对象偏移后将通过该点)
选择要偏移的对象或 <退出>：(继续选择对象或按 Enter 键退出命令)
(2) 若键入 E 并按<Enter>键，系统提示。

要在偏移后删除源对象吗？[是(Y)/否(N)] <否>：(输入 Y 则完成偏移后源对象会被删除；输入 N 后源对象会保留)

(3) 若键入 L 并按<Enter>键，系统提示。

输入偏移对象的图层选项？[当前(C)/源(S)] < 源>：(输入 C 则偏移的图形会处在当前图层；输入 S 则偏移的图形将与源对象处于同一图层)

例 10-5：过图 10.5(a)中的 A 点作已知圆形的同心圆。

命令：offset
指定偏移距离或［通过(T)/删除(E)/图层(L)］<通过>：T
选择要偏移的对象，或［退出(E)/放弃(U)］<退出>：［选中图 10.5(a)所示圆形］
指定通过点或［退出(E)/多个(M)/放弃(U)］<退出>：(用鼠标单击 A 点)
选择要偏移的对象，或［退出(E)/放弃(U)］<退出>：(按 Enter 键退出)

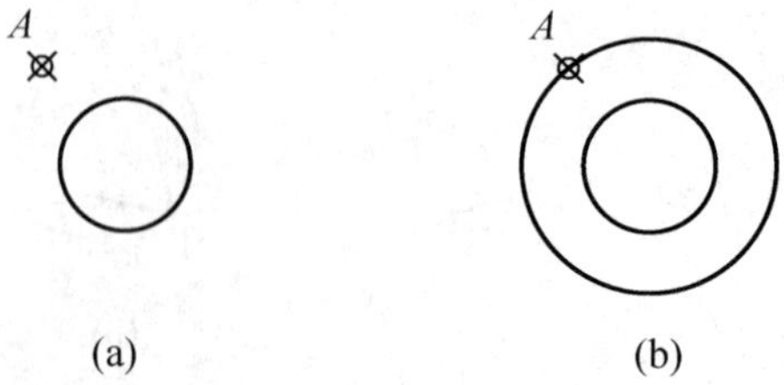

图 10.5 偏移对象

7. 镜像对象

镜像命令用于创建轴对称的图形。利用镜像功能，用户只需创建半个对象，然后通过镜像快速生成整个对象。

调用方法：
命令：MIRROR
菜单：修改→镜像
工具栏：单击修改工具栏中的“镜像”图标
命令格式：
命令：mirror
选择对象：(选择要镜像的对象，按 Enter 键结束选择对象)
指定镜像线的第一点：(指定镜像线或对称轴上的一个点)
指定镜像线的第二点：(指定镜像线或对称轴上的第二个点)
是否删除源对象？［是(Y)/否(N)］<N>：(输入 Y 则完成镜像后源对象会被删除；输入 N 后源对象会保留)

例 10-6：用镜像命令将 10.6(a)中的图形进行编辑，使之成为图 10.6(b)所示图形。
命令：mirror
选择对象：(选中要进行镜像的线框，按 Enter 键结束选择对象)
指定镜像线的第一点：(单击对称轴上的任意一个点)
指定镜像线的第二点：(单击对称轴上的第二个点)
要删除源对象吗？［是(Y)/否(N)］<N>：(按 Enter 键)

8. 阵列对象

阵列命令是将选中的对象进行矩形或环形多重复制。

调用方法：
命令：ARRAY
菜单：修改→阵列

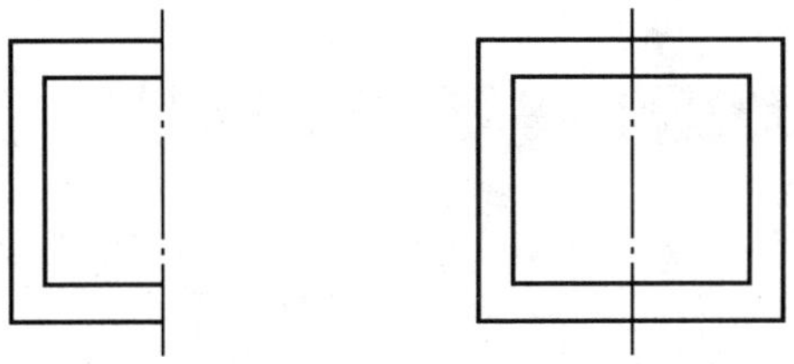

(a)　　　　(b)

图 10.6　镜像对象

工具栏：单击修改工具栏中的“阵列”图标器

操作步骤：

激活阵列命令，打开“阵列”对话框，在对话框中可以选择矩形阵列方式或环形阵列方式。

1）矩形阵列

在“阵列”对话框中勾选“矩形阵列”，如图 10.7 所示，可以设置矩形阵列的相关参数，包括行数、列数、行间距和列间距，还可以预览阵列的效果图。如果设置了阵列角度，还可以创建倾斜的矩形阵列。

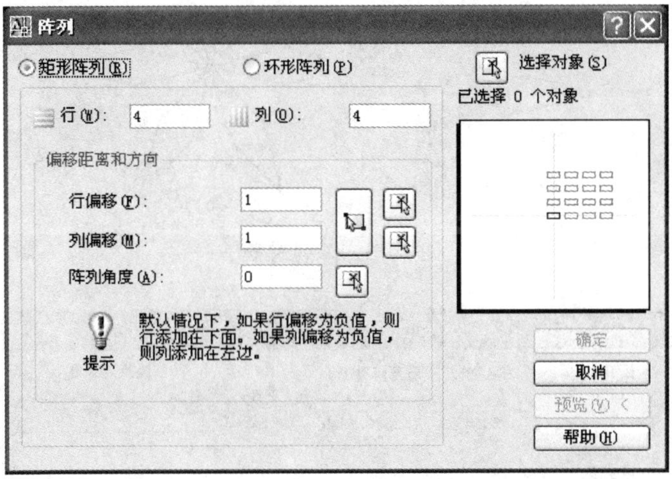

图 10.7　矩形阵列

2）环形阵列

在“阵列”对话框中勾选“环形阵列”，如图 10.8 所示，可以设置环形阵列的相关参数，包括环形阵列的中心点、项目总数、填充角度和项目间角度，还可预览阵列的效果图。如果选中复制时旋转项目复选框，则阵列时将复制出的对象旋转。

例 10－7：将图 10.9(a)中的菱形使用阵列命令绘制成如图 10.9(b)所示图形。

激活“阵列”命令，打开“阵列”对话框，勾选“环形阵列”。单击“拾取中心点”按钮，在屏幕上用光标拾取 A 点；单击“选择对象”按钮，选中图 10.9(a)中的菱形，按 Enter 键结束选择对象并返回“阵列”对话框，如图 10.10 所示。项目数目输入 6，填充角度为 360°，单击确定按钮，即可生成图 10.9(b)所示图形。

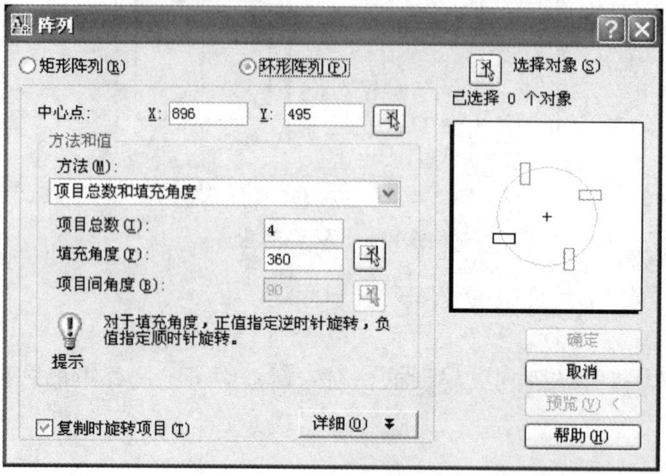

图 10.8　环形阵列

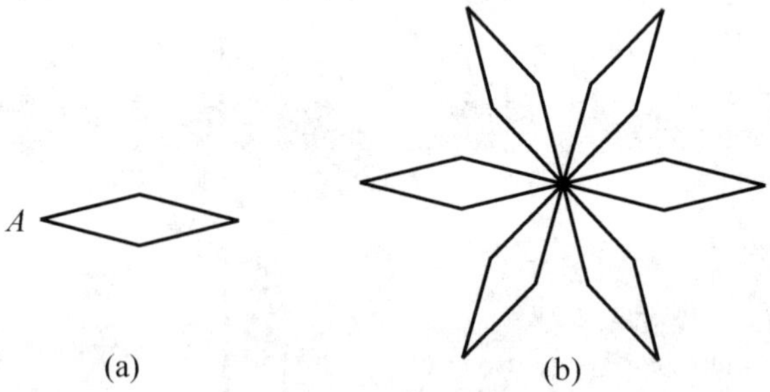

图 10.9　阵列对象

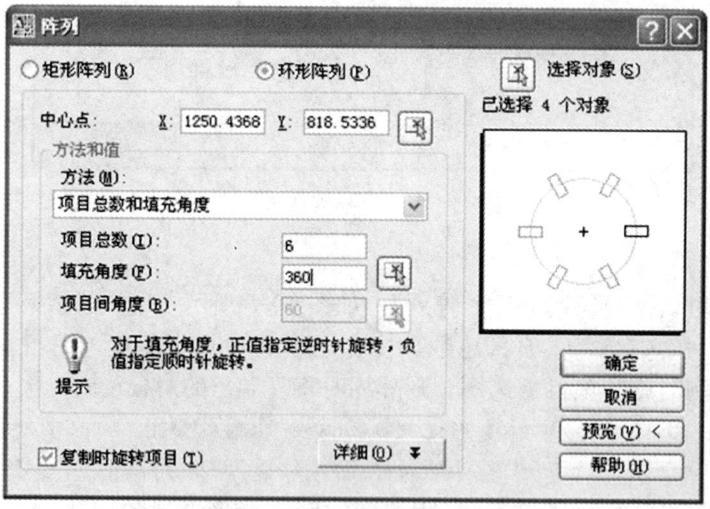

图 10.10　“阵列”对话框设置

9. 拉伸对象

拉伸命令可以保持图中图形元素几何关系不变而改变图形尺寸。

调用方法：

命令：STETCH

菜单：修改→拉伸

工具栏：单击修改工具栏中的“阵列”图标

命令格式：

命令：Stretch

选择对象：(选择要拉伸的对象，按 Enter 键结束选择对象)

指定基点或［位移(D)］＜位移＞：(指定拉伸的基点)

指定第二个点或＜使用第一个点作为位移＞：(指定拉伸的移至点)

例 10-8：使用拉伸命令时，采用不同方式选择对象，达到的效果也不同。如图 10.11(a)所示图形，采用三种不同的方式选择矩形图形，分别是从左往右框选［图 10.11(b)］，点选［图 10.11(c)］和从右往左框选［图 10.11(d)］。经过拉伸后，获得的效果不同。如果采用从左往右框选或者点选的方式，则实际的操作效果与移动(MOVE)相同［图 10.12(b)、(c)］；如果采取从右往左框选的方式，则只有被框到的点会发生位移，没有被框到的点位置不会发生改变［图 10.12(d)］。

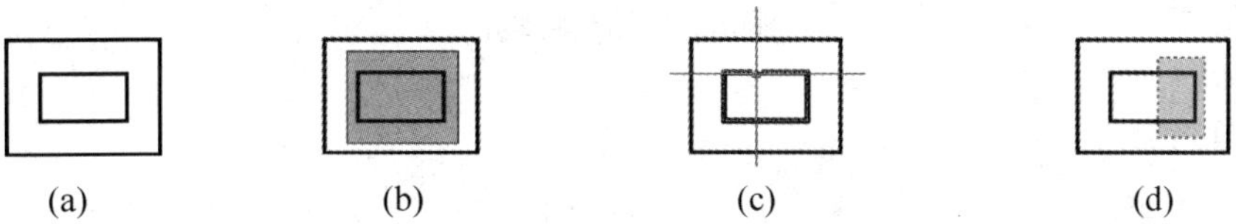

图 10.11　用不同方式选择对象

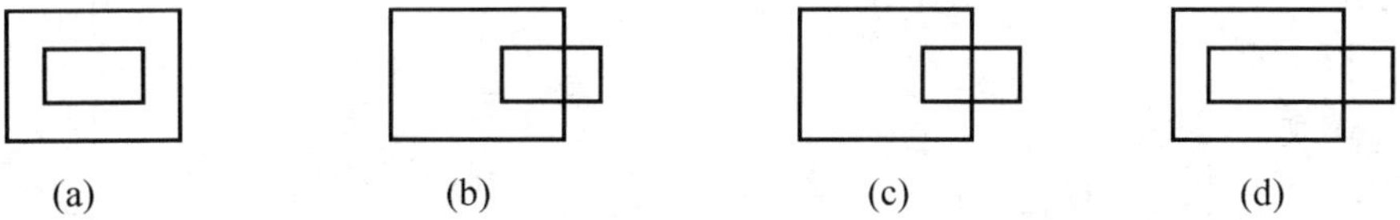

图 10.12　采用不同方式拉伸对象，效果不同

10. 拉长对象

在实际绘图，使用拉长命令可以改变(拉长或缩短)线段或圆弧的长度。

调用方法：

命令：LENGTHEN

菜单：修改→拉长

命令格式：

命令：lengthen

选择对象或［增量(DE)/百分数(P)/全部(T)/动态(DY)］：(输入相应的选项)

选择要修改的对象或［放弃(U)］：(选择要拉长的对象，按 Enter 键退出)

选项说明：

增量(DE)——拟将图形对象拉长(增量为正值)或缩短(增量为负值)的量值。

百分数(P)——图形对象拉伸后的长度相对于原始长度的百分数(百分数大于100时对象会被拉长，百分数小于100时对象会被缩短)。

全部(T)——输入图形最终的长度。

动态(DY)——用拖动光标的方式控制图形的长度。

例10-9：用拉长命令将图10.13(a)中直线 AB 的长度缩短一半。

命令：lengthen

选择对象或［增量(DE)/百分数(P)/全部(T)/动态(DY)］：P

输入长度百分数：50

选择要修改的对象或［放弃(U)］：［选择要拉长的对象，如果单击 AB 的右半段，则直线会从右侧缩短，如图10.13(b)所示，如果点击 AB 的左半段，则直线会从左侧缩短，如图10.13(c)所示］

选择要修改的对象或［放弃(U)］：(按Enter键)

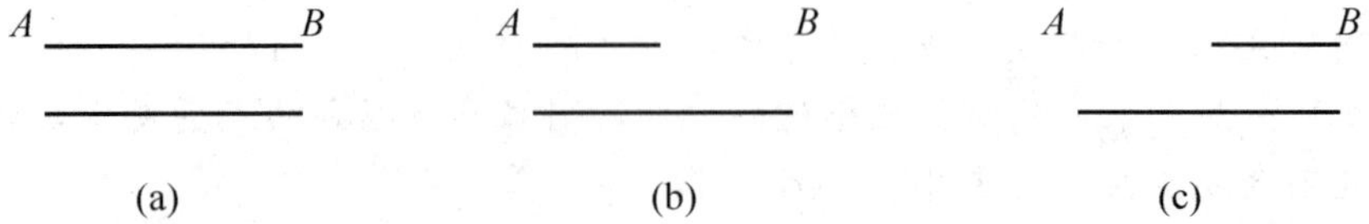

图10.13　拉长对象

11. 修剪对象

修剪对象是将被修剪对象沿修剪边界(即剪切边)断开，并删除位于剪切边一侧或位于两条剪切边之间的部分。

调用方法：

命令：TRIM

菜单：修改→修剪

工具栏：单击修改工具栏中的“修剪”图标

命令格式：

命令：trim

选择剪切边…

选择对象<或全部选择>：(用鼠标拾取修剪边界，按Enter键结束选择对象)

选择要修剪的对象，或按住Shift键选择要延伸的对象，或［栏选(F)/窗交(C)/投影(P)/边(E)/删除(R)/放弃(U)］：(直接用鼠标单击修剪对象或输入相应的选项)。

除直接用鼠标单击修剪对象外，对象的修剪还可以采用其他几种方式完成。

(1) 若按住Shift键选择对象，剪切边将变为延伸边界，选择的对象将被延伸至与剪切边相交。

(2) 选择“栏选(F)”选项时，系统将以栏选的方式选择被修剪对象。

(3) 选择“窗交(C)”选项时，系统以框选的方式选择被修剪对象。

(4) 被选择的对象可以互为边界和被修剪对象，此时系统会在选择的对象中自动判断边界。

(5) 命令行中其他各项说明。

投影(P)——指定修剪对象时使用的投影模式。

边(E)——设置修剪边的隐含延伸模式。

删除(R)——将删除被修剪对象。

放弃(U)——取消上一次的操作。

例 10-10：将图 10.14(a)所示用矩形和椭圆组成的圆柱体中多余的线条修剪掉。

命令：trim

选择剪切边……

选择对象或＜全部选择＞：[选中修剪边界，即两个椭圆，如图 10.14(b)所示，按 Enter 键结束选择对象]

选择要修剪的对象，或按住 Shift 键选择要延伸的对象，或 [栏选(F)/窗交(C)/投影(P)/边(E)/删除(R)/放弃(U)]：[用鼠标单击要修剪的两条边，按 Enter 键退出，如图 10.14(c)所示]

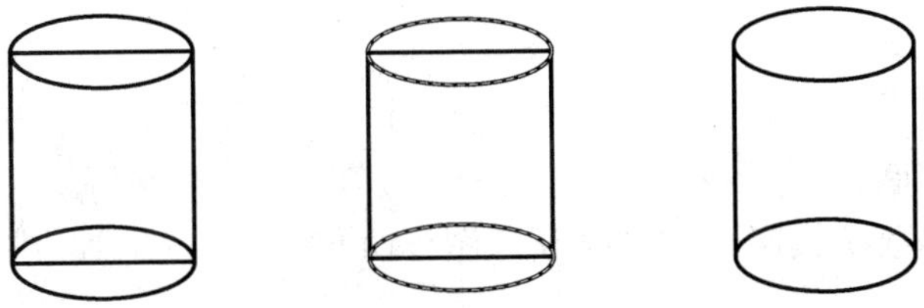

(a) (b) (c)

图 10.14 修剪对象

12. 延伸对象

延伸对象命令的功能是将指定的对象延伸到指定边界。

调用方法：

命令：EXTEND

菜单：修改→延伸

工具栏：单击修改工具栏中的“延伸”图标

命令格式：

命令：extend

选择边界的边……

选择对象或＜全部选择＞：(用鼠标拾取延伸边界，按 Enter 键结束选择对象)

选择要延伸对象，或按 Shfit 键选择要修剪的对象，或 [栏选(F)/窗交(C)/投影(P)/边(E)/放弃(U)]：[用鼠标拾取或栏选(F)、窗交(C)方式选择要延伸的对象，该对象将延伸至距离光标拾取处最近的边界。其他选项的用法与修剪命令一样]

例 10-11：将图 10.15(a)所示圆弧延伸到与直线 AB 相交。

命令：extend

选择边界的边……

选择对象或 <全部选择>：(选中延伸边界，即直线 AB，按 Enter 键结束选择对象)

选择要延伸的对象，或按住 Shift 键选择要修剪的对象，或 [栏选(F)/窗交(C)/投影(P)/边(E)/放弃(U)]：[用鼠标单击要延伸的弧的两端，按 Enter 键退出，如图 10.15(b)所示]

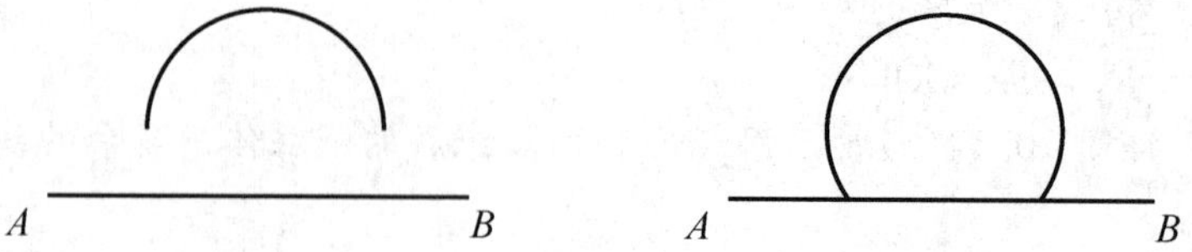

(a) (b)

图 10.15 延伸对象

13. 打断对象

打断对象的功能是从指定的点处将对象分成两部分，或删除对象上所指定两点之间的部分。

调用方法：

命令：BREAK

菜单：修改→打断

工具栏：单击修改工具栏中的“打断”图标

命令格式：

命令：break

选择对象：(选择要打断的对象)

指定第二个打断点或 [第一点(F)]：

命令执行到这一步，可采用不同的方法断开对象。若指定一点，系统将把选择对象时所定义的第一点和该点之间的部分切去。若输入 F，系统接下来会提示。

指定第一个打断点：(定义第一断点)

指定第二个打断点：(定义第二断点)

则这两个断点之间的部分将被切去。

说明：若第二断点和第一断点重合，则对象会在该点被分为两部分。

例 10-12：用打断命令将图 10.16(a)所示矩形中的 AB 段切除。

命令：break

选择对象：(用鼠标单击矩形)

指定第二个打断点 或 [第一点(F)]：F

指定第一个打断点：(单击 A 点)

指定第二个打断点：(单击 B 点)

结果如图 10.16(b)所示。

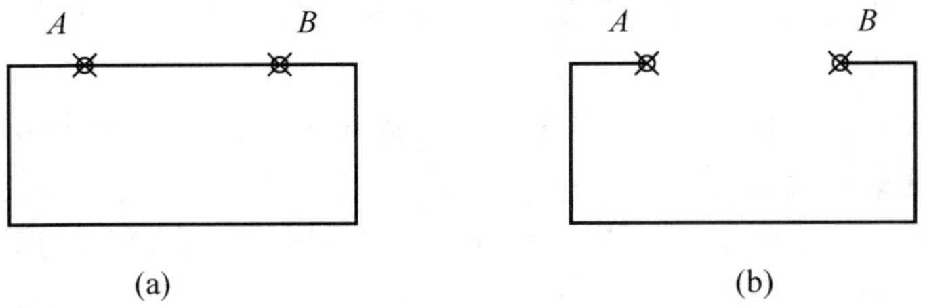

图 10.16 打断对象

14. 倒角

倒角命令是在两条直线之间创建倒角。

调用方法：

命令：CHAMFER

菜单：修改→倒角

工具栏：单击修改工具栏中的“倒角”图标

命令格式：

命令：chamfer

选择第一条直线或［放弃(U)/多段线(P)/距离(D)/角度(A)/修剪(T)/方式(E)/多个(M)］：D(一般都要先指定倒角的大小，如不指定则系统会按默认值进行倒角)

指定第一个倒角距离：(输入第一条边的倒角距离)

指定第二个倒角距离：(输入第二条边的倒角距离)

选择第一条直线或［放弃(U)/多段线(P)/距离(D)/角度(A)/修剪(T)/ 方式(E)/多个(M)］：(选择一条边，或输入其他可选项)

选择第二条直线，或按住 Shift 键选择要应用角点的直线：(选择另一条边)

选项说明：

放弃(U)——表示放弃刚才的输入。

多段线(P)——表示给一个多段线指定统一的倒角过渡，即多段线的倒角距离一致。

角度(A)——倒角距离由第一直线的倒角长度和倒角角度来确定。

修剪(T)——设定修剪模式，即倒角时是否裁剪原来的对象，默认设置为裁剪。

方式(E)——选择设定倒角的方法，即用距离还是角度的方式来设置倒角。

多个(M)——表示在不退出命令的状态下连续对多条边作倒角编辑。

例 10-13：对如图 10.17(a)所示矩形的四个角创建倒角，倒角距离均为 5。

命令：chamfer

选择第一条直线或［放弃(U)/多段线(P)/距离(D)/角度(A)/修剪(T)/方式(E)/多个(M)］：D

指定第一个倒角距离：5

指定第二个倒角距离：5

选择第一条直线或［放弃(U)/多段线(P)/距离(D)/角度(A)/修剪(T)/方式(E)/多个(M)］：M

选择第一条直线或［放弃(U)/多段线(P)/距离(D)/角度(A)/修剪(T)/方式(E)/多个(M)］：(单击一条边)

选择第二条直线，或按住 Shift 键选择要应用角点的直线：(单击第二条边，然后重复以上操作连续创建四个倒角)

选择第一条直线或［放弃(U)/多段线(P)/距离(D)/角度(A)/修剪(T)/方式(E)/多个(M)］：(按 Enter 键)

结果如图 10.17(b)所示。

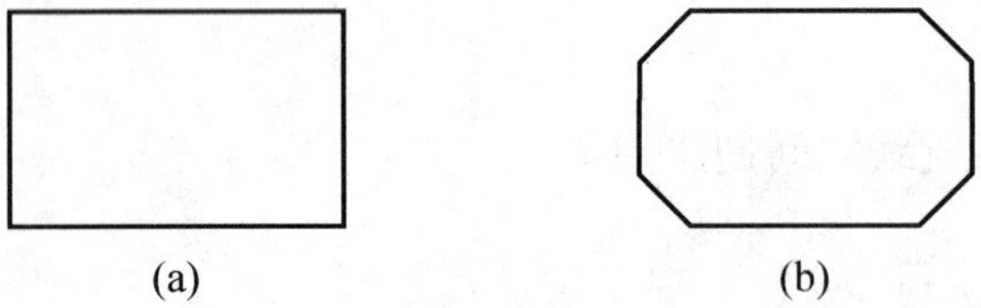

图 10.17 创建倒角

15. 圆角

圆角命令是在直线、圆弧或圆间按指定半径倒圆角，也可以对多段线倒圆角。

调用方法：

命令：FILLET

菜单：修改→圆角

工具栏：单击修改工具栏中的“圆角”图标

命令格式：

命令：fillet

选择第一个对象或［放弃(U)/多段线(P)/半径(R)/修剪(T)/多个(M)］：R(一般都要先指定圆角半径值，如不指定则系统会按默认值进行倒圆角)

指定圆角半径：(输入圆角半径)

选择第一个对象或［放弃(U)/多段线(P)/半径(R)/修剪(T)/多个(M)］：(选择一个对象，或输入其他可选项)

选择第二个对象，或按住 Shift 键选择要应用角点的对象：(选择第二个对象)

说明：其他选项的应用与倒角命令一样。

例 10-14：将图 10.18(a)中所示的多段线创建圆角，圆角半径为 10。

命令：fillet

选择第一个对象或［放弃(U)/多段线(P)/半径(R)/修剪(T)/多个(M)］：R

指定圆角半径：10

选择第一个对象或［放弃(U)/多段线(P)/半径(R)/修剪(T)/多个(M)］：P

选择二维多段线：(单击多段线)

结果如图 10.18(b)所示。

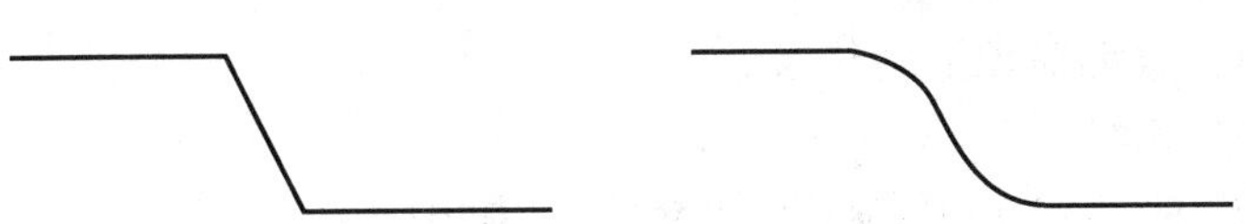
(a) (b)

图 10.18 给多段线创建圆角

10.3 利用夹点功能编辑图形

被选中的图形对象会在图形对象的关键部位出现一些蓝色方块，称为夹点。利用夹点可编辑图形。

夹点编辑有 5 种模式：

1）使用夹点拉伸对象

使用夹点拉伸对象的步骤如下。

（1）选择对象，使夹点显示出来。

（2）通过选择一个夹点指定基点，此基点将被亮显。

（3）指定拉伸对象的新位置。

指定基点后，命令行提示："拉伸"

指定拉伸点或［基点(B)/复制(C)/放弃(U)/退出(X)］:

选项说明：

基点(B)——表示要重新指定拉伸基点。

复制(C)——表示要进行多次拉伸。

放弃(U)——表示取消上一次的操作。

退出(X)——表示要退出自动编辑。

使用夹点拉伸对象，如图 10.19 所示。

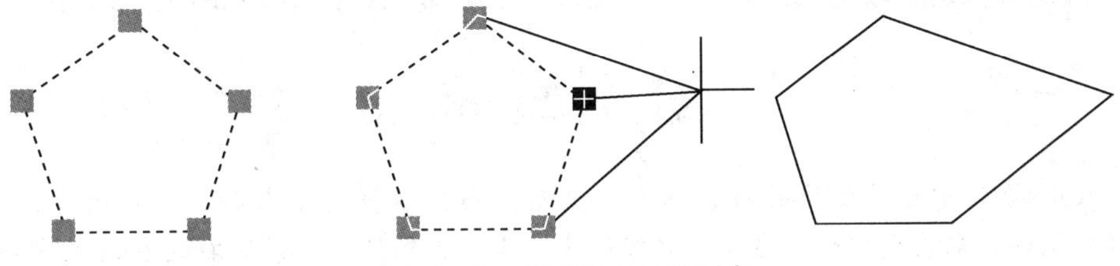

图 10.19 使用夹点拉伸对象

2）使用夹点移动对象

使用夹点移动对象的步骤如下。

（1）选择对象，使夹点显示出来。

（2）选择一个夹点为基点，使之亮显。

（3）命令行输入"MO"按 Enter 键，或直接按 Enter 键，或从右击快捷菜单中选择"移动"项，进入移动编辑模式。

(4) 拖动基点至移动对象的新位置。

命令行提示："移动"

指定移动点或 [基点(B)/复制(C)/放弃(U)/退出(X)]:

各选项含义同拉伸模式。如果不作移动编辑，则再次按 Enter 键，进入旋转编辑模式。

3) 使用夹点旋转对象

使用夹点旋转对象的步骤如下。

(1) 选择对象，使夹点显示出来。

(2) 选择一个夹点为基点，使之亮显。

(3) 命令行输入"RO"按 Enter 键，或直接按两次 Enter 键，或从右击快捷菜单中选择"旋转"项，进入旋转编辑模式。

(4) 鼠标拖动对象到合适位置并单击，或输入一个角度将对象放置在一个新位置。

4) 使用夹点缩放对象

使用夹点按比例缩放对象的步骤如下。

(1) 选择对象，使夹点显示出来。

(2) 选择一个夹点为基点，使之亮显。

(3) 命令行输入"SC"按 Enter 键，或直接按 Enter 键循环切换，或从右击快捷菜单中选择"缩放"项，进入比例缩放编辑模式。

(4) 输入一个数值将对象缩放到新的大小。

5) 使用夹点创建镜像对象

使用夹点创建镜像对象的步骤如下。

(1) 选择对象，使夹点显示出来。

(2) 选择一个夹点为基点，使之亮显。

(3) 命令行输入"MI"按 Enter 键，或直接按 Enter 键循环切换，或从右击快捷菜单中选择"镜像"项，进入镜像编辑模式。

(4) 指定镜像对称轴的第二点，创建镜像对象，可以选择是否保留原图形。

本章小结

(1) AutoCAD 中可供使用的对象选取方法有：用拾取框逐个点取、窗口选择、栏选等。窗口选择对象时，从左到右设置窗口，只能选中完全被包围的对象；从右到左设置窗口，将选中完全被包围以及被边框触及的对象。使用栏选方式可以很容易地从复杂图形中选择非相邻的对象。

(2) AutoCAD 提供了二维图形编辑命令，如删除对象、移动对象、复制对象等。执行命令的方式有：菜单命令、工具栏命令和键盘输入命令。在执行命令时，应时刻关注命令窗口的提示，并按照提示进行相应的操作，能够大大提高绘图速度并减轻记忆负担。

(3) 鼠标直接单击对图形对象会在图形对象的关键部位出现一些蓝色方块，称为夹点，利用夹点可编辑图形。

第11章

文字、表格与尺寸标注

教学目标

掌握建立和修改文字样式、表格样式及标注样式的方法；掌握在 AutoCAD 中输入及编辑单行文字和多行文字的方法；掌握在 AutoCAD 中创建表格的方法；掌握在 AutoCAD 中进行标注的方法。

教学要求

知识要点	能力要求	权重
文字	1. 掌握建立和修改文字样式的方法； 2. 了解单行文字和多行文字的区别； 3. 能熟练地在 AutoCAD 中输入单行文字和多行文字； 4. 能熟练编辑单行文字和多行文字	30%
表格	1. 掌握建立和修改表格样式的方法； 2. 能熟练地在 AutoCAD 中创建表格； 3. 掌握编辑表格的方法	30%
标注	1. 掌握建立和修改标注样式的方法； 2. 能熟练地在 AutoCAD 中进行各种标注； 3. 能熟练编辑标注	40%

11.1 文　　字

1. 文字样式

AutoCAD提供的字体分为两类：一类是Windows系统字体，如TrueType字体，包括宋体、黑体、楷体等汉字，字体扩展名为.tif；另一类是AutoCAD特有的形文字，字体扩展名为.shx。在AutoCAD中可通过创建文字样式，对文字的字体、字号、角度、方向等特性进行设置，满足绘图的需要。

调用方法：

命令：STYLE

菜单：格式→文字样式

工具栏：单击文字工具栏或样式工具栏中的“文字样式”图标(图11.1)

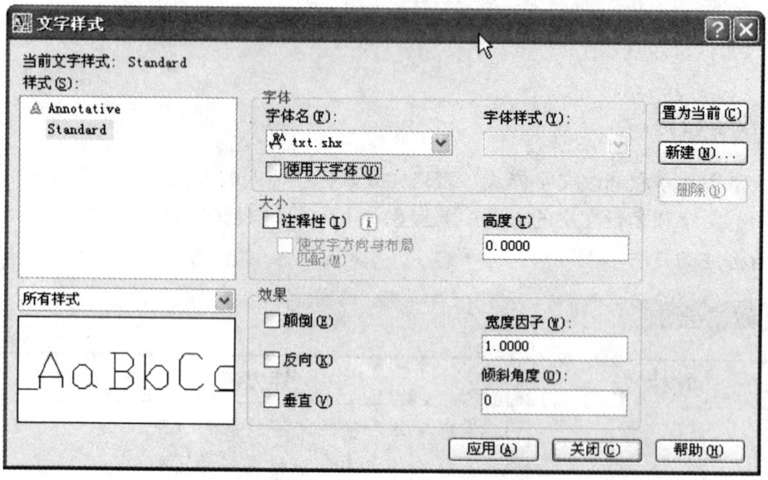

图11.1　“文字样式”对话框

调用文字样式后，打开“文字样式”对话框，主要包括以下选项。

(1)“新建”按钮：建立新文字样式。

(2)“字体”区域用于设置字体名(F)、字体样式(Y)及是否使用亚洲语种的大字体选项(U)。

(3)“大小”区域用于设置文字的高度(T)、注释性(I)。

(4)“效果”区域用于设置文字颠倒、反向、垂直特殊效果，其中“宽度因子”用于设置文字宽度和高度的比例，“倾斜角度”用于设置文字的倾斜角度，正值表示右倾，负值表示左倾。

设置文字样式的同时可以进行文字效果预览，如果对其效果满意，单击“应用”按钮，AutoCAD将各选项的设置应用到图形中，并作为当前样式使用；若不单击“应用”按钮，单击“关闭”，则设置样式不会保存。

2. 输入单行文字

单行文字是按指定的文字样式、位置和角度绘制一行或多行文字。

调用方法：

命令：TEXT

菜单：绘图→文字→单行文字

工具栏：单击文字工具栏中的“单行文字”图标AI

命令格式：

命令：text

指定文字的起点或［对正(J)/样式(S)］：(用鼠标单击一点指定文字的起点或选择其他选项)

指定高度：(输入新的文字高度)

指定文字的旋转角度：(输入文字的旋转角度值，接下来就可以输入文本内容，并连续按两下 Enter 键退出)

命令行中选项说明：

对正(J)——选择文本的对齐方式。AutoCAD 提供的对齐方式有(图 11.2)：

TL——顶部左侧；

TC——顶部中间；

TR——顶部右侧；

ML——中间左侧；

MC——中间中间；

MR——中间右侧；

BL——底部左侧；

BC——底部中间；

BR——底部右侧；

M(Middle)——中心；

Start——基线左端；

Center——基线中心；

Right——基线右端。

样式(S)——选择文字的样式。

例 11-1：用单行文字命令在指定直线上方完成如图 11.3 所示的文字输入，文字高度为 2。

命令：text

指定文字的起点或［对正(J)/样式(S)］：J

输入选项［对齐(A)/调整(F)/中心(C)/中间(M)/右(R)/左上(TL)/中上(TC)/右上(TR)/左中(ML)/正中(MC)/右中(MR)/左下(BL)/中下(BC)/右下(BR)］：BC

指定文字的中下点：(用光标拾取直线的中点)

指定高度：2

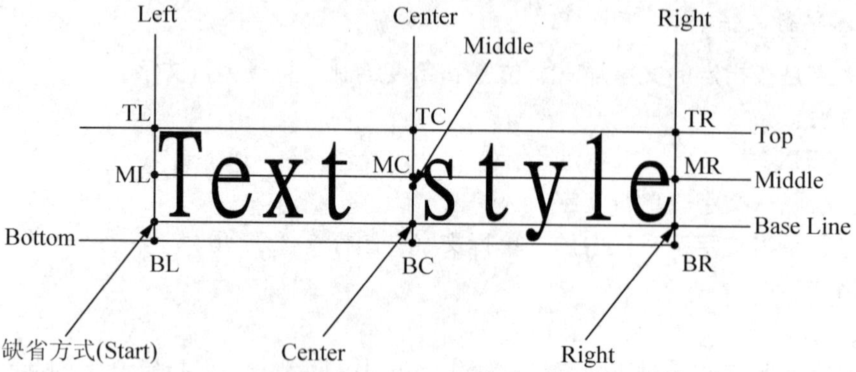

图 11.2　文字插入位置示意图

指定文字的旋转角度：0

（接着用键盘输入“单行文字”，按两下 Enter 键退出）

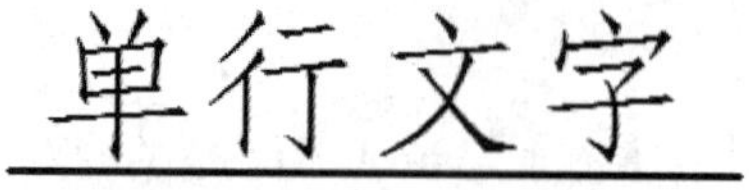

图 11.3　单行文字输入

3. 输入多行文字

多行文字的功能是以段落的方式处理所输入的文字。段落宽度由用户所设定的矩形框来确定，可以输入分数、特殊符号等。相比较于单行文字而言，多行文字命令为设置多行文字实体的整体格式和选择文字的字符格式提供了快捷、方便的方法。图形中比较长或比较复杂的文字，可以使用 MTEXT 命令进行输入。

调用方法：

命令：MTEXT

菜单：绘图→文字→多行文字

工具栏：单击绘图工具栏或文字工具栏中的“多行文字”图标A

调用多行文字命令后先指定录入文本的矩形框，然后系统打开多行文字编辑器，其界面顶部带有标尺的边框和“文字格式”工具栏。如图 11.4 所示，它与 Word 文字处理软件类似，可以对选中的文字进行字体、字高、加粗、颜色、对齐等设置。

在多行文字中插入符号或特殊字符的方法如下。

（1）单击文字格式工具栏中的“符号”按钮@，弹出列表。

（2）在列表中选择所需符号的名称，该符号即可添加在文本框中。

（3）如果在列表中没有所需的符号名称，单击“其他”，打开字符映射表对话框，在符号框中选择所需符号，然后粘贴。

（4）利用搜狗拼音、紫光拼音输入法等汉字输入法，可以利用其自带的多种符号软键盘输入希腊字母、数学符号、标点符号、罗马数字等符号。使用完毕后要注意返回 PC 键盘。

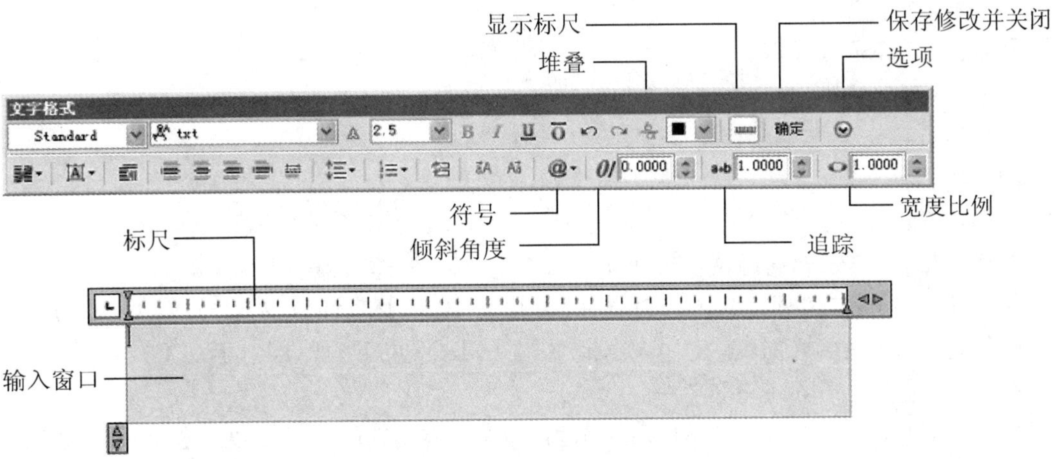

图 11.4　多行文字编辑器

例 11－2：用多行文字的方法录入如图 11.5(a)所示的文字，要求字体设置为华文仿宋，字高为 2.5。

命令：mtext

指定第一角点：(指定文本输入框的第一个角点)

指定对角点或［高度(H)/对正(J)/行距(L)/旋转(R)/样式(S)/宽度(W)］：(指定文本输入框的第二个角点)

进入多行文字编辑器后，设置如图 11.5(b)所示的文字样式，在文字区录完文字后可以选择“确定”退出对话框，在图形工作区的对应位置即可得到指定的文字。

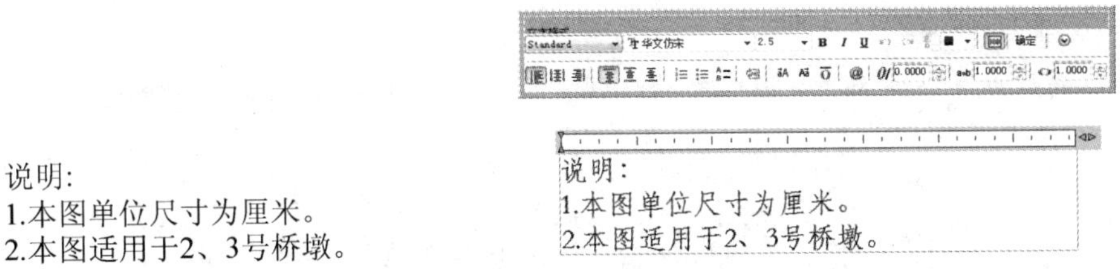

(a)　　　　(b)

图 11.5　多行文字录入

4. 文本编辑

对于已经录入完毕的文本，它的文字内容和文字高度都是可以进行编辑修改的。

1） 编辑文字内容

调用方法：

命令：DDEDIT

菜单：修改→对象→文字→编辑

工具栏：单击文字工具栏中的“编辑”图标

调用编辑文字命令后，选中要修改的文字，即可重新输入文字内容。

2）修改文字高度

命令：SCALETEXT

菜单：修改→对象→文字→比例

工具栏：单击文字工具栏中的“比例”图标

命令格式：

命令：scaletext

选择对象：(指定要修改文字高度的对象，按 Enter 键结束选择对象)

输入缩放的基点选项［现有(E)/左(L)/中心(C)/中间(M)/右(R)/左上(TL)/中上(TC)/右上(TR)/左中(ML)/正中(MC)/右中(MR)/左下(BL)/中下(BC)/右下(BR)］＜现有＞：(选择对齐方式)

指定新高度或［匹配对象(M)/缩放比例(S)］：(输入新的文字高度并按 Enter 键确定，或输入其他选项)

命令行中其他选项含义如下。

匹配对象(M)——使要修改的文本高度与指定的另一文本对象的高度一致。

缩放比例(S)——输入文本高度放大或缩小的比例值(比例值大于 1 是放大，比例值小于 1 是缩小)。

例 11－3：将实例 11－2 中录入的文本［图 11.6(a)］的高度修改为 3.5。

命令：scaletext

选择对象：(选中文本对象，按 Enter 键退出选择对象)

输入缩放的基点选项［现有(E)/左(L)/中心(C)/中间(M)/右(R)/左上(TL)/中上(TC)/右上(TR)/左中(ML)/正中(MC)/右中(MR)/左下(BL)/中下(BC)/右下(BR)］＜右下＞：(按 Enter 键)

指定新高度或［匹配对象(M)/缩放比例(S)］：3.5(按 Enter 键)，如图 11.6(b)所示。

说明：
1.本图单位尺寸为厘米。
2.本图适用于2、3号桥墩。

(a)

说明：
1.本图单位尺寸为厘米。
2.本图适用于2、3号桥墩。

(b)

图 11.6　编辑文字高度

11.2　表　　格

1. 创建表格样式

创建表格之前，首先要设置表格样式，表格样式可以控制一个表格的外观，包括字体、颜色、高度、行距和边框等特性。

调用方法：

命令：TABLESTYLE

菜单：格式→表格样式

工具栏：单击样式工具栏中的“表格样式”按钮

操作步骤：

(1) 调用表格样式命令后，打开“表格样式”对话框，如图 11.7 所示。

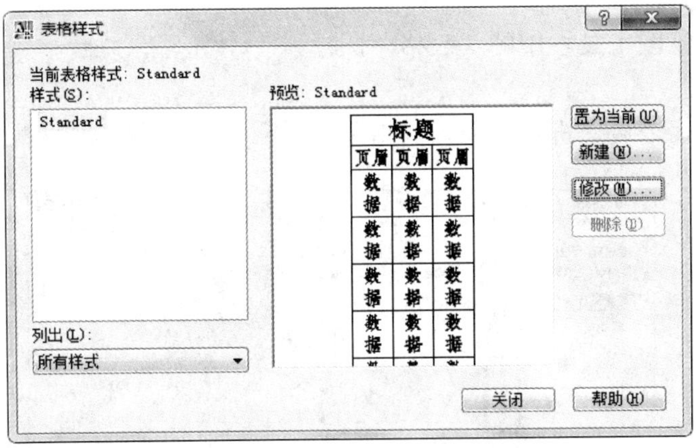

图 11.7 “表格样式”对话框

单击“新建”按钮，用来新建一个表格样式；单击“修改”按钮，则用来修改原有的表格样式。

(2) 以修改表格样式为例。单击“修改”按钮，进入“修改表格样式”对话框，如图 11.8 所示。对话框中主要包括“数据”“列标题”“标题”三个选项卡，每个选项卡中都可对单元特性(包括文字样式、高度、颜色、对齐方式及格式等)、边框特性(包括表格边框的样式、线宽及颜色)、表格方向和单元边距等信息进行设置，并能够观察到实时预览效果。

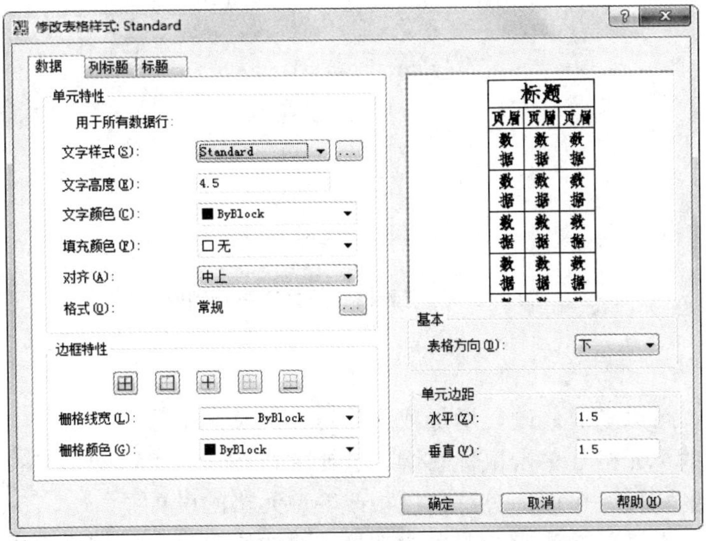

图 11.8 “修改表格样式”对话框

2. 创建表格

调用方法：
命令：TABLE
菜单：绘图→表格
工具栏：单击绘图工具栏中的“表格”图标
操作步骤：
(1) 激活表格命令后，进入“插入表格”对话框，如图11.9所示。

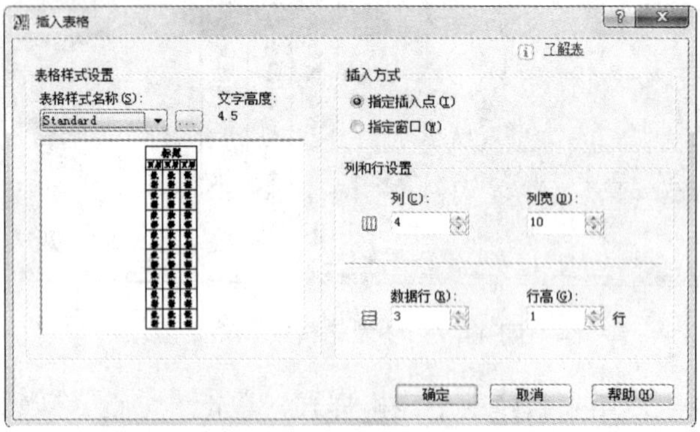

图11.9 “插入表格”对话框

(2) 在“插入表格”对话框中进行相应的设置后，单击“确定”按钮，系统在指定的插入点或窗口自动插入一个空表格，并显示多行文字编辑器，用户可以逐行逐列输入相应的文字或数据，如图11.10所示。

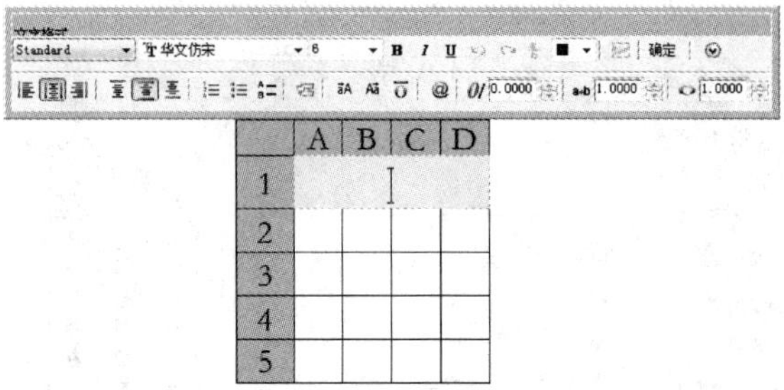

图11.10 空表格和多行文字编辑器

3. 编辑表格

表格制成后，可以随时修改，增加或删除行、列及文字等。
(1) 在选中的单元格处单击鼠标右键，选择“特性”选项，弹出“特性”选项板，显示了当前单元格的特性，可以通过该选项板改变单元格的设置。
(2) 单击鼠标右键，在弹出的菜单中选择需要的修改命令。用户也可以单击表格上的任意网格线以选中表格，利用夹点来修改表格的高度和宽度。

(3) 双击鼠标左键可以修改单元格的文本内容。

例 11-4：创建如图 11.11 所示的空白表格。

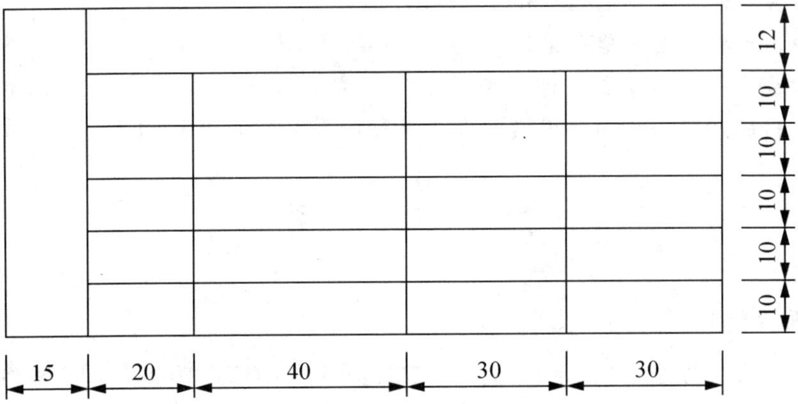

图 11.11　空白表格

(1) 修改表格样式，取消标题和列标题，如图 11.12(a)所示。

(2) 激活表格命令后，进入“插入表格”对话框，进行如图 11.12(b)所示的设置。数据行数为 6，行高为 1；数据列数为 13，列宽为 10。

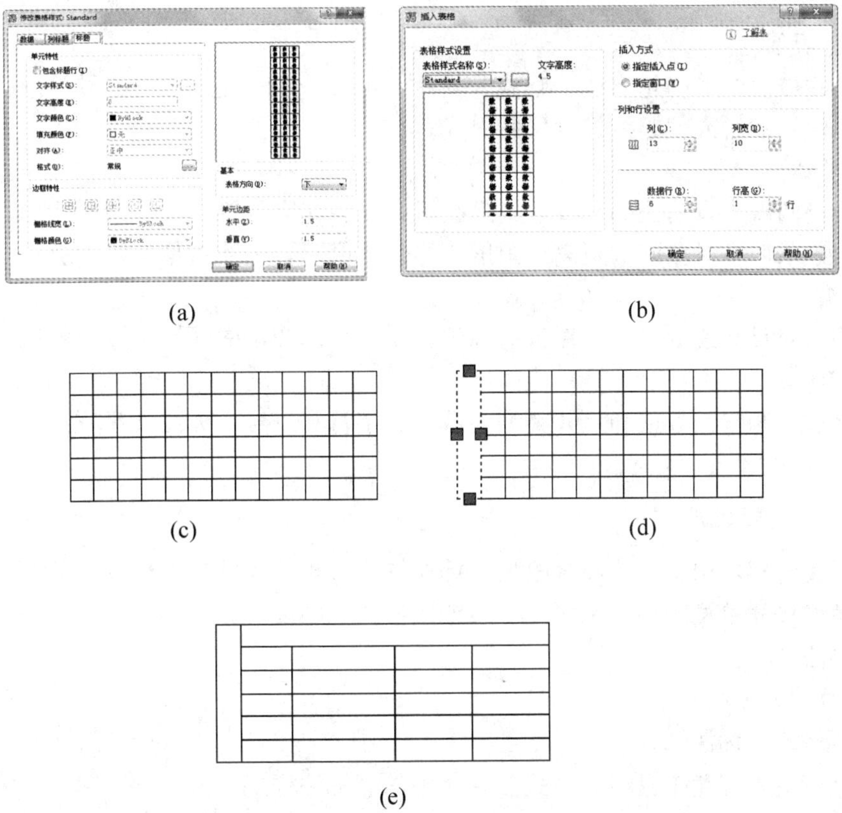

图 11.12　创建、编辑表格

(3) 单击“确定”按钮，在绘图窗口插入空白表格，如图11.12(c)所示。

(4) 在表格内按住鼠标左键并拖动鼠标光标，选中最左一列的所有单元格，单击右键，选择“合并单元→全部”，如图11.12(d)所示。

(5) 同理，可将相应的单元格进行合并，如图11.12(e)所示。

(6) 选中最左一列，单击鼠标右键，选择“特性”，在“特性”对话框中设置列宽为12，其他单元格的列宽和行高也用这种办法进行设置，结果如图11.12(e)所示。

11.3 标　　注

1. 尺寸标注简介

尺寸标注由尺寸界线、尺寸线、箭头、文字四部分组成，如图11.13所示。

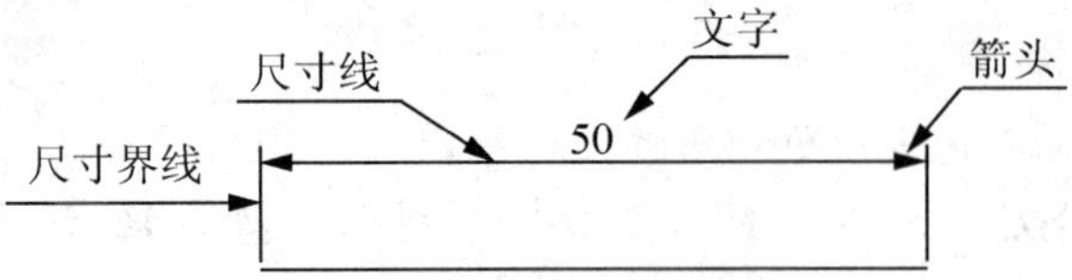

图11.13　尺寸标注组成

1) 尺寸界线

尺寸界线应自图形的轮廓线、轴线、对称中心线引出，它是垂直于尺寸线的直线段，有时用物体的轮廓线或中心线代替尺寸界线。

2) 尺寸线

尺寸线是两端带有箭头的直线段或弧线段，标注文字可置于尺寸线的上方或尺寸线的断开处，它表示两个对象间的距离或角度。标注角度时，尺寸线是一段圆弧。

3) 箭头

箭头用来对尺寸线的首、末端进行标识，用于指出测量的开始位置和结束位置。

4) 文字

文字是表明测量的数值和尺寸类型的数字、字符和符号。标注文字样式通常与当前的文字样式相一致。

2. 标注样式管理器

标注样式管理器用于创建和修改尺寸标注样式、预览尺寸标注样式、管理主单位、换算单位和角度尺寸单位的格式和精度、公差的格式和精度等。

调用方法：

命令：DIMSTYLE

菜单：格式→标注样式

工具栏：单击标注工具栏或样式工具栏中的“标注样式”图标

调用标注样式管理器后，可在其对话框中创建新的标注样式，或对已有的标注样式进行更改(图11.14)。

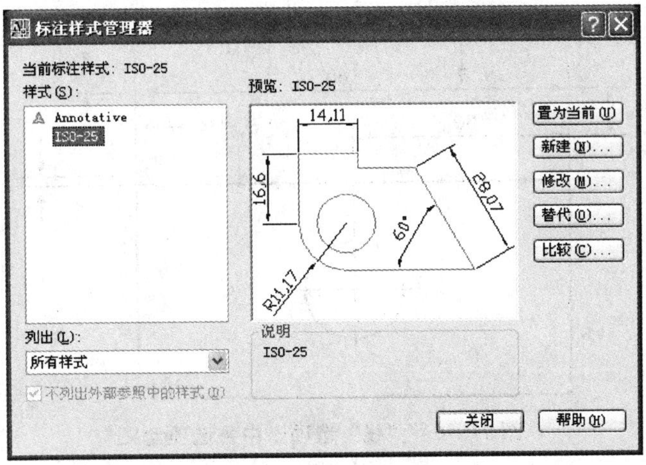

图 11.14　标注样式管理器

在“新建标注样式”对话框中有 7 个选项卡，包括“线”“符号和箭头”“文字”“调整”“主单位”“换算单位”“公差”。

(1)“线”选项卡：用于设置尺寸线、尺寸界线的样式，如图 11.15 所示。各选项含义如图 11.16 所示。

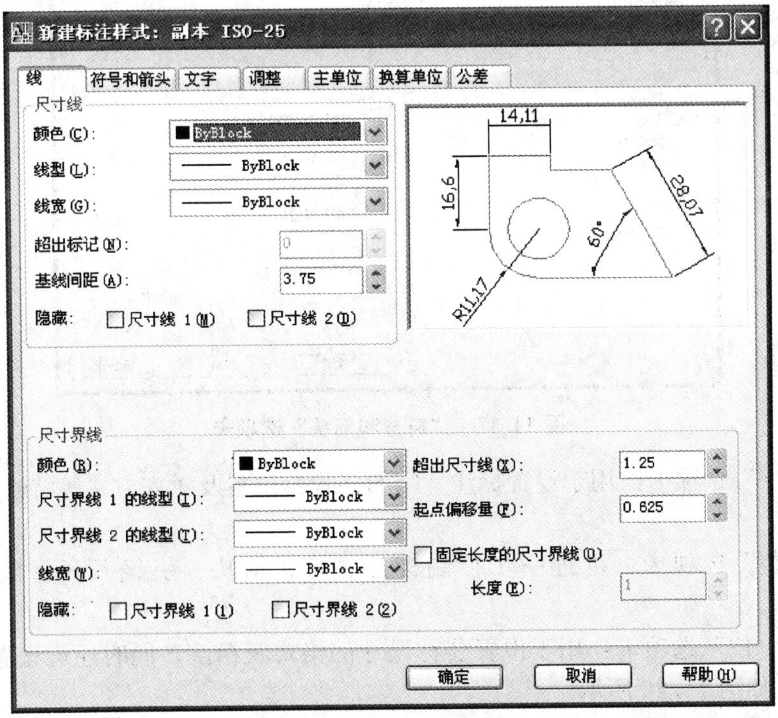

图 11.15　“线”选项卡

(2)“符号和箭头”选项卡：用于设置箭头大小与形状、弧长符号、半径标注折弯角度、圆心标记的格式和特点，如图 11.17 所示。

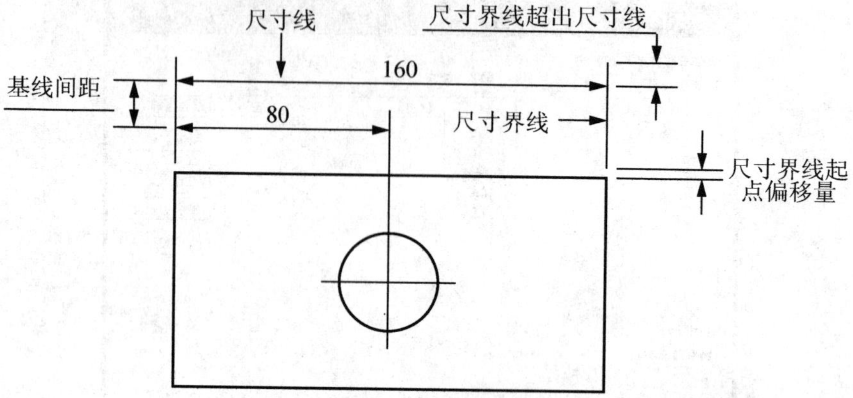

图 11.16 “线”选项卡中各选项含义

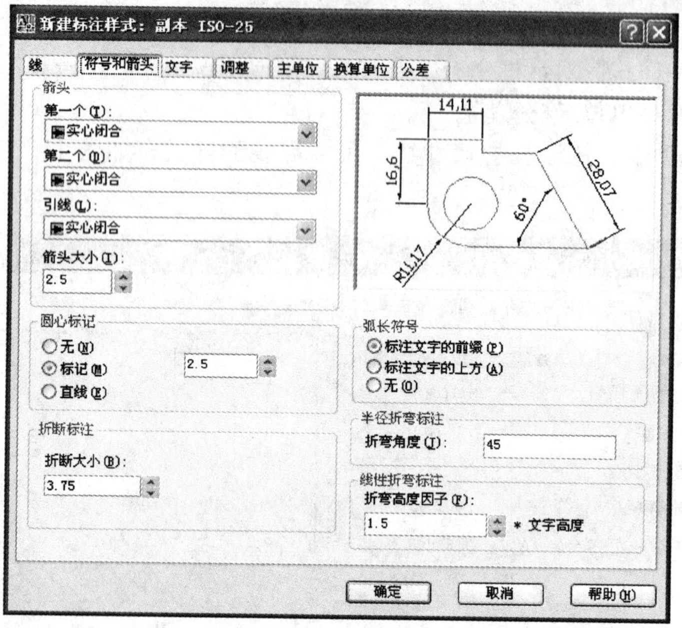

图 11.17 “符号和箭头”选项卡

(3)“文字”选项卡：用于设置标注文字的格式、位置及对齐方式等特性，如图 11.18 所示。

(4)“调整”选项卡：可进一步控制标注文字、箭头、引线及尺寸线的放置，如图 11.19 所示。

(5)“主单位”选项卡：用于设置公称尺寸的格式及精度，同时还可设置标注文字的前缀和后缀，如图 11.20 所示。

(6)“换算单位”选项卡：用于设置替代单位的格式和精度。

(7)“公差”选项卡：可设置公差的显示及格式。

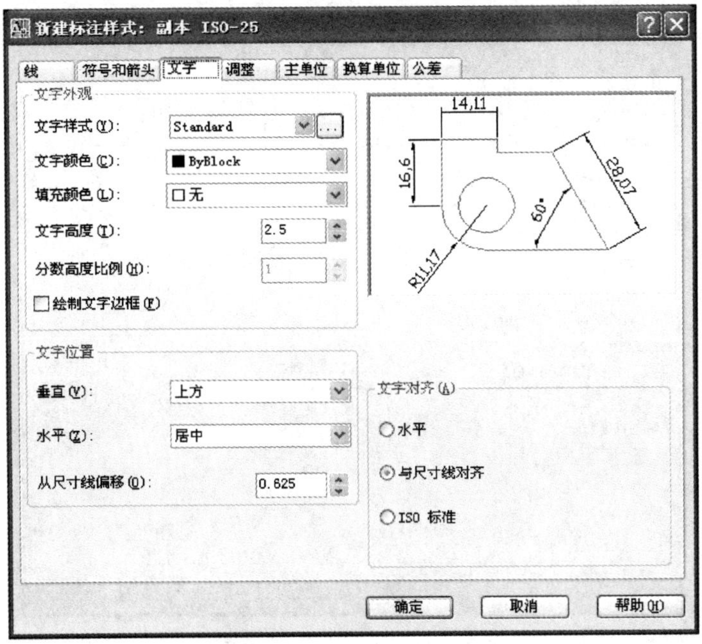

图 11.18 “文字”选项卡

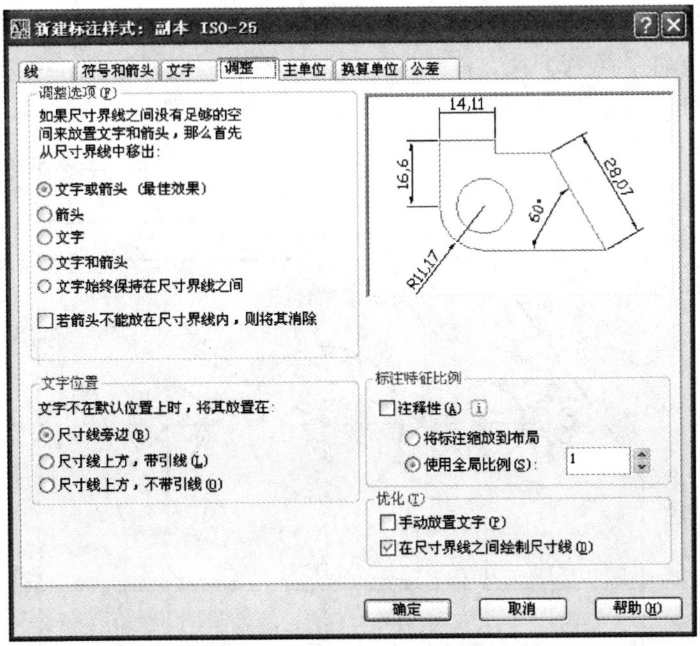

图 11.19 “调整”选项卡

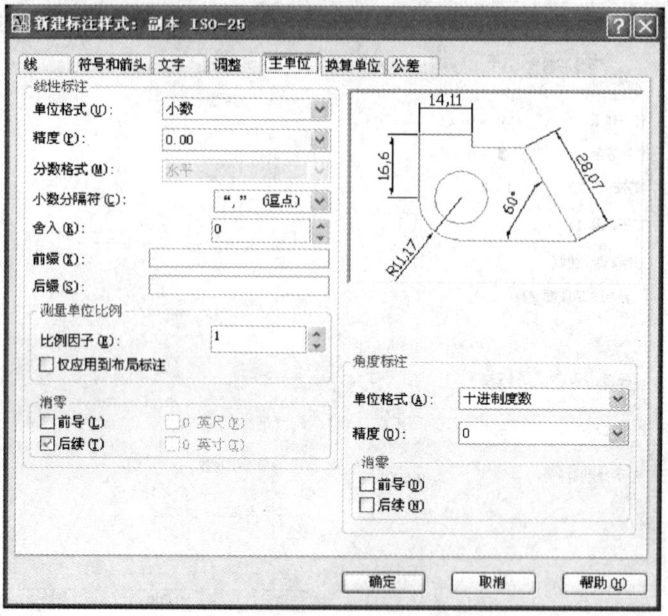

图 11.20 “主单位”选项卡

3. 尺寸标注

在 AutoCAD 中尺寸标注的类型包括：线性标注、对齐标注、角度标注、直径标注、半径标注、弧长标注、折弯标注、连续标注、基线标注、坐标标注、引线标注和绘圆心标记等，如图 11.21 所示。

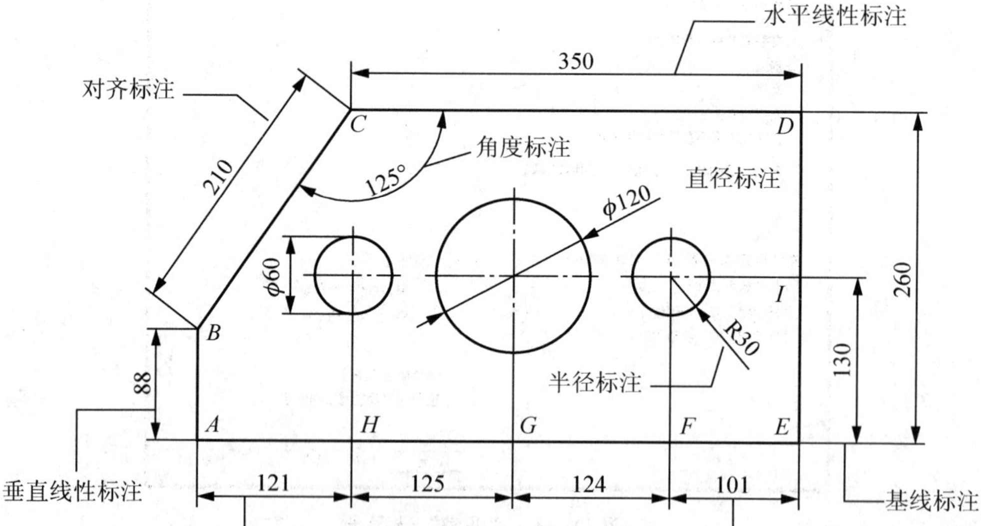

图 11.21 尺寸标注的类型

调用方法：
命令：
线性标注：DIMLINEAR
对齐标注：DIMALIGNED
连续标注：DIMCONTINUE
基线标注：DIMBASELINE
角度标注：DIMANGULAR
弧长标注：DIMARC
直径标注：DIMDIAMETER
半径标注：DIMRADIUS
折弯标注：DIMJOGGED
引线标注：LEADER
坐标标注：DIMORDINATE
绘圆心标记：DIMCENTER
菜单：标注→相应选项(图 11.22)
工具栏：单击标注工具栏中的相应图标(图 11.23)

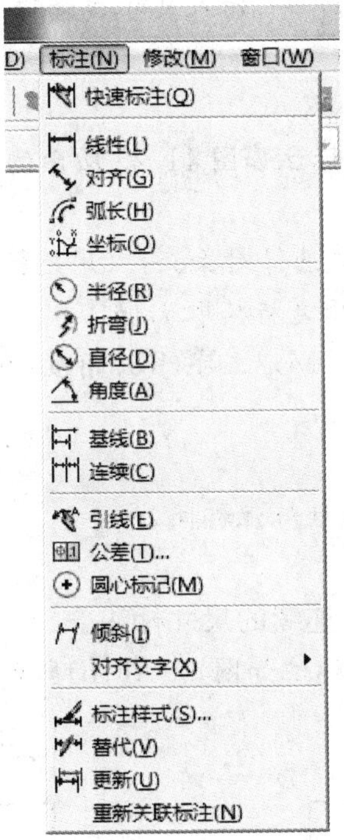

图 11.22　标注菜单

图 11.23　标注工具栏

1）线性标注

标注长度方向的尺寸，包括水平尺寸、垂直尺寸和旋转尺寸等。但最多的应用还是用它来标注水平尺寸和垂直尺寸。

例 11-5：使用线性标注命令标注如图 11.24 所示的尺寸。

命令：dimlinear

指定第一条尺寸界线原点或 <选择对象>：(用光标拾取 A 点)

指定第二条尺寸界线原点：(用光标拾取 B 点)

指定尺寸线位置或［多行文字(M)/文字(T)/角度(A)/水平(H)/垂直(V)/旋转(R)］：(用光标指定尺寸线的位置)

标注文字＝20

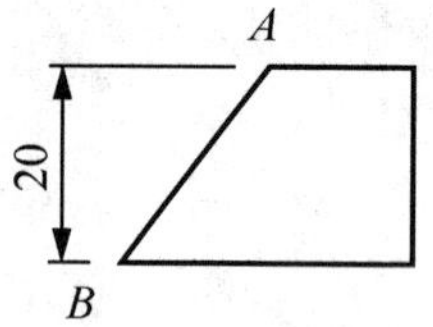

图 11.24　线性标注

命令行中其他选项说明：

多行文字(M)——在尺寸线上输入多行文本。

文字(T) ——在尺寸线上输入单行文本。

角度(A) ——指定标注文字的角度。

水平(H) ——指定水平标注方式。

垂直(V) ——指定垂直标注方式。

旋转(R) ——输入尺寸线旋转角度。

2）对齐标注

标注任意角度的两点之间的距离。

例 11-6：使用对齐标注命令标注如图 11.25 所示的尺寸。

命令：dimaligned

指定第一条尺寸界线原点或 <选择对象>：(用光标拾取 A 点)

指定第二条尺寸界线原点：(用光标拾取 B 点)

指定尺寸线位置或［多行文字(M)/文字(T)/角度(A)］：(用光标指定尺寸线的位置)

标注文字＝25

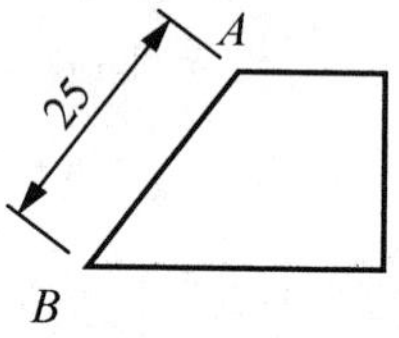

图 11.25　对齐标注

命令行中其他选项的含义与线性标注相同。

3）连续标注

系统自动接续前一个标注进行连续的尺寸标注。

例 11-7：使用连续标注命令标注如图 11.26(b)所示的尺寸。

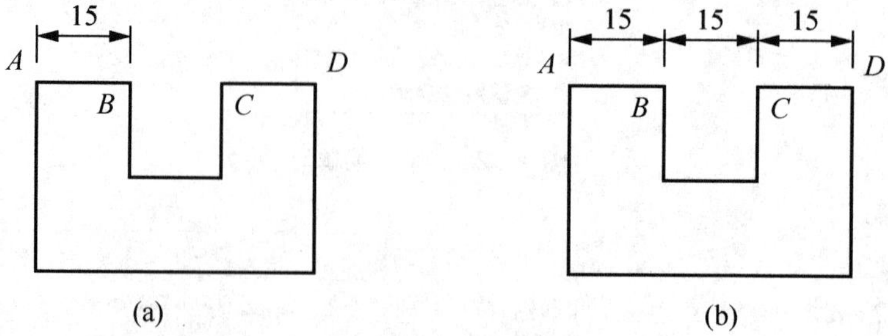

(a)　　(b)

图 11.26　连续标注

先用线性标注命令标注第一个尺寸，如图 11.26(a)所示，然后再调入继续标注命令。

命令：dimcontinue

指定第二条尺寸界线原点或［放弃(U)/选择(S)］<选择>：(用光标拾取 C 点)

标注文字＝15

指定第二条尺寸界线原点或［放弃(U)/选择(S)］<选择>：(用光标拾取 D 点，并按 Enter 键结束命令)

标注文字＝15

命令行中其他选项说明：

选择(S)——重新指定用来接续的上一个标注。

4）基线标注

所有的尺寸都以一条边线为基准的一种标注方式。

例 11－8：使用基线标注命令标注如图 11.27(b)所示的尺寸。

先用线性标注命令标注第一个尺寸，如图 11.27(a)所示，然后再调入基线标注命令。

命令：dimbaseline

指定第二条尺寸界线原点或［放弃(U)/选择(S)］<选择>：(用光标拾取 C 点)

标注文字＝30

指定第二条尺寸界线原点或［放弃(U)/选择(S)］<选择>：(用光标拾取 D 点，并按 Enter 键结束命令)

标注文字＝45

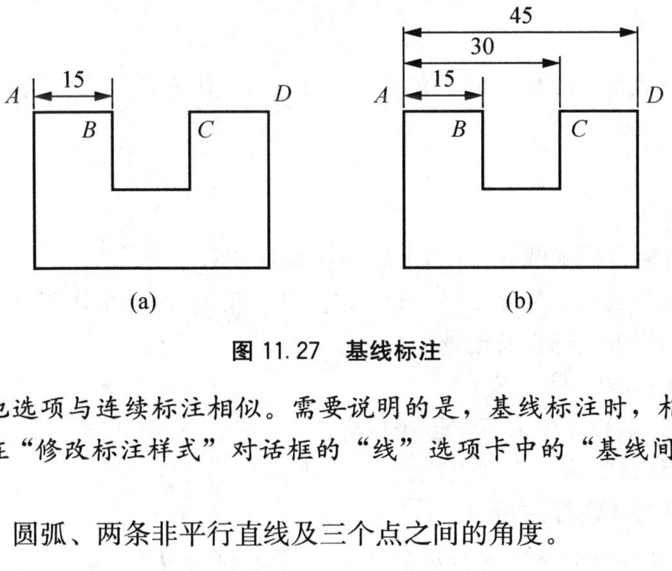

图 11.27　基线标注

命令行中其他选项与连续标注相似。需要说明的是，基线标注时，相邻两个标注尺寸线间的间距需要在“修改标注样式”对话框的“线”选项卡中的“基线间距”进行设置。

5）角度标注

用于标注圆、圆弧、两条非平行直线及三个点之间的角度。

命令格式：

命令：dimangular

选择圆弧、圆、直线或〈指定顶点〉：(选择要进行角度标注的对象)

选项说明：

如果选择的对象是直线，则通过指定的两条直线来标注其角度，如图 11.28(a)所示。

如果选择的对象是圆弧，则以圆弧中心作为角度的顶点，以圆弧的两个端点作为角度的端点，来标注弧的交角，如图 11.28(b)所示。如果选择的对象是圆，则以圆心作为角度的顶点，以圆周上指定的两个点作为角度的端点，来标注弧的交角，如图 11.28(c)所示。如果选择的对象是三个点，则先以第一个点为角度的顶点，再以另外两点作为角度的端点，来标注弧的交角，如图 11.28(d)所示。

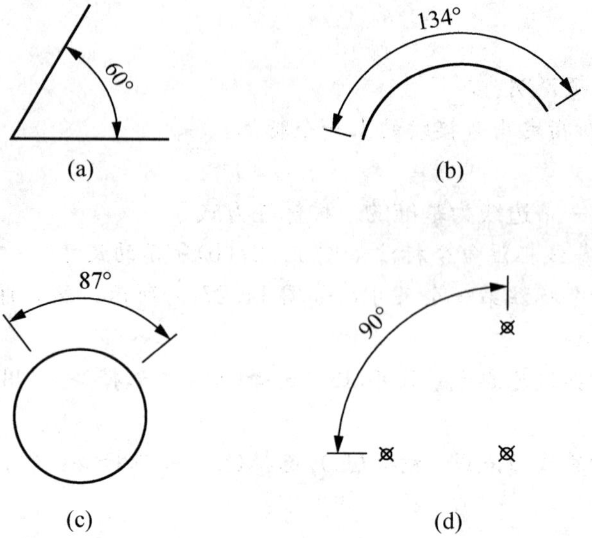

图 11.28　角度标注

6）弧长标注

用于标注圆弧或多段线弧线段上的距离。在默认情况下，弧长标注将显示一个圆弧符号。

命令格式：

命令：dimarc

选择弧线段或多段线弧线段：(指定要标注弧长的对象)

指定弧长标注位置或[多行文字(M)/文字(T)/角度(A)/部分(P)/引线(L)]：(指定弧长标注尺寸线的位置或选择其他选项)

命令行中其他选项说明：

部分(P)——选取弧线中的某一段进行标注。

引线(L)——在弧长标注中加引线。

其他选项含义与线性标注相同。

例 11-9：使用弧长标注命令标注如图 11.29(b)所示的尺寸。

命令：dimarc

选择弧线段或多段线弧线段：(指定圆弧)

指定弧长标注位置或[多行文字(M)/文字(T)/角度(A)/部分(P)/引线(L)]：P

指定圆弧长度标注的第一个点：(用光标拾取 A 点)

指定圆弧长度标注的第二个点：(用光标拾取 B 点)

指定弧长标注位置或［多行文字(M)/文字(T)/角度(A)/部分(P)/］：(用光标指定尺寸线的位置)

标注文字＝20.48

图 11.29 弧长标注

7）直径标注

用于创建圆或圆弧的直径标注。

命令格式：

命令：dimdiameter

选择圆弧或圆：(指定要标注的圆弧或圆)

指定尺寸线位置或［多行文字(M)/文字(T)/角度(A)］：(指定尺寸线位置，其他选项含义与线性标注相同)

8）半径标注

用于创建圆或圆弧的半径标注。

命令格式：

命令：dimradius

选择圆弧或圆：(指定要标注的圆弧或圆)

指定尺寸线位置或［多行文字(M)/文字(T)/角度(A)］：(指定尺寸线位置，其他选项含义与线性标注相同)

9）折弯标注

折弯标注就是折弯半径标注，可以另外指定一个点来替代圆心，以此来代替半径标注中圆或圆弧的中心点。在某些图纸当中，需要对较大的圆弧进行标注，当大圆弧的圆心在图纸之外时，就要用到折弯标注，如图 11.30 所示。

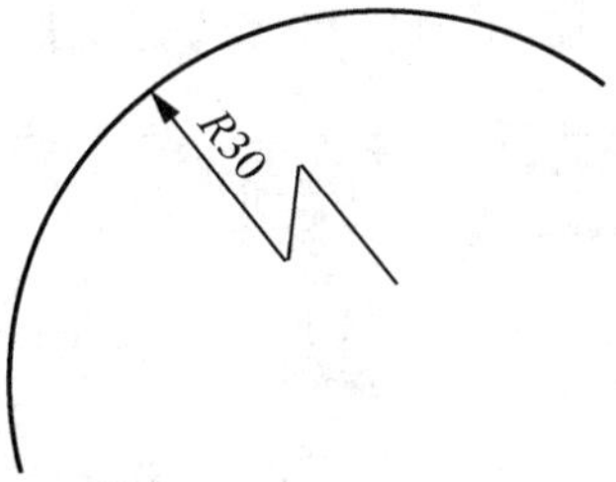

图 11.30 折弯标注

命令格式：

命令：dimjogged

选择圆弧或圆：(指定要标注的圆弧或圆)

指定中心位置替代：(指定中心替代位置)

指定尺寸线位置或[多行文字(M)/文字(T)/角度(A)]：(指定尺寸线位置，其他选项含义与线性标注相同)

指定折弯位置：(指定折弯位置)

10）引线标注

引线标注在工程图纸中用于对某些图形进行文字说明或注释。

命令格式：

命令：qleader

指定第一个引线点或[设置(S)]<设置>：(指定引线标注中箭头的所在点或输入S进入“引线设置”对话框进行引线设置)

指定下一点：(指定引线的转折点)

指定下一点：(指定引线的端点)

指定文字宽度<0>：(指定文字宽度)

输入注释文字的第一行<多行文字(M)>：(输入文本，按Enter键结束命令)

“引线设置”对话框主要功能如下。

“注释”选项卡：可以设置引线注释的类型、设置多行文字特性及选择是否重复使用注释等，如图11.31所示。

“引线和箭头”选项卡：此选项卡用于设置引线和箭头的格式，如图11.32所示。

“附着”选项卡：此选项卡用于设置引线与注释的位置关系，如图11.33所示。

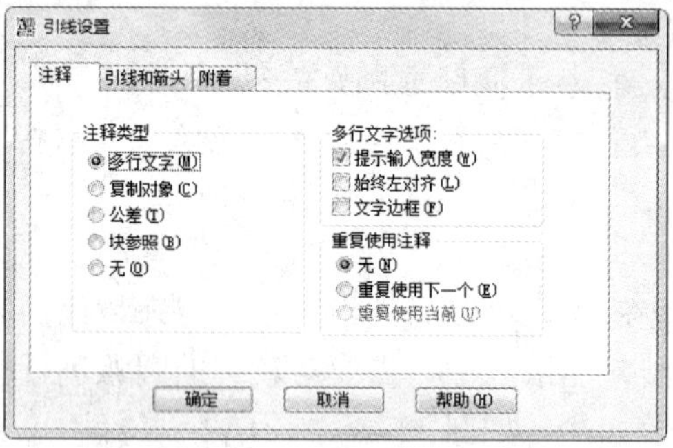

图11.31 “注释”选项卡

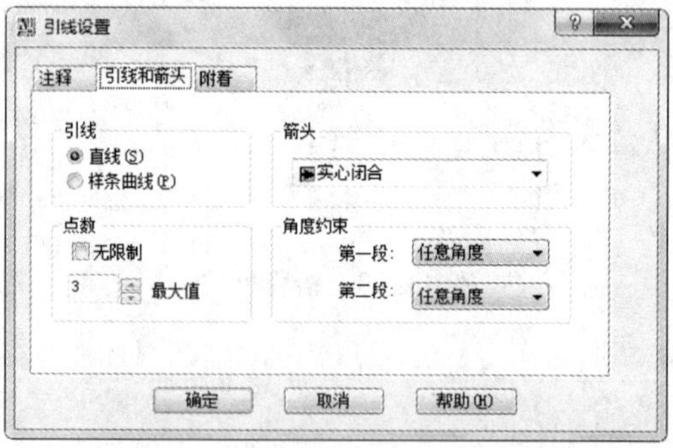

图11.32 “引线和箭头”选项卡

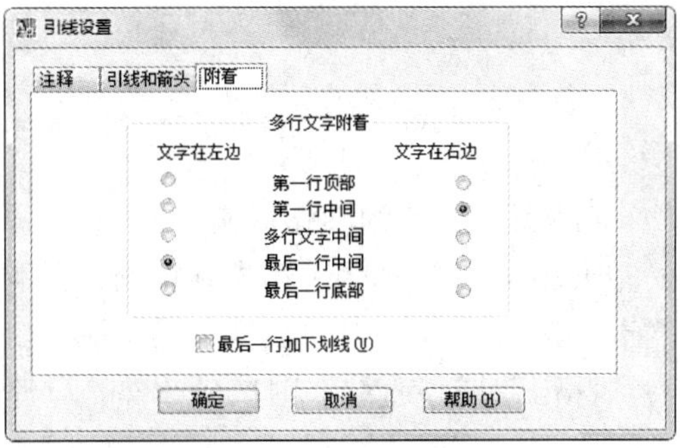

图 11.33 “附着”选项卡

图 11.34(a)为“注释”选项卡中多行文字带边框的标注效果，图 11.34(b)为“附着”选项卡中设置“最后一行加下划线”的标注效果。

(a) 多行文字带边框　　(b) 多行文字最后一行加下划线

图 11.34 引线标注设置

11）坐标标注

用于标注相对于坐标原点的坐标，坐标标注由 X 值或 Y 值和引线组成，如图 11.35 所示。

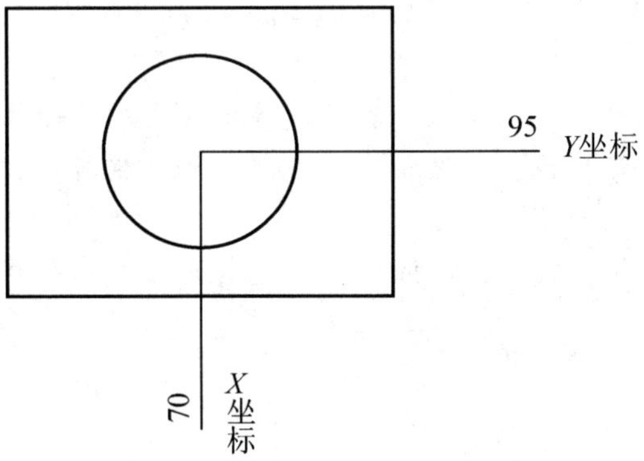

图 11.35 坐标标注

命令格式：

命令：dimordinate

指定点坐标：(指定要标注坐标的点)

指定引线端点或［X 基准(X)/Y 基准(Y)/多行文字(M)/文字(T)/角度(A)］：(指定引线端点或选择其他选项)

12）绘圆心标记

用于在圆弧或圆上标记圆心。

命令格式：

命令：dimcenter

选择圆弧或圆：(指定要标注圆心标记的圆弧或圆)

说明：圆心标记的样式和大小可以在“标注样式管理器”的修改或新建标注样式对话框中的“符号和箭头”选项卡中进行设置。当圆心标记设置为“无”时，则无法再绘制圆心标记，当圆心标记设置为“标记”或“直线”时的效果如图 11.36 所示。

(a) 圆心标记设置为“标记”　　(b) 圆心标记设置为“直线”

图 11.36　绘圆心标记

本章小结

(1) 在 AutoCAD 中绘制文字、表格和标注时，首先要设置合适的文字样式、表格样式及标注样式。

(2) 单行文字是按指定的文字样式、位置和角度绘制一行或多行文字。多行文字是以段落的方式处理所输入的文字。相比较于单行文字而言，多行文字命令为设置多行文字实体的整体格式和选择文字的字符格式提供了快捷、方便的方法。图形中比较长或比较复杂的文字，可以使用多行文字命令进行输入。

(3) 在 AutoCAD 中尺寸标注的类型包括：线性标注、对齐标注、角度标注、直径标注、半径标注、弧长标注、折弯标注、连续标注、基线标注、坐标标注、引线标注和绘圆心标记等。

(4) 对于已经创建完毕的文字、表格和标注，它们的内容和格式都是可以进行编辑修改的。

第12章

块与块属性

教学目标

掌握创建内部块和外部块的方法；掌握在图形中插入块的方法；掌握块属性的定义方法。

教学要求

知识要点	能力要求	权重
创建图块	1. 了解内部块和外部块的概念及二者之间的区别； 2. 掌握创建内部块和外部块的方法； 3. 能熟练地在 AutoCAD 中创建内部块和外部块	50%
插入图块	1. 掌握在图形中插入图块的方法； 2. 掌握插入图块时的参数设置方法	20%
带属性的图块	1. 了解块属性的概念； 2. 掌握块属性的定义方法； 3. 会创建带属性的图块，并熟练运用于工程图中	30%

12.1 创建图块

图块指一个或多个图形对象的集合，是一个整体。在该图形单元中，各实体可以具有各自的图层、线型、颜色等特征。在应用过程中，CAD将图块作为一个独立的、完整的对象来操作。用户可以根据需要按一定比例和角度将图块插入到任一指定位置。图块通常用于绘制复杂、重复的图形。

1. 创建内部块

定义图块就是将图形中选定的一个或多个图形对象组合成一个整体，对其命名保存，并在以后使用过程中将它视为一个独立、完整的对象进行调用和编辑。

调用方法：

命令：BLOCK

菜单：绘图→块→创建

工具栏：单击绘图工具栏中的“创建块”图标

使用BLOCK命令创建的图块常被称为内部图块，跟随定义它的图形文件一起保存，即图块保存在图形文件内部。内部图块一般用于在该图形文件中调用。

激活BLOCK后，打开“块定义”对话框，如图12.1所示。通过该对话框即可创建图块。

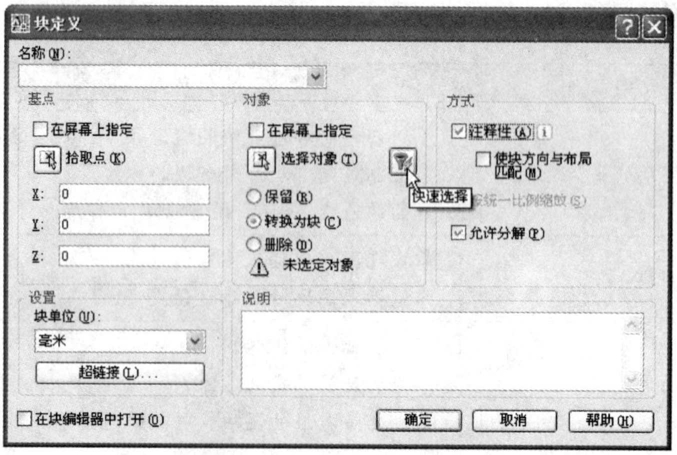

图12.1 “块定义”对话框

对话框中各选项含义如下。

(1)“名称”列表框：为图块定义一个名称。块名称保存在当前图形中。

(2)“基点”选项组：用于指定图块的插入基点，若未指定基点，系统默认为坐标原点。

(3)“对象”选项组：单击其中的“选择对象”按钮(或“快速选择”按钮)用于指定组合图块的对象。在该栏中还有三个单选项，其含义如下。

保留——当创建图块后保留源对象，即不改变定义图块源对象的任何参数。

转换为块——当创建图块后，将源对象自动转换为图块。

删除——当创建图块后，自动删除源对象。

(4)“设置”选项组。

块单位——指定块参照插入单位，通常为毫米，也可以选择其他单位。

超链接——单击该按键将打开“插入超链接”对话框，用于为定义的图块设定一个超链接。

(5)“方式”选项组：用于指定块的行为，有下列几个选项。

注释性——选择该项可以创建注释性块参照。注释性块参照和属性支持插入它们时的当前注释比例。

使块方向与布局匹配——指定在图纸空间视口中的块参照的方向与布局的方向匹配。如果未选择“注释性”选项，则该选项不可用。

按统一比例缩放——用于确定图块缩放时是否按统一比例。如果选择“注释性”选项，则该选项不可用。

允许分解——用于选择是否可用“分解”命令来分解图块。

(6)说明——用于给图块添加说明信息。

(7)在块编辑器中打开——用于确定当创建块后，是否在块编辑器中打开图块进行编辑。

例 12-1：通过定义块命令将图 12.2 所示的图形创建成块，名称为“水准点”。

激活定义块命令，打开“块定义”对话框。在对话框的“名称”列表框中输入图块的名称为“水准点”。单击“对象”选项组中的“选择对象”按钮，在绘图窗口中选择图形，此时图形呈现被选中状态，按 Enter 键退出选择对象。在“块定义”对话框中，单击“基点”选项组中的“拾取点”按钮，在绘图窗口中选择圆心作为图块的插入基点。单击“确定”按钮，即可创建“水准点”图块，如图 12.3 所示。

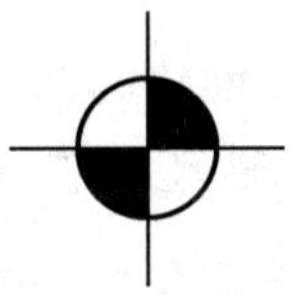

图 12.2 水准点

图 12.3 创建“水准点”图块

2. 写块(创建外部块)

调用方法：

命令：WBLOCK

执行 WBLOCK 命令后，系统将打开“写块”对话框(图 12.4)。通过该对话框即可将已定义的图块或所选定的对象以文件的形式保存在磁盘上。

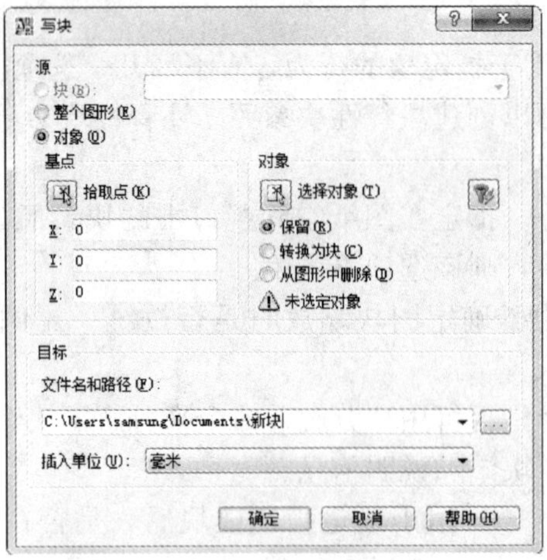

图 12.4 “写块”对话框

使用 BLOCK 命令创建的图块是保存在图形文件内部，它不是一个单独的文件，一般不能被应用到其他图形文件中。而使用 WBLOCK 命令，则可以将图块保存为一个单独的文件，该文件可以被任何图形文件所使用。

对话框中各选项含义如下。

(1) 源选项组：用于选择创建块文件的对象。

块——用于从下拉列表中选择一个已定义的块名。

整个图形——将绘图区中所有图形保存为图块。

对象——以用户选定的图形对象作为图块保存。

(2) 基点选项组：与“块定义”对话框相同。

(3) 对象选项组：与“块定义”对话框相同。

(4) 文件名和路径：指定写块文件名及块文件的保存路径。

12.2 插入块

在绘图过程中，若需要应用图块时，可以利用“插入块”命令将已创建的图块插入到当前图形中。在插入图块时，用户需要指定图块的名称、插入点、缩放比例和旋转角度等。

调用方法：

命令：INSERT

菜单：插入→块

工具栏：单击绘图工具栏中的“插入块”图标

激活插入块命令后，可以打开“插入”对话框，如图 12.5 所示，其中主要选项说明如下。

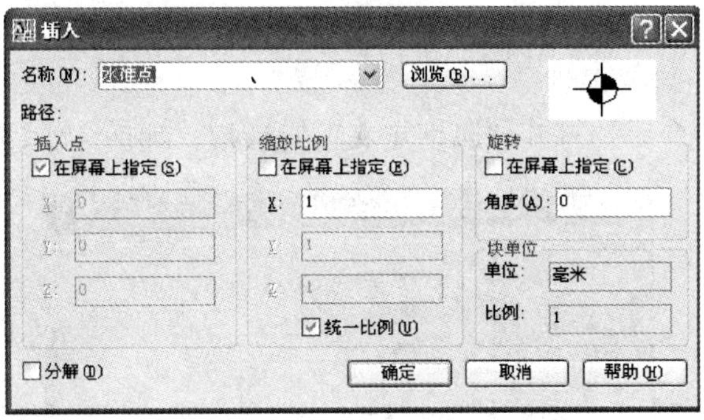

图 12.5 “插入”对话框

对话框中各选项含义如下。

(1)“名称”列表框：用于输入或选择需要插入的图块名称。

若需要使用外部块(即利用“写块”命令创建的图块)，可以单击“浏览”按钮，在弹出的“选择图形文件”对话框中选择相应的图块文件，单击“确定”按钮，即可将该文件中的图形作为块插入到当前图形中。

(2)“插入点”选项：用于指定块的插入点。选中“在屏幕上指定”复选框，可以用鼠标在绘图区域中拾取块的插入点。还可以在 X、Y、Z 文本框中直接输入坐标值。

(3)“缩放比例”选项：用于指定插入块的比例。用户可以利用鼠标在绘图窗口中指定块的缩放比例，也可以直接在 X、Y、Z 文本框中输入块在 3 个方向上的比例，如果指定 X、Y、Z 比例因子值为负，则插入的块为镜像图形。

(4)“统一比例”选项：若选择该选项，则所插入的块在 X、Y、Z 的比例值是统一的。

(5)“旋转”选项：用于指定插入块的旋转角度。在插入块时，用户可以按照输入的角度旋转图块。也可以利用鼠标在绘图窗口中指定块的旋转角度。

(6)“分解”选项：若选择该选项，则插入的块不是一个整体，而是被分解为各个单独的图形对象。

12.3 带属性的图块

图块属性是附加在图块上的文字信息，是块的组成部分。在 AutoCAD 中经常利用图块属性来预定义文字的位置、内容或缺省值等。用户对块添加属性后，每次插入这种带有属性的块时都能输入不同的文字，可以使相同的图块表达不同的信息，这就大大拓展了该图块的通用性。

1. 创建带属性的块

定义带有属性的图块时，需要作为图块的图形与标记图块属性的信息，将这两个部分进行属性的定义后，再定义为图块即可。

调用方法：

命令：ATTDEF

菜单：绘图→块→定义属性

激活 ATTDEF 命令后，打开“属性定义”对话框，如图 12.6 所示。

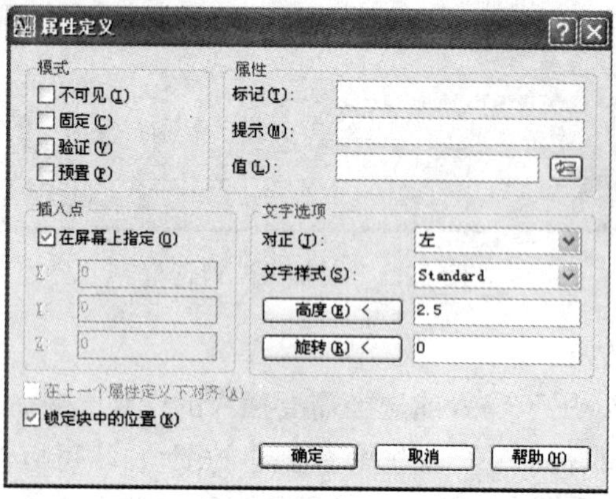

图 12.6 “属性定义”对话框

对话框中各选项含义如下。

(1)“模式”选项组。

不可见——指定插入块时不显示或打印属性值。

固定——在插入块时赋予属性固定值。

验证——插入块时提示验证属性值是否正确。

预置——插入包含预置属性值的块时，将属性设置为默认值。

(2)“属性”选项组。

标记——标识图形中每次出现的属性。可以使用任何字符(空格除外)输入属性标记。

提示——指定在插入包含该属性定义的块时命令行显示的提示。如果不输入提示，属性标记将用作提示。

值——指定默认属性值。

(3)“文字”选项组：定义属性的文本样式。

(4) 锁定块中的位置：锁定块参照中属性的位置。解锁后，属性可以相对于使用夹点编辑的块的其他部分移动，并且可以调整多行属性的大小。

2. 插入带属性的块

带属性的块插入方法与块的插入方法相同，只是在插入结束时，需要指定属性值。具体可按以下步骤进行。

（1）打开一个需要插入块的图形文件，单击绘图工具栏上的插入块按钮，打开“插入”对话框。

（2）单击对话框中的“浏览”，选择已定义好的带属性的图块。

（3）设置插入点、缩放比例和旋转角度。

（4）单击“确定”按钮，然后根据命令行提示，输入所需要的文本信息即可。

例 12-2：按图 12.7 绘制图形，建立属性，创建带属性的块，并插入到当前的文件中。

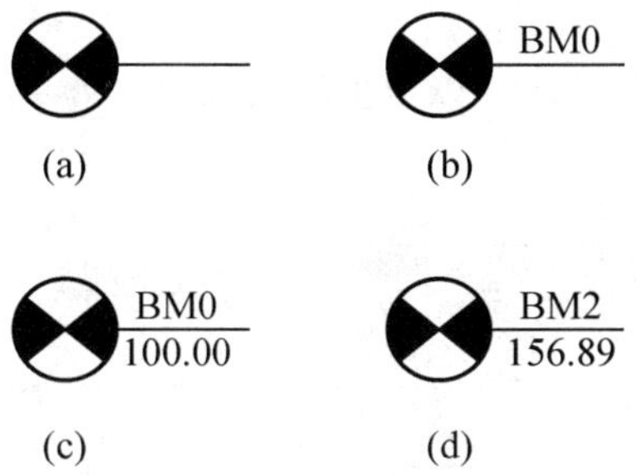

图 12.7 创建和插入带属性的块

操作步骤：

（1）绘制图中所示的水准点符号图形，如图 12.7(a)所示。

（2）输入命令“ATTDEF”，在块属性定义对话框中定义第一个属性，如图 12.7(b)所示。

标记：BM0

提示：输入水准点编号

值：BM0

（3）重复步骤(2)，在块属性定义对话框中定义第二个属性，如图 12.7(c)所示。

标记：100.00

提示：输入高程值

值：100.00

（4）输入命令“Block”，创建块。在块创建对话框中，定义块名为“SZD”；选择对象为包括属性在内的全部图形；基点选择为圆心。

（5）调入插入块命令，打开块插入对话框。在名称栏中选择“SZD”，单击“确定”按钮。

（6）在屏幕上单击插入点，根据提示信息，依次输入高程：156.89 和水准点编号：BM2，如图 12.7(d)所示。

3. 编辑图块的属性

1）编辑属性定义

当创建好属性后，对创建好的属性没有进行块定义时，双击所定义的属性，可以打开“编辑属性定义”对话框，如图 12.8 所示。在该对话框中可以对属性的标记、提示、值 3 个基本要素进行编辑，但是不能对其模式、文字特性等进行编辑。

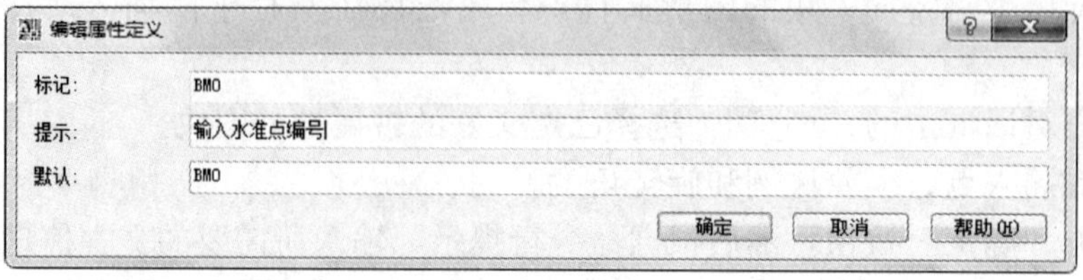

图 12.8　“编辑属性定义”对话框

2）编辑块中的属性

当创建好带有属性的块以后，可以双击图块打开“增强属性编辑器”对话框，对块属性进行编辑，如图 12.9 所示。

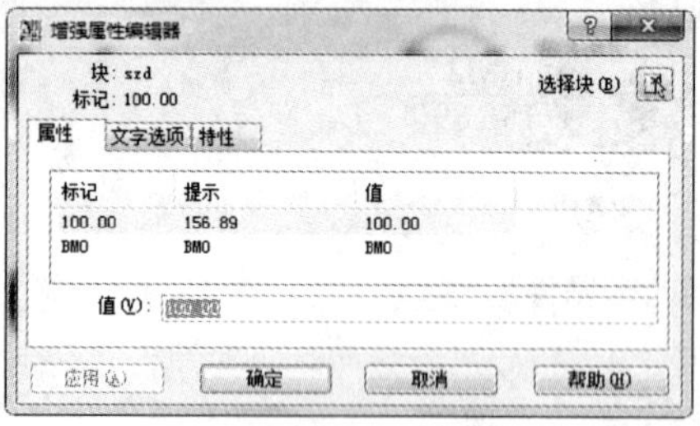

(a)“属性”选项卡

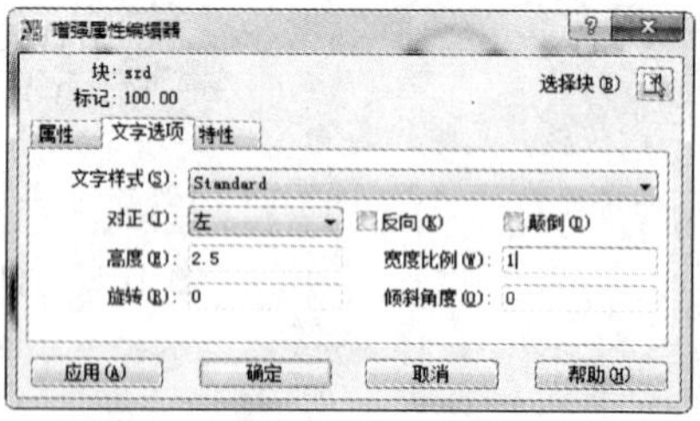

(b)“文字选项”选项卡

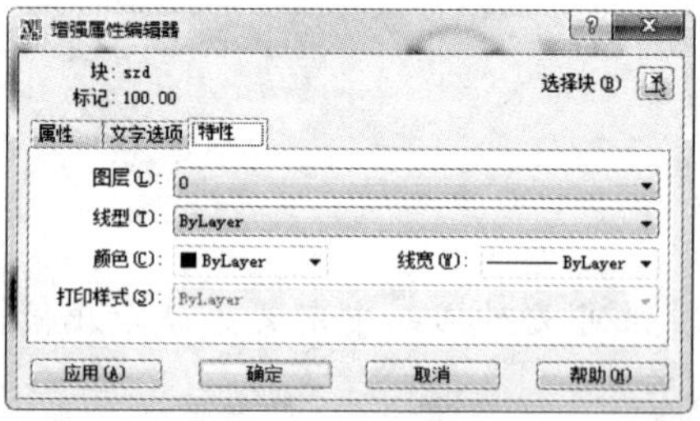

(c)“特性”选项卡

图 12.9　增强属性编辑器

“属性”选项卡：显示图块的属性，如标记、提示以及缺省值，此时用户可以在“值”数值框中修改图块属性的缺省值。

“文字选项”选项卡：可以设置属性文字在图形中的显示方式，如文字样式、对正方式、文字高度、旋转角度等。

“特性”选项卡：可以定义图块属性所在的图层以及线型、颜色、线宽等。

本章小结

（1）图块是一个或多个图形对象的集合，是一个整体。用户可以根据需要按一定比例和角度将图块插入到任一指定位置。图块通常用于绘制复杂、重复的图形。

(2) 使用内部块命令创建的图块保存在图形文件内部，它不是一个单独的文件，一般不能被应用到其他图形文件中。而使用外部块命令，则可以将图块保存为一个单独的文件，该文件可以被任何图形文件所使用。

(3) 图块属性是附加在图块上的文字信息，是块的组成部分。用户对块添加属性后，每次插入这种带有属性的块时都能输入不同的文字，可以使相同的图块表达不同的信息，大大拓展了该图块的通用性。

第 13 章

AutoCAD 设计中心与图形输出

教学目标

掌握设计中心的功能及应用；了解布局的概念；掌握布局的创建与布局的页面设置方法；了解打印参数的设置方法。

教学要求

知识要点	能力要求	权重
AutoCAD 设计中心	1. 了解设计中心的组成及功能； 2. 掌握设计中心的应用	30％
图形输出	1. 了解布局的概念与作用； 2. 掌握布局的创建与布局的页面设置方法； 3. 会使用布局功能进行图形输出设置； 4. 了解打印参数的设置方法	70％

13.1 AutoCAD 设计中心

设计中心是 AutoCAD 提供的一个直观、高效，与 Windows 资源管理器类似的工具。通过它，可浏览、查找或管理 CAD 图形的资源，通过拖放操作，可进行对象的插入，实现已有资源的再利用与共享，提高作图效率。

1. 设计中心启用

命令：ADCENTER

菜单：工具→选项板→设计中心

工具栏：单击标准工具栏中的“设计中心”图标

快捷方式：Ctrl+2

2. 设计中心的组成

当启动“设计中心”后，弹出“设计中心”窗口，如图 13.1 所示。

“设计中心”窗口分为两部分，左边为树状图，右边为内容区。可以在树状图中选择要访问的对象，在内容区中进行浏览。在内容区的下面，可以显示选定的图形、块、填充图案或外部参照的预览或说明。

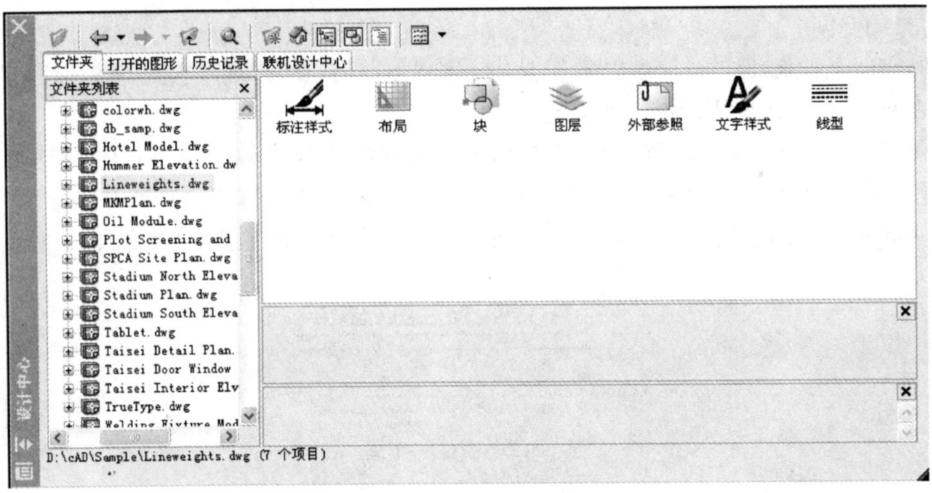

图 13.1 “设计中心”窗口

3. 设计中心的应用

1）利用设计中心打开图形文件

通过设计中心窗口的树状图选定要访问的位置，内容区中将对应显示访问位置的详细内容。找到需要打开的图形文件，按住 Ctrl 键同时将图形文件直接拖到绘图区即可。

2）利用设计中心插入图形文件内容

使用设计中心，用户可以浏览不同的图形文件，并且可以在打开的多个文件之间通过简单的拖放实现图形文件内容的插入。图形文件内容包括图块、文字样式、表格样式、标注样式、图层、布局、线型等。通过设计中心插入文件的方法如下。

(1) 使用鼠标左键，将图形文件或块拖放到当前图形中。

(2) 双击要插入当前图形中的图形文件或块。

3) 利用设计中心浏览图形文件

通过设计中心，用户可以指定搜索条件查找所需要的图形内容。

13.2 图形输出

1. 布局的概念与作用

广义的布局包括模型空间布局和图纸空间布局，狭义的布局单指图纸空间布局。模型空间是用户建立对象模型所在的环境。图纸空间是专门为规划打印布局而设置的一个绘图环境。

1) 模型空间

模型空间是绘图和设计图纸时使用的工作空间，在该空间中可以创建物体的视图模型以及二维或者三维造型，并且可根据需求用多个二维或三维视图来显示物体，同时配有必要的尺寸标注和注释等辅助工具，来完成所需要的全部绘图工作。

2) 布局空间

布局空间又称图纸空间，可以看作是由一张图纸构成的平面。它完全模拟图纸页面，在绘图之前或之后安排图形的输出布局。

模型空间是一个三维坐标空间，主要用于几何模型的构建。而在对几何模型进行打印输出时，则通常在图纸空间中完成。图纸空间就像一张图纸，打印之前可以在上面排放图形。图纸空间用于创建最终的打印布局，而不用于绘图或设计工作，如图13.2所示。

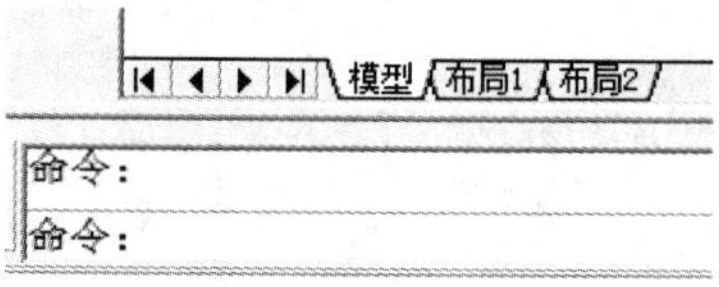

图 13.2 模型和布局

2. 创建布局

1) 使用“布局向导”指定布局设置

调用方法：

命令：LAYOUTWIZARD

菜单：工具→向导→创建布局向导

或：插入→布局→创建布局向导

布局设置步骤：

(1) 激活LAYOUTWIZARD命令，弹出“创建布局”对话框，如图13.3所示。

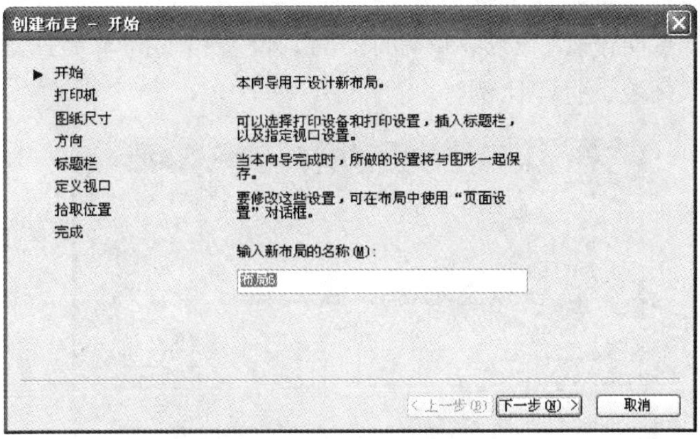

图 13.3　“创建布局”对话框

(2) 在“创建布局 - 开始”对话框中输入一个布局的名称。

(3) 在“创建布局 - 打印机”中选择要使用的打印机。

(4) 在“创建布局 - 图纸尺寸”中指定纸张大小和单位。

(5) 在“创建布局 - 方向”中设置打印方向。

(6) 在“创建布局 - 标题栏”中选择图纸边框和标题。

(7) 在“创建布局 - 定义视口”对话框中指定布局中浮动视口设置和视口比例等相关参数。视口是在图纸空间中查看图形的窗口，相当于在图纸空间上打开一个窗口来观察模型空间。

(8) 在“创建布局 - 拾取位置”对话框中，设置浮动视口位置和大小。

(9) 按照上面的步骤设置布局以后，在“创建布局 - 完成”对话框中，单击“完成”按钮，完成创建新的布局。

2) 使用“来自样板的布局”创建布局

调用方法：

命令：LAYOUT →T

菜单：插入→布局→来自样板的布局

快捷菜单：右击“布局”选项卡，从快捷菜单中选择“来自样板”。

使用“来自样板的布局”创建新布局的步骤如下。

(1) 激活“来自样板的布局”命令。

(2) 在“选择文件”对话框中，选择 .DWT 或 .DWG 文件以从中输入布局。

(3) 单击“打开”按钮。

(4) 在“插入布局”对话框中，选择要输入的布局。

(5) 新布局选项卡即被创建。要切换到新布局，可以单击“布局”选项。

3. 布局的页面设置

在准备打印输出图形前，可以使用布局功能创建多个视图的布局来设置需要输出的图形。

在当前布局的选项卡上单击鼠标右键，然后在弹出的快捷菜单中选择“页面设置管理器”选项，系统将弹出“页面设置管理器”对话框(图 13.4)。在该管理器中单击“修改”按钮，就可以进入“页面设置”对话框(图 13.5)，设置布局的有关选项，包括打印设备、布局纸张大小、打印区域、打印比例等。

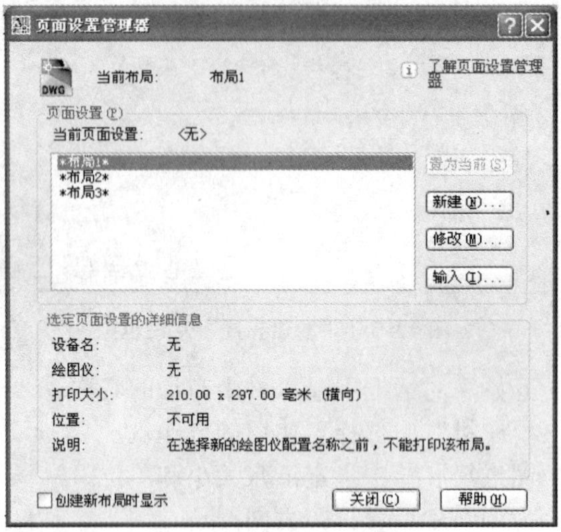

图 13.4　“页面设置管理器”对话框

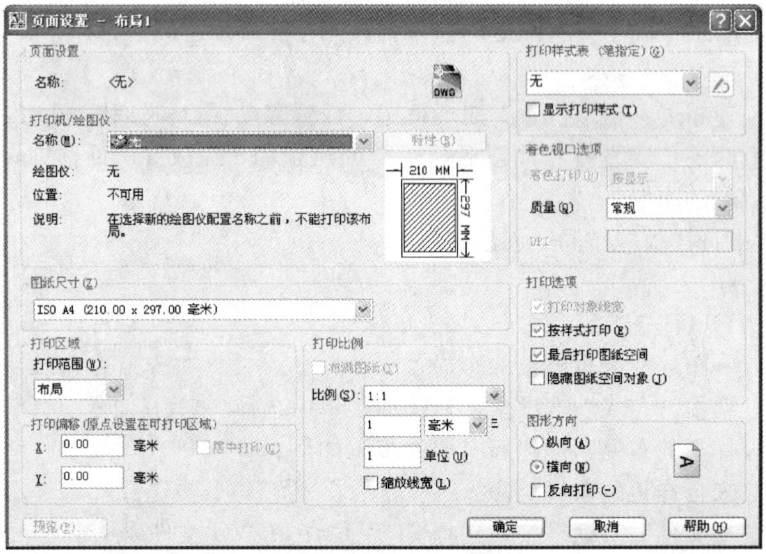

图 13.5　“页面设置”对话框

4. 打印图形文件

用户在完成某个图形绘制后，为了便于观察和实际施工，可将其打印输出到图纸上。在打印的时候，首先要设置打印的一些参数，如选择打印设备、设定打印样式、指定打印区域等，这些都可以通过打印命令调出的对话框来实现。

命令格式：

命令：PLOT

菜单：文件→打印

工具栏：单击标准工具栏上的“打印”图标

激活 PLOT 命令后，系统会打开“打印”对话框(图 13.6)，在该对话框中可以对打印参数进行设置。

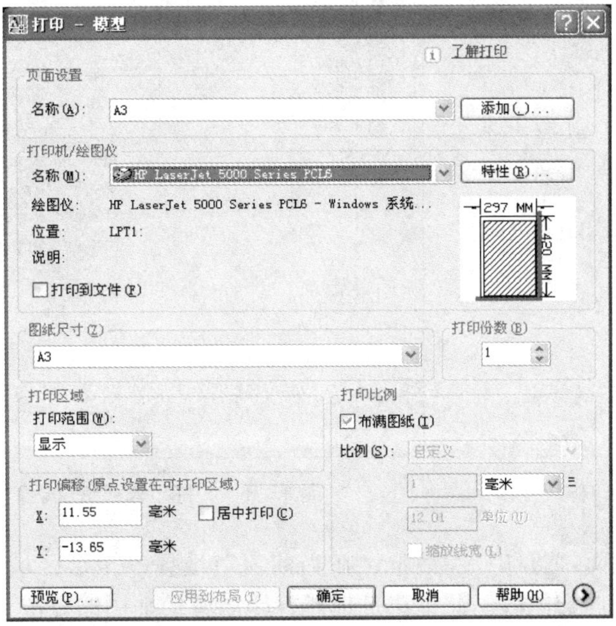

图 13.6 “打印”对话框

1) 打印机/绘图仪

“打印机/绘图仪”栏可以选择用户输出图形所要使用的打印设备。若用户要修改当前打印机配置，可单击名称后的“特性”按钮，打开“绘图仪配置编辑器”对话框，在对话框中可设定打印机的输出设置，如打印介质、图形、自定义图纸尺寸等。

2) 图纸尺寸

用来设置纸张大小。

3) 打印份数

用来设置打印份数。

4) 打印样式表

打印样式用于修改图形打印的外观。图形中每个对象或图层都具有打印样式属性，通过修改打印样式可改变对象输出的颜色、线型、线宽等特性。如图 13.7 所示，在“打印样式表”框中可以指定图形输出时所采用的打印样式，在下拉列表框中有多个打印样式可供用户选择，用户也可单击“编辑”图标对已有的打印样式进行改动，如图 13.8 所示。或在下拉列表框中选择“新建”项设置新的打印样式。

5) 打印区域

“打印区域”栏可设定图形输出时的打印区域，该栏中各选项含义如下。

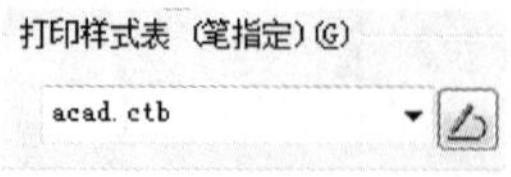

图 13.7　选择打印样式

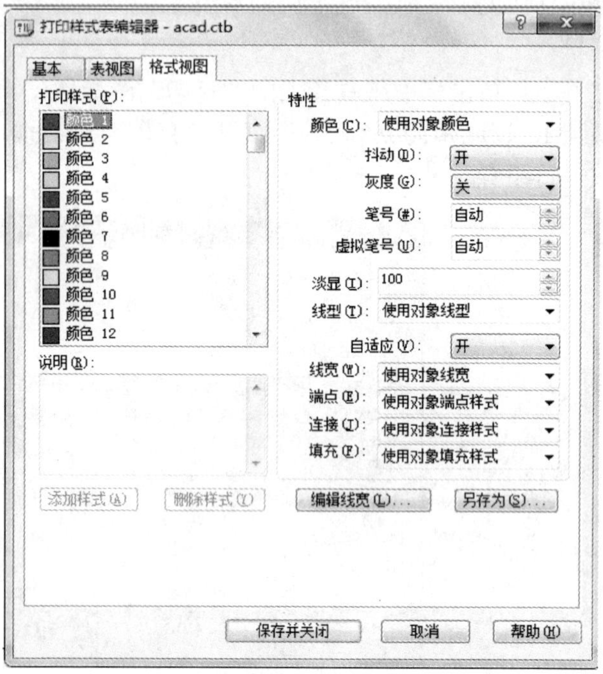

图 13.8　“打印样式编辑器”对话框

窗口——临时关闭“打印”对话框，在当前窗口选择一矩形区域，然后返回对话框，打印选取的矩形区域内的内容。此方法是选择打印区域最常用的方法，由于选择区域后一般情况下希望布满整张图纸，所以打印比例会选择“布满图纸”选项，以达到最佳效果。但这样打出来的图纸比例很难确定，常用于比例要求不高的情况。

图形界限——打印包含所有对象的图形的当前空间。该图形中的所有对象都将被打印。

显示——打印当前视图中的内容。

6）打印比例

“打印比例”栏中可设定图形输出时的打印比例。在“比例”下拉列表框中可选择用户出图的比例。“布满图纸”是根据打印图形范围的大小，自动布满整张图纸。“缩放线宽”选项是在布局中打印的时候使用的，勾选上后，图纸所设定的线宽会按照打印比例进行放大或缩小，而未勾选则不管打印比例是多少，打印出来的线宽就是图纸所设定的线宽尺寸。

7）图形方向

在“图形方向”栏中可指定图形输出的方向。因为图纸制作会根据实际的绘图情况来选择图纸是纵向还是横向，所以在图纸打印的时候一定要注意设置图形方向，否则图纸打印可能会出现部分超出纸张的图形无法打印出来的情况。

该栏中各选项的含义如下。

纵向——图形以水平方向放置在图纸上。

横向——图形以垂直方向放置在图纸上。

反向打印——指定图形在图纸上倒置打印，即将图形旋转180°打印。

8）打印偏移

指定图形打印在图纸上的位置。可通过分别设置 X(水平)偏移和 Y(垂直)偏移来精确控制图形的位置，也可通过设置“居中打印”，使图形打印在图纸中间。

9）打印预览

在图形打印之前使用预览框可以提前看到图形打印后的效果。这将有助于对打印的图形及时修改。如果设置了打印样式表，预览图将显示在指定的打印样式设置下的图形效果。

在预览效果的界面下，可以单击鼠标右键，在弹出的快捷菜单中有打印选项，单击即可直接在打印机上出图了。也可以退出预览界面，在“打印”对话框上单击“确定”按钮出图。

用户进行打印的设置是可以保存的。“打印”对话框最上面有“页面设置”选项，用户可以新建页面设置的名称，保存所有的打印设置。如果是从图纸空间出图，图纸空间会记录下设置的打印参数，以后就不用再重新设置，为以后的打印工作提供了很大方便。

本章小结

(1) 设计中心是AutoCAD提供的一个直观、高效，与Windows资源管理器类似的工具。利用设计中心可以实现打开图形文件、插入图形文件内容和浏览图形文件等功能。通过它，可浏览、查找或管理CAD图形的资源，实现已有资源的再利用与共享，提高作图效率。

(2) 模型空间是用户建立对象模型所在的环境。图纸空间是专门为规划打印布局而设置的一个绘图环境。在准备打印输出图形前，可以使用布局功能来设置需要输出的图形。

(3) 打印时，首先要设置打印参数，如选择打印设备、设定打印样式、指定打印区域等，这些都可以通过打印命令调出的对话框来实现。

第14章

三维实体建模基础

教学目标

掌握创建用户坐标系的方法；掌握在 AutoCAD 中观察三维图形的方法；掌握常用的三维实体建模及三维编辑命令。

教学要求

知识要点	能力要求	权重
三维几何模型分类	了解线框模型、表面模型及实体模型的概念及区别	10%
坐标系	1. 了解世界坐标系和用户坐标系的概念； 2. 掌握创建用户坐标系的方法； 3. 会根据需要创建合适的用户坐标系	20%
三维实体建模	1. 掌握在 AutoCAD 中观察三维图形的方法； 2. 掌握常用的三维实体建模及三维编辑命令； 3. 能使用三维实体建模及三维编辑命令创建三维形体	70%

14.1 三维几何模型分类

AutoCAD 除具有强大的二维绘图功能外，还具备基本的三维造型能力。若物体并无复杂的外表曲面及多变的空间结构关系，则使用 AutoCAD 可以很方便地建立物体的三维模型。

在 AutoCAD 中，用户可以创建 3 种类型的三维模型：线框模型、表面模型及实体模型。这 3 种模型在计算机上的显示方式是相同的，即以线架结构显示出来，但用户可用特定命令使表面模型及实体模型的真实性表现出来。

1. 线框模型

线框模型是一种轮廓模型，它是用 3D 空间的直线或曲线表达三维立体，不包含面及体的信息。不能使该模型消隐或着色。又由于其不含有体的数据，用户也不能得到对象的质量、重心、体积、惯性矩等物理特性，不能进行布尔运算。

2. 表面模型

表面模型是用物体的表面表示物体。表面模型具有面及三维立体边界信息。表面模型可以被渲染及消隐，但是不能进行布尔运算。

3. 实体模型

实体模型具有线、表面、体的全部信息。对于此类模型，可以区分对象的内部及外部，可以对它进行打孔、切槽和添加材料等布尔运算，可以分析模型的质量特性，如质心、体积和惯性矩。

14.2 坐标系简介

AutoCAD 的坐标系统是三维笛卡儿直角坐标系，分为世界坐标系(WCS)和用户坐标系(UCS)。

1. 世界坐标系(WCS)

缺省状态下，AutoCAD 的坐标系是世界坐标系(World Coordinate System，WCS)。世界坐标系是唯一的、固定不变的。在 AutoCAD 中，世界坐标系又叫通用坐标系或绝对坐标系，其原点以及各坐标轴的方向固定不变。其 X 轴是水平的，Y 轴是垂直的，Z 轴垂直于 XY 平面，坐标原点是图形左下角 X 轴和 Y 轴的交点(0，0)。用户可以根据需要在 WCS 的基准上定义 UCS。

用 AutoCAD 绘二维图形时，通常是在世界坐标系中完成的。对于 AutoCAD 的二维绘图来说，世界坐标系已足以满足要求。

2. 用户坐标系(UCS)

为便于绘三维图形，AutoCAD 允许用户定义自己的坐标系，并将这样的坐标系称为用户坐标系(User Coordinate System，UCS)。用户坐标系是用于坐标输入、操作平面和观察的一种可移动的坐标系。大多数 AutoCAD 几何编辑命令取决于 UCS 的位置和方向。

由于 AutoCAD 的大部分绘图操作是在当前坐标系的 *XY* 面或与 *XY* 面平行的面上进行，因此，只有根据需要建立各种 UCS，用户才能够方便地在空间任意位置绘图。

3. 用户坐标系创建

调用方法：

命令：UCS

菜单：工具→新建 UCS

命令格式：

命令：UCS

指定 UCS 的原点或[面(F)/命名(NA)/对象(OB)/上一个(P)/视图(V)/世界(W)/X/Y/Z/Z 轴(ZA)]<世界>：

命令行中各项含义如下。

指定新 UCS 的原点——选择该项，可以设置坐标原点。新坐标系将平行于原 UCS，坐标轴的方向不变，接受原 *XY* 平面。

面(F)——指定三维实体的一个面，使 UCS 与之对齐。可通过在面的边界内或面所在的边上单击以选择三维实体的一个面，亮显被选中的面。UCS 的 *X* 轴将与选择的第一个面上的选择点最近的边对齐。

命名(NA)——为新创建的用户坐标系命名并保存，或恢复、删除已保存的 UCS。

对象(OB)——根据选定三维对象定义新的坐标系。此选项不能用于下列对象：三维实体、三维多段线、三维网格、视口、多线、面域、样条曲线、椭圆、射线、构造线、引线、多行文字。对于非三维面的对象，新 UCS 的 *XY* 平面与绘制该对象时生效的 *XY* 平面平行，但 *X* 轴和 *Y* 轴可做不同的旋转。如选择圆为对象，则圆的圆心成为新 UCS 的原点。*X* 轴通过选择点。

视图(V)——以垂直于观察方向的平面为 *XY* 平面，建立新的坐标系。UCS 原点保持不变。

X/*Y*/*Z*——选择该项，可以将当前 UCS 按指定的角度绕 *X*、*Y*、*Z* 轴旋转，以建立新的 UCS。

Z 轴(ZA)——通过指定新坐标系的原点及 *Z* 轴正方向上的一点来建立坐标系。

上一个(P)——恢复上一个 UCS。

世界(W)——选择该项，可以从当前的用户坐标系恢复到世界坐标系。

14.3 三维实体建模

在 AutoCAD 中创建基本三维实体命令的调用方法有以下 4 种。

方法一：使用工具栏，单击“建模”或“实体编辑”工具栏中的相应图标按钮，如图 14.1 所示。

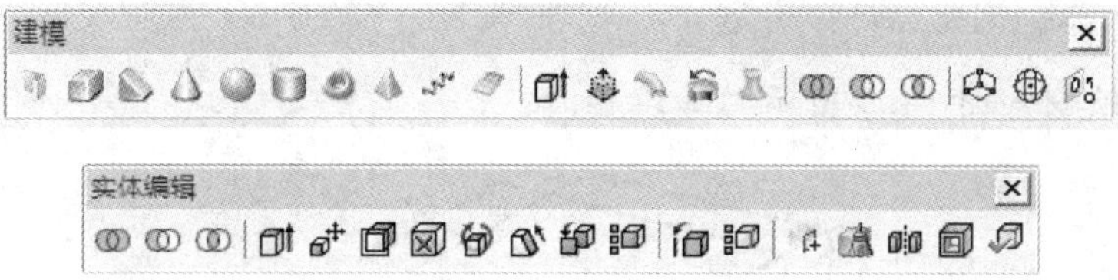

图 14.1 “建模”与“实体编辑”工具栏

方法二：应用菜单栏，“绘图”→“建模”，“修改”→“实体编辑”，“修改”→“三维操作”，如图 14.2 所示。

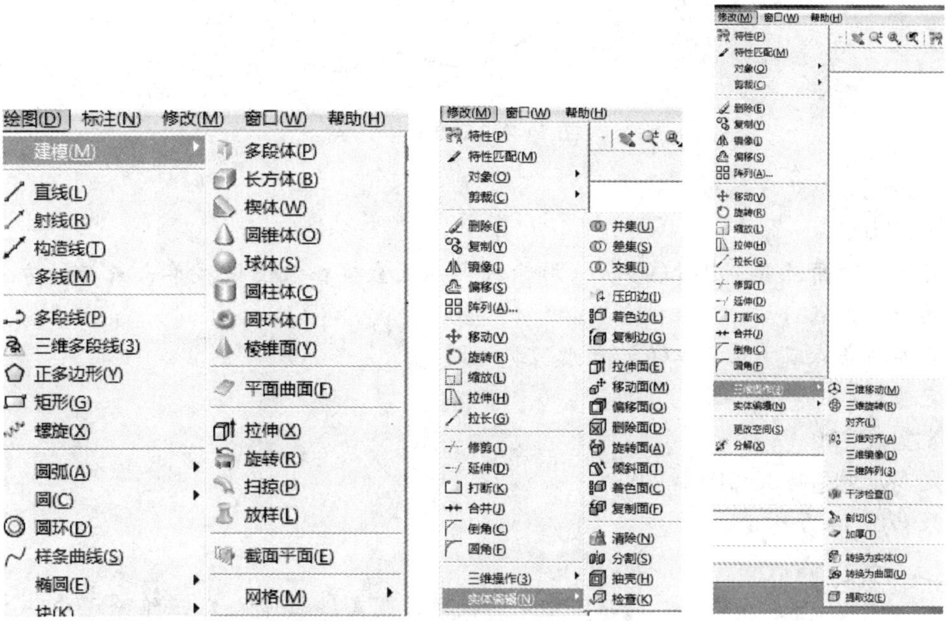

图 14.2 “建模”及“修改”菜单

方法三：在命令行输入键盘命令，如“box”。

方法四：利用“控制台”面板中的“三维制作控制台”，单击面板上的相应按钮，如图 14.3 所示。

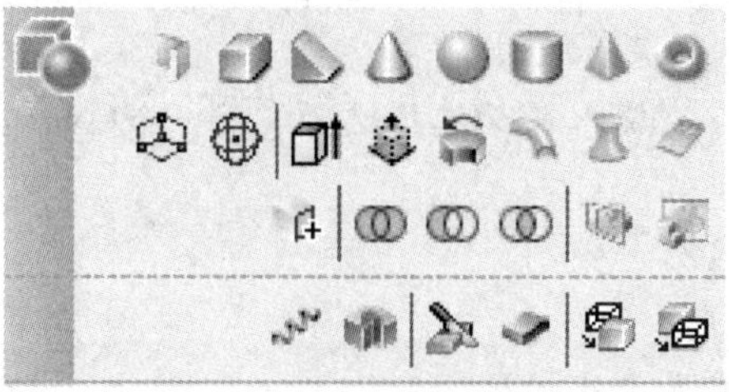

图 14.3 三维制作控制台

下面以讲解实例的方式介绍三维实体建模的基本方法。

1. 创建长方体、倒角

例 14-1：绘制如图 14.4 所示的三维实体。

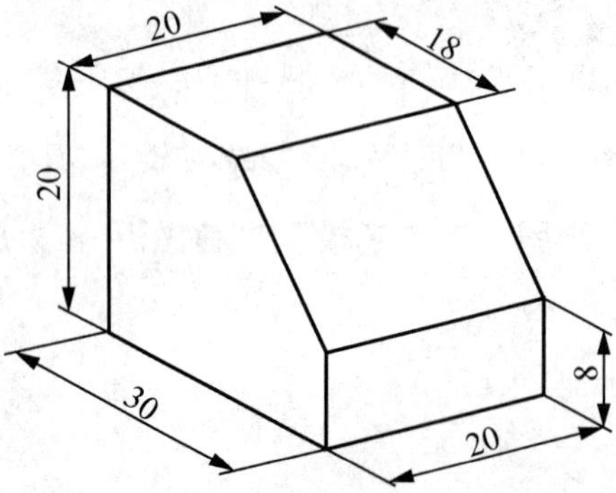

图 14.4　三维实体

1) 绘制长方体

命令：box

指定第一个角点或 [中心(C)]：(用输入坐标或直接在绘图区域单击鼠标的方式指定长方体的一个角点)

指定其他角点或 [立方体(C)/长度(L)]：L

指定长度：30

指定宽度：20

指定高度或 [两点(2P)]：20

结果如图 14.5 所示。

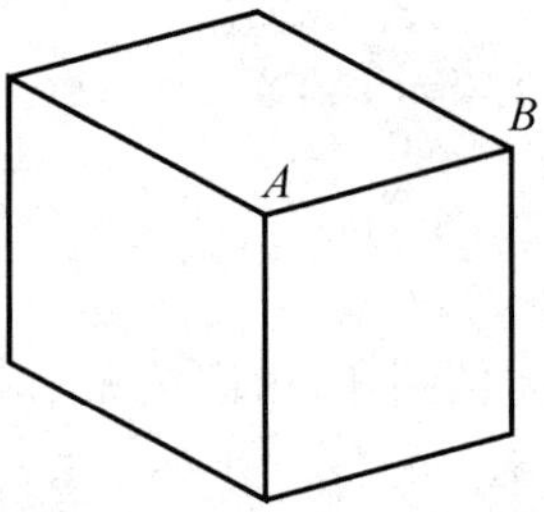

图 14.5　绘制长方体

2) 倒角

二维绘图中的倒角、圆角编辑命令在三维绘图中仍然可以运用。

调用倒角命令：

命令：chamfer

选择第一条直线或 [放弃(U)/多段线(P)/距离(D)/角度(A)/修剪(T)/方式(E)/多个(M)]：(单击直线 *AB*)

基面选择……

输入曲面选择选项 [下一个(N)/当前(OK)] ＜当前(OK)＞：(按 Enter 键)

指定基面的倒角距离：12

指定其他曲面的倒角距离：12

选择边或 [环(L)]：(单击直线 *AB*)

即可得到如图 14.4 所示的实体。

2. 三维图形观察、创建球、布尔运算、圆角

在绘制三维图形过程中，常常要从不同方向观察图形，AutoCAD 默认视图是 *XY* 平

面，方向为 Z 轴的正方向，看不到物体的高度。AutoCAD 提供了多种创建 3D 视图的方法，能够从不同的方向观察模型，比较常用的是用标准视点观察模型和三维动态旋转方法。这里只介绍这两种常用方法。

标准视点观察实体工具栏(“视图” 工具栏)如图 14.6 所示。使用标准视点观察工具可以从 10 个标准方向观察模型。

三维动态观察器(“动态观察” 工具栏)如图 14.7 所示。使用三维动态观察器可以在任意方向上动态观察模型。

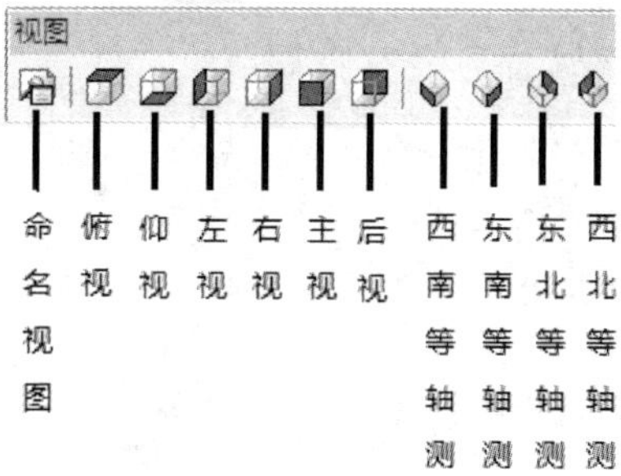

图 14.6 “视图”工具栏

图 14.7 “动态观察”工具栏

例 14-2：绘制如图 14.8 所示的三维实体。

图 14.8 三维实体图

1) 绘制正方体

命令：box

指定第一个角点或［中心(C)］：(指定正方体的一个角点。)

指定其他角点或［立方体(C)/长度(L)］：C

指定长度 <30.0000>：20

结果如图 14.9(a)所示。

2) 在正方体上表面挖一个球面坑

(1) 在正方体的上表面绘制对角线，对角线的交点即为球的中心点。

(2) 绘制球。

命令：sphere

指定中心点或［三点(3P)/两点(2P)/相切、相切、半径(T)］：(捕捉对角线交点)

指定半径或［直径(D)］<5.0000>：5

结果如图 14.9(b)所示。

(3) 布尔运算。

在 AutoCAD 中，三维实体可进行并集、差集、交集三种布尔运算，创建复杂实体。

并集运算：将多个实体合成一个新的实体。

交集运算：从两个或多个实体的交集创建复合实体并删除交集以外的部分。

差集运算：通过减操作从一个实体中去掉另一些实体得到一个实体。

命令：subtract

选择要从中减去的实体或面域……

选择对象：(选择正方体，按 Enter 键退出选择对象)

选择对象：选择要减去的实体或面域……

选择对象：(选择球体，按 Enter 键结束命令)

删除用作辅助线的两条对角线，结果如图 14.9(c)所示。

3) 在正方体左侧表面挖两个球面坑

(1) 在正方体的左侧表面绘制对角线，用“定数等分点”将对角线三等分，即可得到两个球的中心点，如图 14.9(d)所示。

(2) 打开“对象捕捉”中的“节点”捕捉，捕捉对角线上的节点为球心，以 4 为半径绘制两个球，如图 14.9(e)所示。

(3) 用布尔运算中的差集运算，从正方体中减去两个球体，并删除辅助线，如图 14.9(f)所示。

4) 用同样的方法绘制前表面上的三个球面坑 [图 14.9(g)]

5) 绘制底面上六个点的球面坑

(1) 单击“动态观察”工具栏上按钮，激活三维动态观察器视图，拖动鼠标，使立方体的下表面转到上面全部可见位置。

(2) 重复第 3)步的步骤，绘制辅助线定出六个球心点，再绘制六个半径为 2 的球，然后进行差集运算，如图 14.9(h)所示。

6) 用同样的方法，调整好视角，绘制另两面上四个点和五个点的球面坑 [图 14.9(i)]

7) 各棱线倒圆角

将上表面倒圆角

调用倒角命令：

命令：fillet

选择第一个对象或 [放弃(U)/多段线(P)/半径(R)/修剪(T)/多个(M)]：(选中上表面的一条棱线)

输入圆角半径：2

选择边或 [链(C)/半径(R)]：(选中上表面的另三条棱线)

已选定 4 个边用于圆角。

结果如图 14.9(j)所示。

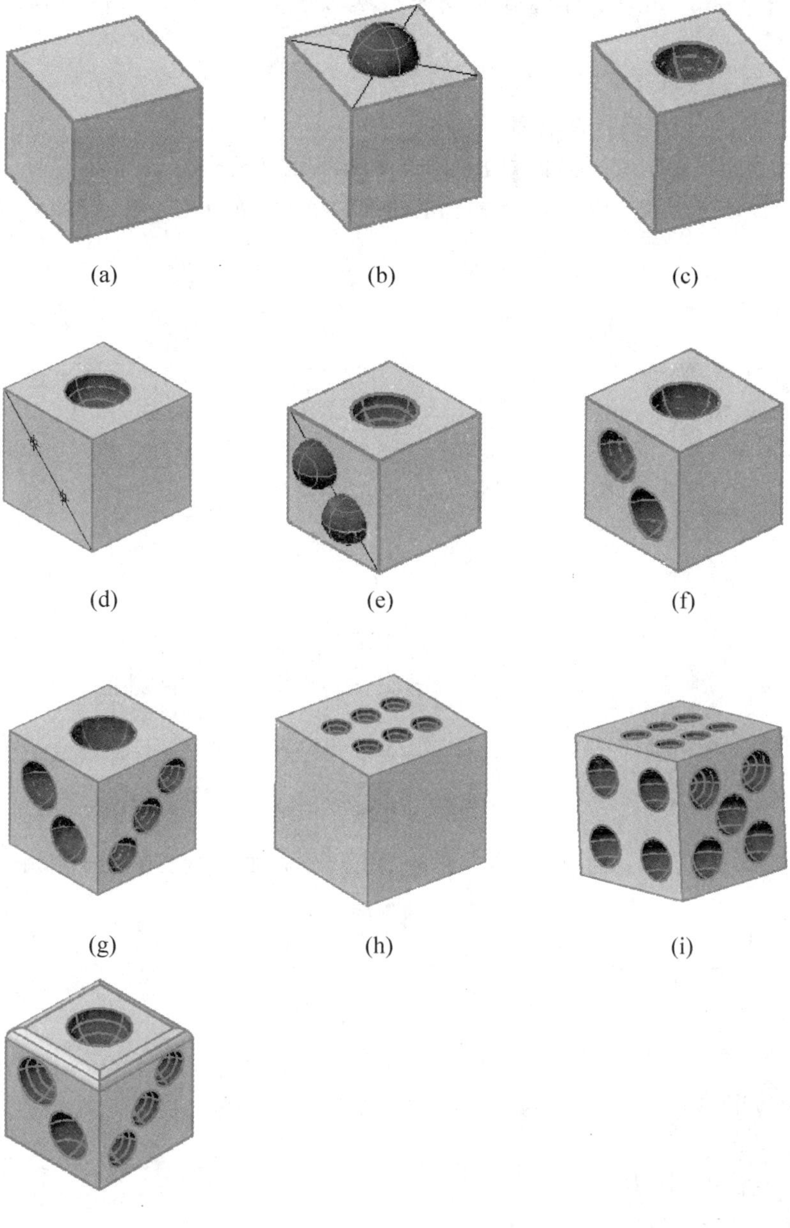

图 14.9 三维实体绘制过程图例

8）将其他棱线倒圆角

单击“动态观察”按钮，激活三维动态观察器视图，拖动鼠标，使立方体的其他棱线转到可见位置。重复第7)步的步骤，将立方体的所有棱线倒圆角。完成图如图14.8所示。

3. 创建圆柱、圆锥

例 14-3：绘制如图14.10所示的三维实体。

该图形是由圆柱、圆锥、球组合而成的。球的中心、圆柱、圆锥的轴线在同一中心线上。

1）绘制基座——圆柱

(1) 改变三维图形曲面轮廓素线。

系统变量“ISOLINES”是用于控制显示曲面线框弯曲部分的素线数目。有效整数值为0到2047，初始值为4。如图14.11是“ISOLINES”值为4和12时圆柱的“线框”显示形式。

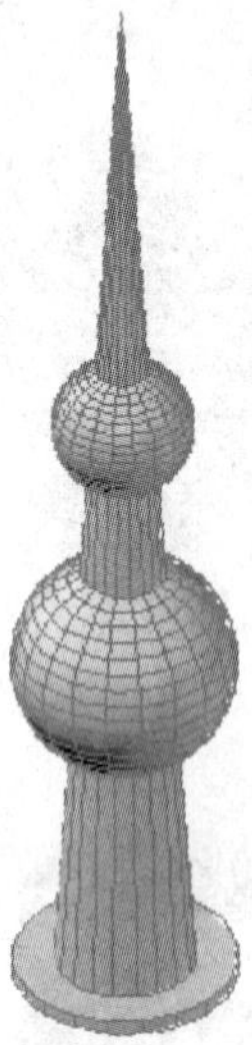

图14.10　组合体图例

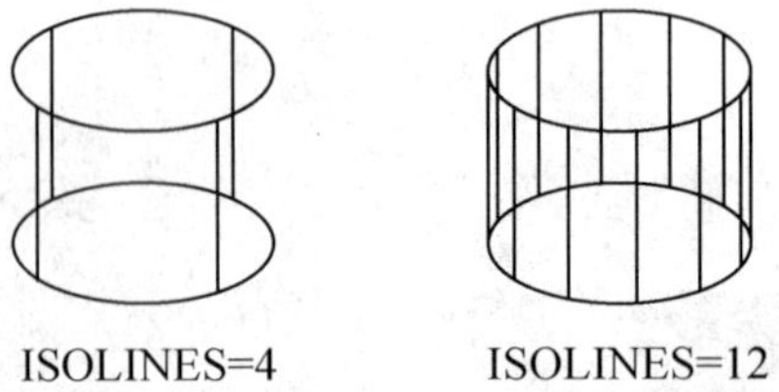

图14.11　“ISOLINES”对图形显示的影响

命令：isolines

输入ISOLINES的新值<4>：20

(2) 绘制圆柱。

命令：cylinder

指定底面的中心点或［三点(3P)/两点(2P)/相切、相切、半径(T)/椭圆(E)］：(指定圆柱底面的中心点)

指定底面半径或［直径(D)］：80

指定高度或［两点(2P)/轴端点(A)］：10

2）绘制圆锥

命令：cone

指定底面的中心点或［三点(3P)/两点(2P)/相切、相切、半径(T)/椭圆(E)］：(捕捉圆柱上表面的圆心)

指定底面半径或［直径(D)］：50

指定高度或［两点(2P)/轴端点(A)/顶面半径(T)］：800

3）绘制球体

(1) 以圆锥底面中心为原点建立新的UCS。

命令：ucs

当前 UCS 名称："世界"

指定 UCS 的原点或［面(F)/命名(NA)/对象(OB)/上一个(P)/视图(V)/世界(W)/X/Y/Z/Z 轴(ZA)］<世界>：ZA

指定新原点或［对象(O)］<0，0，0>：(捕捉圆锥底面中心)

在正 Z 轴范围上指定点 <0.0000，0.0000，1.0000>：(在正 Z 轴范围上单击鼠标)

得到的用户坐标系如图 14.12 所示。

(2) 绘制两个球体。

命令：sphere

指定中心点或［三点(3P)/两点(2P)/相切、相切、半径(T)］：0，0，250

指定半径或［直径(D)］：80

命令：sphere

指定中心点或［三点(3P)/两点(2P)/相切、相切、半径(T)］：0，0，450

指定半径或［直径(D)］：50

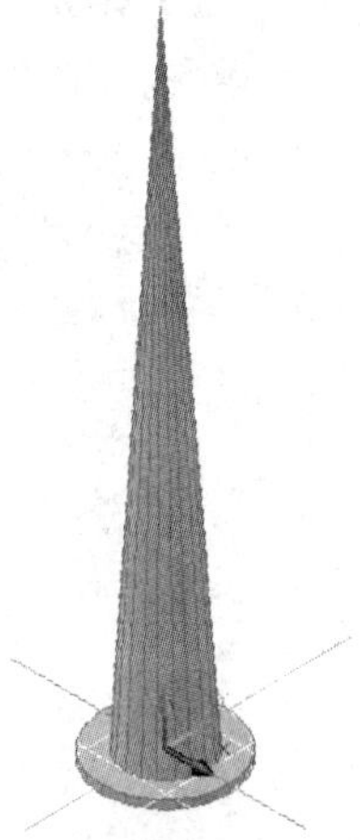

图 14.12 圆锥图例

3) 布尔运算

利用布尔运算中的并集命令将实体合并成一个整体。

命令：union

选择对象：(选中要合并的实体)

选择对象：(按 Enter 键)

最后即可得到如图 14.10 所示的图形。

4. 通过二维图形创建实体——拉伸

例 14-4：绘制如图 14.13 所示的三维实体。

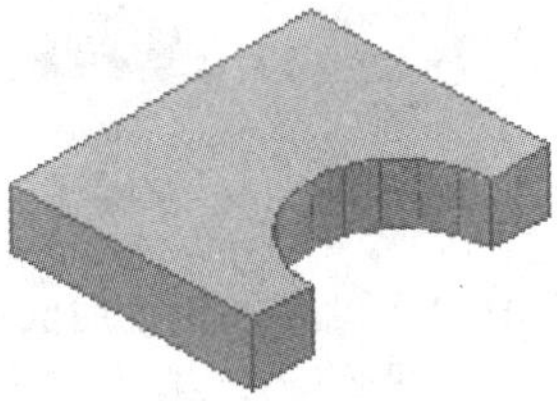

图 14.13 例 14-4 图例

1) 绘制底面图形

(1) 绘制长方形，长度为 100、宽度为 80。

(2) 绘制直径为 60 的圆，如图 14.14(a)所示。

(3) 创建面域。

命令：region

选择对象：(选中矩形和圆)

选择对象：(按 Enter 键)

已提取 2 个环。

已创建 2 个面域。

结果如图 14.14(b)所示。

(4) 布尔运算。

利用布尔运算的差集命令，用矩形面域减去圆心面域，得到如图 14.14(c)所示图形。

2) 拉伸面域

命令：extrude

选择要拉伸的对象：(选择底面图形，按 Enter 键退出选择对象)

指定拉伸的高度或［方向(D)/路径(P)/倾斜角(T)］<20.0000>：20

即可得到如图 14.13 所示的图形。

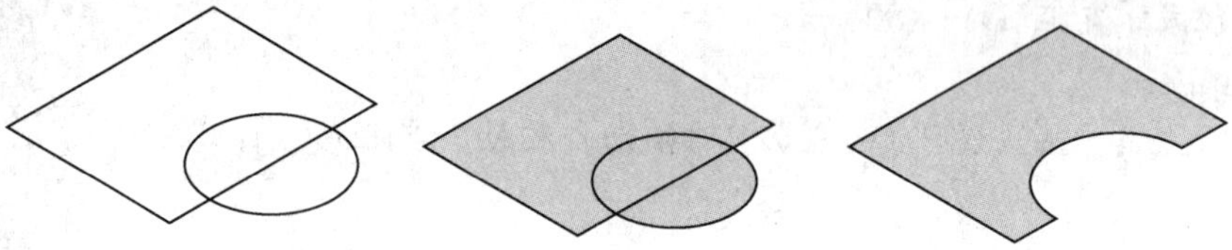

(a) (b) (c)

图 14.14 分部绘图例

关于拉伸命令的几点说明。

(1) 命令选项中“路径(P)”的含义是：对拉伸对象沿路径拉伸。可以为路径的对象有：直线、圆、椭圆、圆弧、椭圆弧、多段线、样条曲线等。

(2) 可以拉伸的对象有：圆、椭圆、正多边形、用矩形命令绘制的矩形、封闭的样条曲线、封闭的多段线、面域等。

(3) 路径与截面不能在同一平面内，二者一般分别在两个相互垂直的平面内，如图 14.15 所示，圆为拉伸对象，矩形为路径。

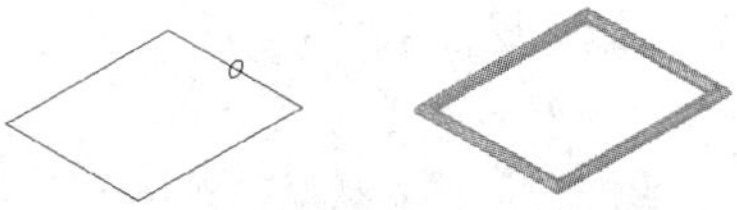

图 14.15 路径与截面图例

(4) 当指定拉伸高度为正时，沿 Z 轴正方向拉伸；当给定高度值为负时，沿 Z 轴负方向拉伸。

(5) 拉伸的倾斜角度：在−90°和+90°之间。

(6) 含有宽度的多段线在拉伸时宽度被忽略，沿线宽中心拉伸。含有厚度的对象，拉伸时厚度被忽略。

5. 通过二维图形创建实体——旋转

例 14-5：绘制如图 14.16 所示的三维实体。

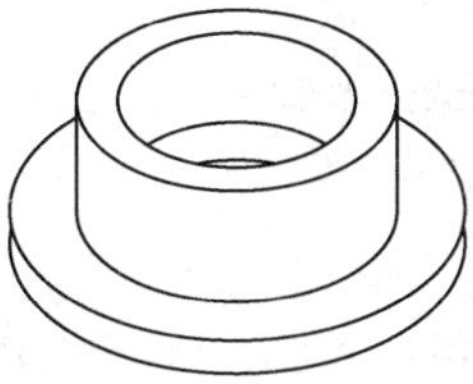

图 14.16　例 14－5 图例

1）画回转截面

将视图方向调整到主视方向，用“多段线”命令绘制图 14.17(a)所示的封闭图形，再绘制旋转轴 AB，如图 14.17(b)所示。

2）旋转生成实体

命令：revolve

选择要旋转的对象：(选中多段线，按 Enter 键结束选择对象)

指定轴起点或根据以下选项之一定义轴［对象(O)/X/Y/Z］<对象>：(拾取 A 点)

指定轴端点：(拾取 B 点)

指定旋转角度或［起点角度(ST)］<360>：(按 Enter 键)

3）删除旋转轴 AB(图 14.16)

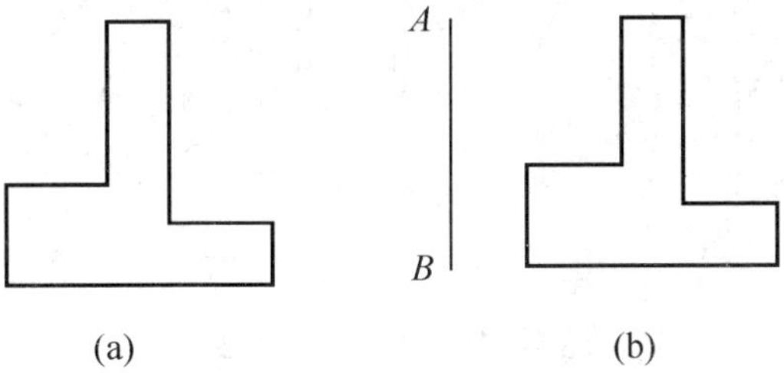

图 14.17　操作图例

关于旋转命令的几点说明。

(1) 命令行中各项含义如下。

对象(O)——选择一条已有的直线作为旋转轴。

X/Y/Z——选择绕 X、Y 或 Z 轴旋转。

(2) 旋转方向。

旋转角度正向符合右手螺旋法则，即用右手握住旋转轴线，大拇指指向旋转轴正向，四指指向为旋转角度方向。

(3) 旋转轴方向。

捕捉两个端点指定旋转轴时，旋转轴方向从先捕捉点指向后捕捉点。选择已知直线为旋转轴时，旋转轴的方向从直线距离坐标原点较近的一端指向较远的一端。

6. 编辑实体——剖切

例 14－6：用剖切命令绘制例 14－1 中如图 14.4 所示的三维图形。

1）绘制长方体

2）剖切

图 14.4 所示形体可以看成是长方体被平面 *ABCD* 截断后得到的，如图 14.18(a)所示。

命令：slice

选择要剖切的对象：(选中长方体，按 Enter 键退出选择对象)

指定切面的起点或 [平面对象(O)/曲面(S)/Z 轴(Z)/视图(V)/XY/YZ/ZX/三点(3)] <三点>：3

指定平面上的第一个点：(拾取 *A* 点)

指定平面上的第二个点：(拾取 *B* 点)

指定平面上的第三个点：(拾取 *C* 点)

在所需的侧面上指定点或 [保留两个侧面(B)] <保留两个侧面>：(在要保留的那一侧实体上的任意一处单击鼠标)

结果如图 14.18(b)所示。

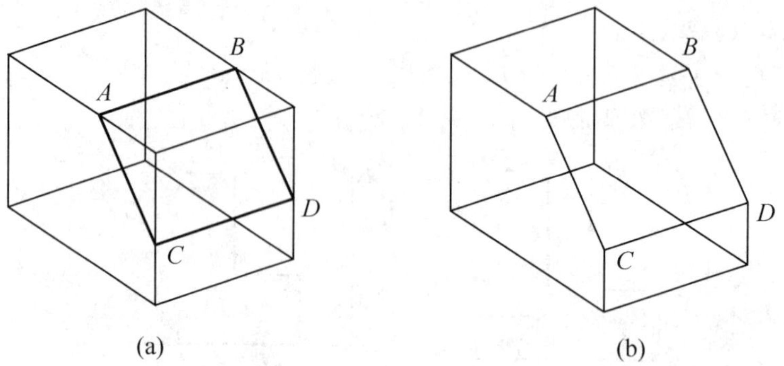

图 14.18　例 14－6 图例

命令行中各项含义说明。

平面对象(O)——以圆、椭圆、圆弧、线段、多段线所在的平面作为切割平面。

曲面(S)——指定曲面作为切割面。

Z 轴(Z) ——指定 1、2 两点，以过 1 点，以 12 连线为法向的平面作为切割平面。

视图(V)——以过指定点，与屏幕方向一致的面作为切割平面。

XY/*YZ*/*ZX*——以过指定点，与 *XY*/*YZ*/*ZX* 面平行的面作为切割平面。

三点(3)——以指定的三点所定义的平面作为切割平面。

7. 编辑实体——拉伸面

例 14－7：将图 14.19(a)所示的实体模型修改成 14—19(c)所示的图形。

(1) 在 *XY* 平面上用多段线命令绘制拉伸路径，如图 14.19(b)所示。

(2) 拉伸面。

命令：solidedit

实体编辑自动检查：SOLIDCHECK=1

输入实体编辑选项 [面(F)/边(E)/体(B)/放弃(U)/退出(X)] <退出>：_ face

(a) (b) (c)

图 14.19 例 14-7 图例

输入面编辑选项

[拉伸(E)/移动(M)/旋转(R)/偏移(O)/倾斜(T)/删除(D)/复制(C)/颜色(L)/材质(A)/放弃(U)/退出(X)] <退出>: _ extrude

选择面或 [放弃(U)/删除(R)]: (选择长方体的右端面，按 Enter 键退出选择对象)

指定拉伸高度或 [路径(P)]: P

选择拉伸路径: (选中路径线)

已开始实体校验。

已完成实体校验。

即得到如图 14.19(c)所示的图形。

8. 移动面、旋转面、倾斜面

例 14-8: 将图 14.20(a)所示的实体模型修改成如图 14.20(b)所示的图形。

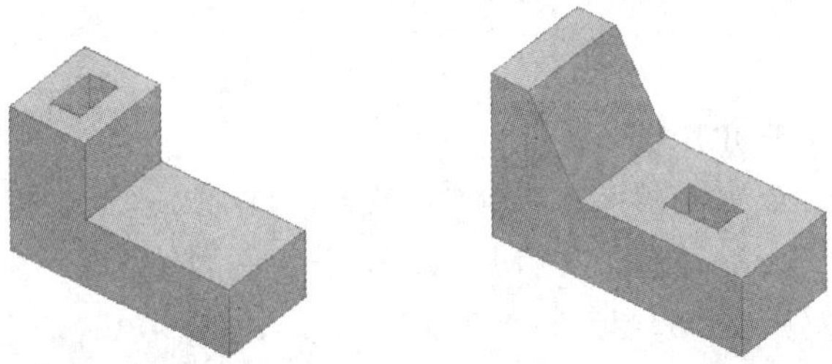

(a) (b)

图 14.20 例 14-8 图例

1) 绘制原图形

(1) 创建“L”形实体。

绘制两个长方体，用“并集”命令将它们合并成为一个整体，并连接顶面矩形的对角线作为辅助线，如图 14.21(a)所示。

(2) 在“L”形实体上打孔。

在旁边绘制一个长方体，并在其顶面连接对角线作为辅助线，如图 14.21(b)所示。将小长方体移动到“L”形实体上，移动时，捕捉辅助线的中点作为基点进行定位，如图 14.21(c)所示。

接下来，调用“差集”命令，将“L”形实体减去小长方体，再删除辅助线，即创建完成了原图形，如图 14.21(d)所示。

2）移动面

在移动面以前，先作辅助线帮助定位。

命令：solidedit

实体编辑自动检查： SOLIDCHECK=1

输入实体编辑选项 [面(F)/边(E)/体(B)/放弃(U)/退出(X)] <退出>：_ face

输入面编辑选项 [拉伸(E)/移动(M)/旋转(R)/偏移(O)/倾斜(T)/删除(D)/复制(C)/颜色(L)/材质(A)/放弃(U)/退出(X)] <退出>：_ move

选择面或 [放弃(U)/删除(R)]：

选择面或 [放弃(U)/删除(R)/全部(ALL)]：(拾取孔的棱边)

选择面或 [放弃(U)/删除(R)/全部(ALL)]：(拾取孔的棱边)

选择面或 [放弃(U)/删除(R)/全部(ALL)]：(拾取孔的棱边)

选择面或 [放弃(U)/删除(R)/全部(ALL)]：R

删除面或 [放弃(U)/添加(A)/全部(ALL)]：(拾取选择多了的面，按 Enter 键结束选择对象)

指定基点或位移：(指定基点)

指定位移的第二点：(指定移动到的点)

已开始实体校验。

已完成实体校验。

移动面后的结果如图 14.21(e)所示(保留了辅助线)。

3）旋转面

命令：solidedit

实体编辑自动检查：SOLIDCHECK=1

输入实体编辑选项 [面(F)/边(E)/体(B)/放弃(U)/退出(X)] <退出>：_ face

输入面编辑选项 [拉伸(E)/移动(M)/旋转(R)/偏移(O)/倾斜(T)/删除(D)/复制(C)/颜色(L)/材质(A)/放弃(U)/退出(X)] <退出>：_ rotate

选择面或 [放弃(U)/删除(R)]：(拾取孔的棱边)

选择面或 [放弃(U)/删除(R)/全部(ALL)]：(拾取孔的棱边)

选择面或 [放弃(U)/删除(R)/全部(ALL)]：(拾取孔的棱边)

选择面或 [放弃(U)/删除(R)/全部(ALL)]：(拾取孔的棱边)

选择面或 [放弃(U)/删除(R)/全部(ALL)]：R

删除面或 [放弃(U)/添加(A)/全部(ALL)]：(拾取选择多了的面，按 Enter 键结束选择对象)

指定轴点或 [经过对象的轴(A)/视图(V)/X 轴(X)/Y 轴(Y)/Z 轴(Z)] <两点>：(拾取辅助线的中点)

在旋转轴上指定第二个点：(在 Z 轴方向任意一点单击鼠标)

指定旋转角度或 [参照(R)]：90

已开始实体校验。

已完成实体校验。

旋转面后的结果如图 14.21(f)所示。

4） 倾斜面

如图 14.21(g)所示。

命令：solidedit

实体编辑自动检查：SOLIDCHECK=1

输入实体编辑选项［面(F)/边(E)/体(B)/放弃(U)/退出(X)］＜退出＞：_ face

输入面编辑选项［拉伸(E)/移动(M)/旋转(R)/偏移(O)/倾斜(T)/删除(D)/复制(C)/颜色(L)/材质(A)/放弃(U)/退出(X)］＜退出＞：_ taper

选择面或［放弃(U)/删除(R)］：(选中平面 ABCD，按 Enter 键退出选择对象)

指定基点：(拾取 C 点)

指定沿倾斜轴的另一个点：(拾取 A 点)

指定倾斜角度：30

已开始实体校验。

已完成实体校验。

旋转面后即可得到如图 14.20(b)所示的图形。

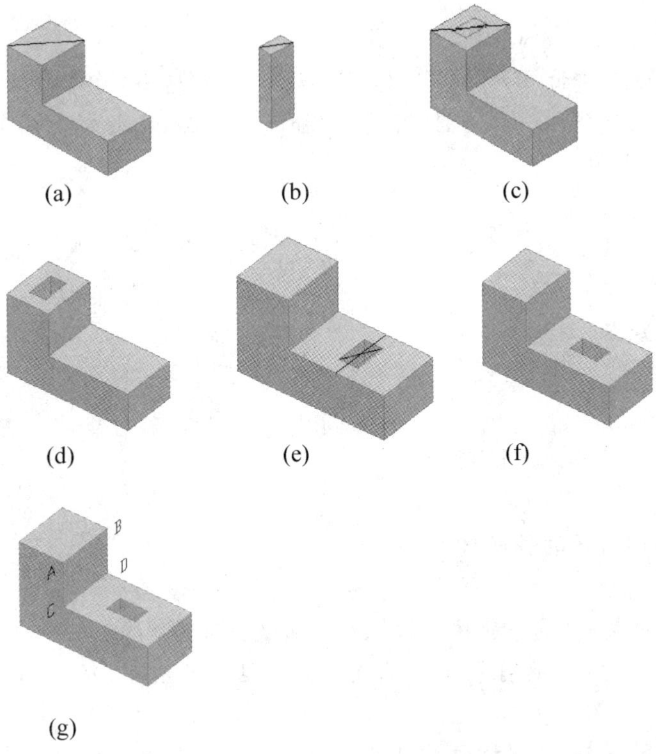

图 14.21 “L”形实体绘制过程图例

9. 抽壳

例 14-9：绘制如图 14.22 所示的三维实体。

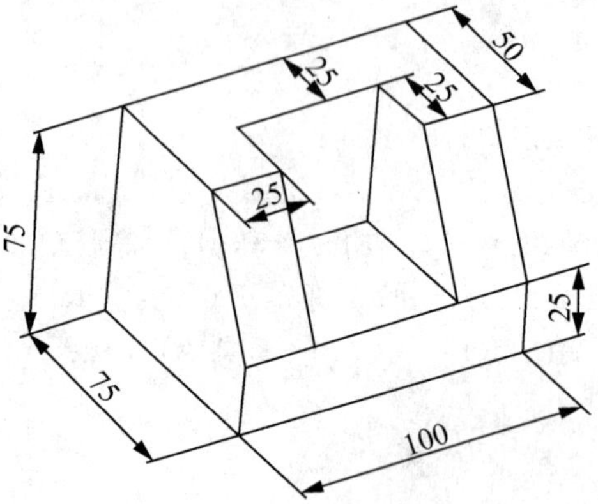

图 14.22　例 14-9 图例

1）创建长方体［图 14.23(a)］

2）抽壳

命令：solidedit

实体编辑自动检查：　SOLIDCHECK=1

输入实体编辑选项［面(F)/边(E)/体(B)/放弃(U)/退出(X)］＜退出＞：_ body

输入体编辑选项［压印(I)/分割实体(P)/抽壳(S)/清除(L)/检查(C)/放弃(U)/退出(X)］＜退出＞：_ shell

选择三维实体：(选中长方体)

删除面或［放弃(U)/添加(A)/全部(ALL)］：(拾取直线 AB，按 Enter 键退出选择对象)

输入抽壳偏移距离：25

已开始实体校验。

已完成实体校验。

抽壳后的结果如图 14.23(b)所示。

3）剖切

作如图 14.23(c)所示的辅助线。

命令：slice

选择要剖切的对象：(选中实体，按 Enter 键退出选择对象)

指定切面的起点或［平面对象(O)/曲面(S)/Z 轴(Z)/视图(V)/XY/YZ/ZX/三点(3)］＜三点＞：3

指定平面上的第一个点：(拾取 *C* 点)

指定平面上的第二个点：(拾取 *D* 点)

指定平面上的第三个点：(拾取 *E* 点)

在所需的侧面上指定点或［保留两个侧面(B)］＜保留两个侧面＞：(在需要保留的那

一半实体上单击鼠标）

剖切后即可得到如图 14.22 所示的形体。

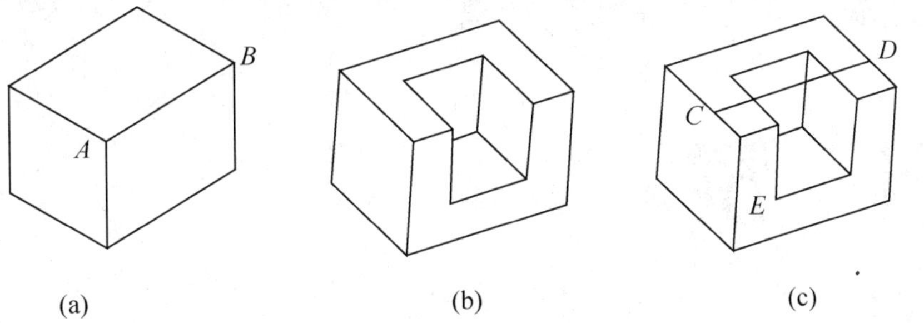

图 14.23 例 14-9 图例

本章小结

(1) 在 AutoCAD 中，用户可以创建 3 种类型的三维模型：线框模型、表面模型及实体模型。线框模型是一种轮廓模型，它是用 3D 空间的直线或曲线表达三维立体，不包含面及体的信息。表面模型是用物体的表面表示物体。实体模型具有线、表面、体的全部信息。

(2) AutoCAD 的坐标系分为世界坐标系和用户坐标系。由于 AutoCAD 的大部分绘图操作是在当前坐标系的 XY 面或与 XY 面平行的面上进行的，因此，在三维实体建模过程中常常要根据绘图的需要创建合适的用户坐标系。

(3) 在 AutoCAD 中创建、编辑基本三维实体命令的调用方法有以下 4 种。

① 使用工具栏，单击“建模”或“实体编辑”工具栏中的相应图标按钮。

② 使用菜单栏，“绘图”→“建模”，“修改”→“实体编辑”，“修改”→“三维操作”。

③ 在命令行输入键盘命令。

④ 利用“控制台”面板中的“三维制作控制台”，单击面板上的相应按钮。

附　录

AutoCAD 实训练习

实训 1：绘制如附录图 1 所示轴网格，要求使用“图块”命令。

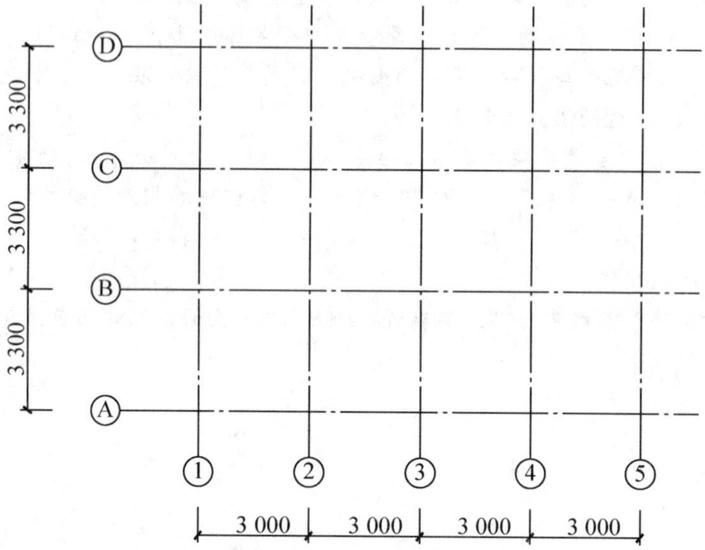

附录图 1　网格图

实训 2：绘制如附录图 2 所示立交桥图。

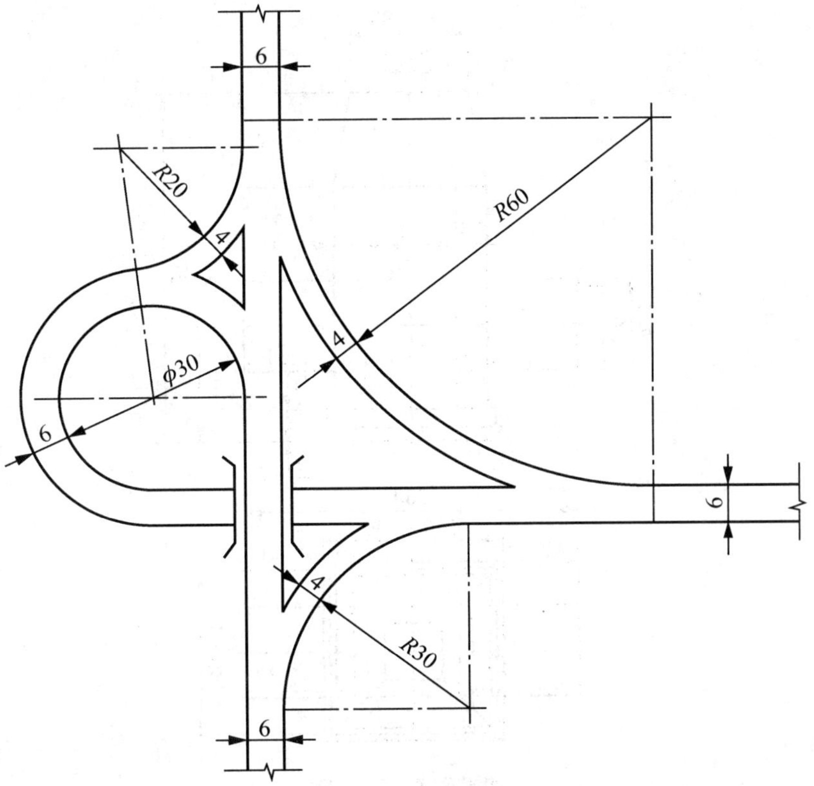

附录图 2 立交桥图

实训 3：绘制如附录图 3 所示箱梁图。

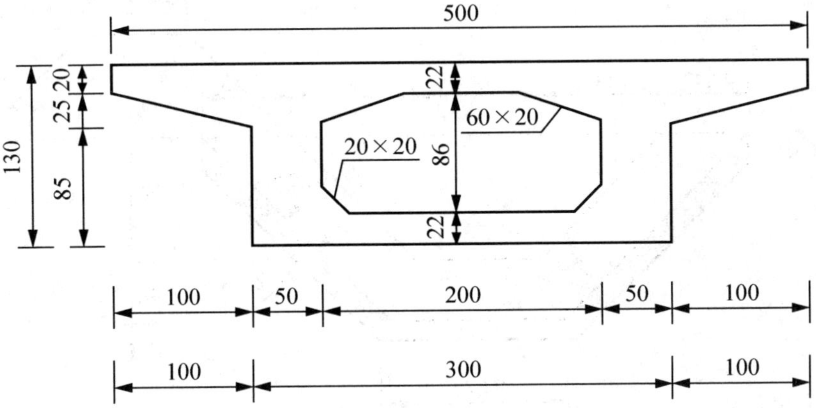

附录图 3 箱梁图

实训 4：绘制如附录图 4 所示窨井图。

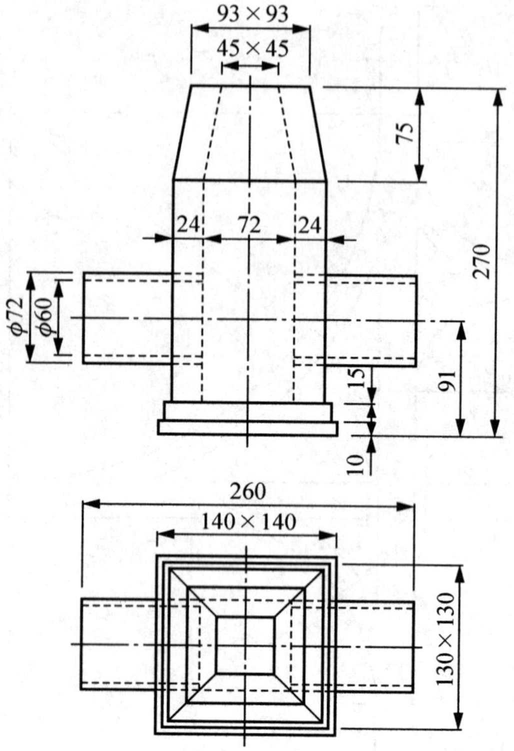

附录图 4　窨井图

实训 5：绘制如附录图 5 所示排水沟图。

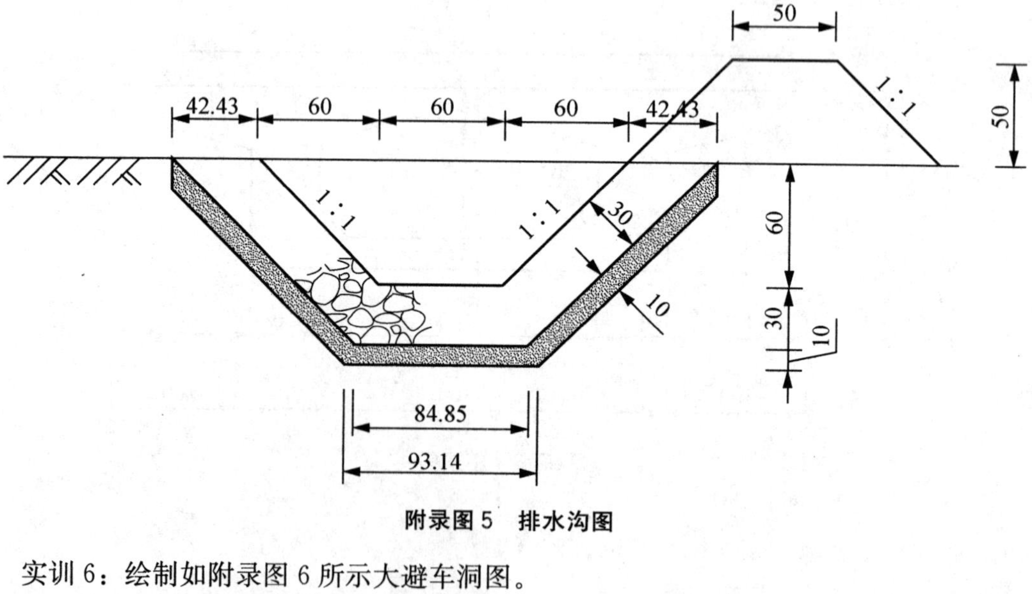

附录图 5　排水沟图

实训 6：绘制如附录图 6 所示大避车洞图。

实训 7：绘制如附录图 7 所示梁配筋图。

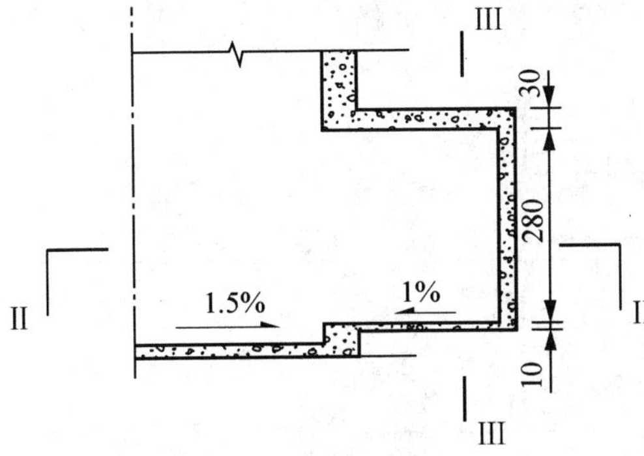

I—I 剖面

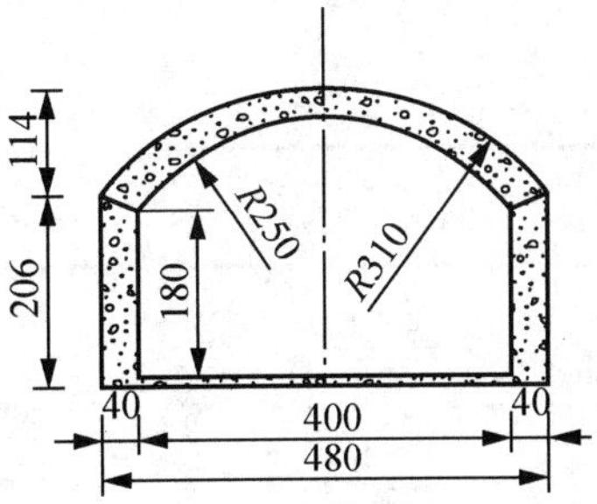

III—III剖面

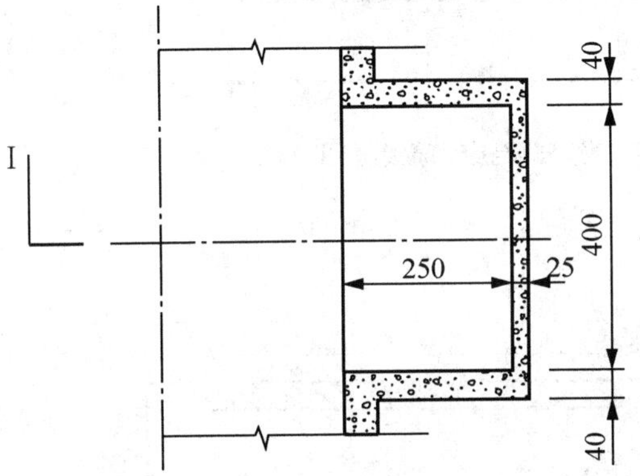

II—II 剖面

附录图 6　大避车洞图

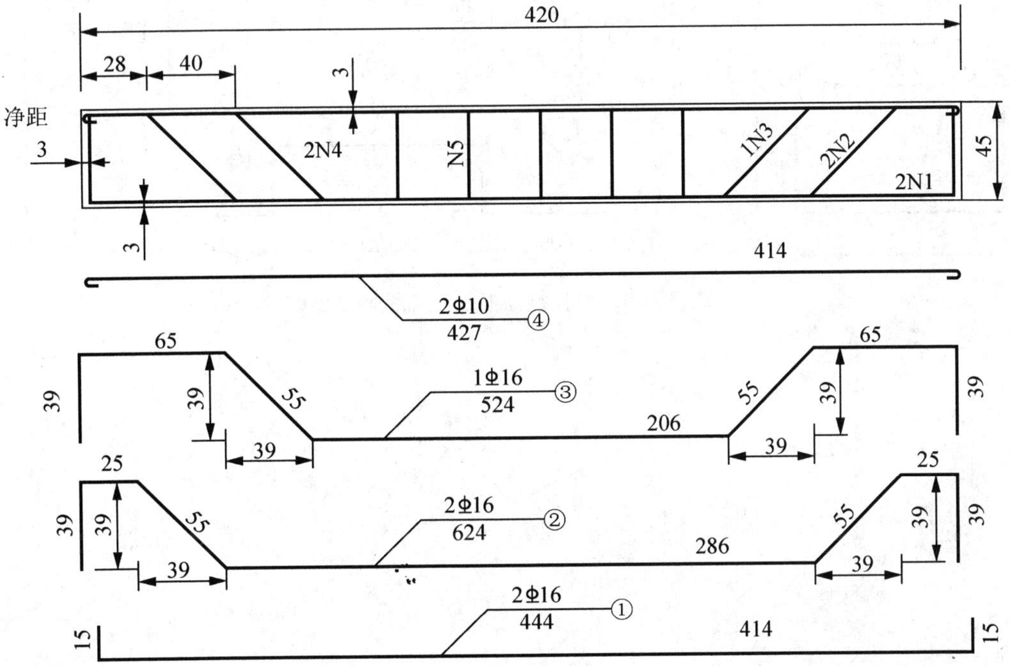

附录图 7　梁配筋图

实训 8：绘制如附录图 8 所示某 T 梁翼缘板钢筋大样图。

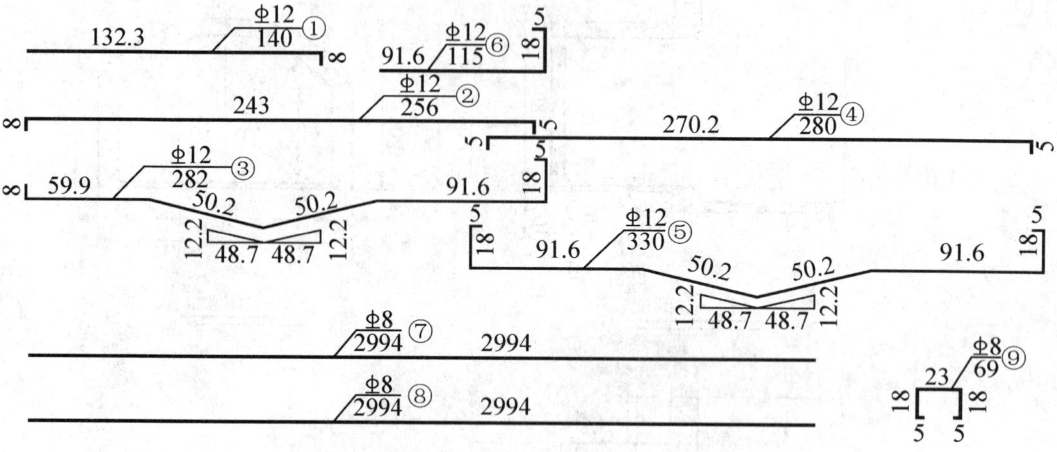

附录图 8　某 T 梁翼缘板钢筋大样图

实训 9：绘制如附录图 9 所示单孔钢筋混凝土盖板涵断面图。

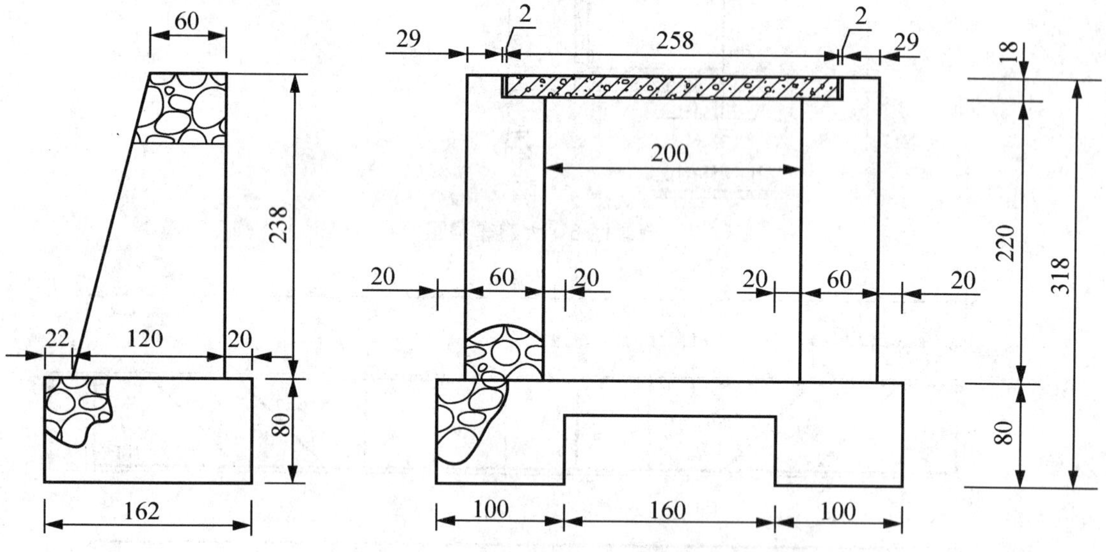

附录图 9　单孔钢筋混凝土盖板涵断面图

实训 10：绘制如附录图 10 所示空心板模断面图。

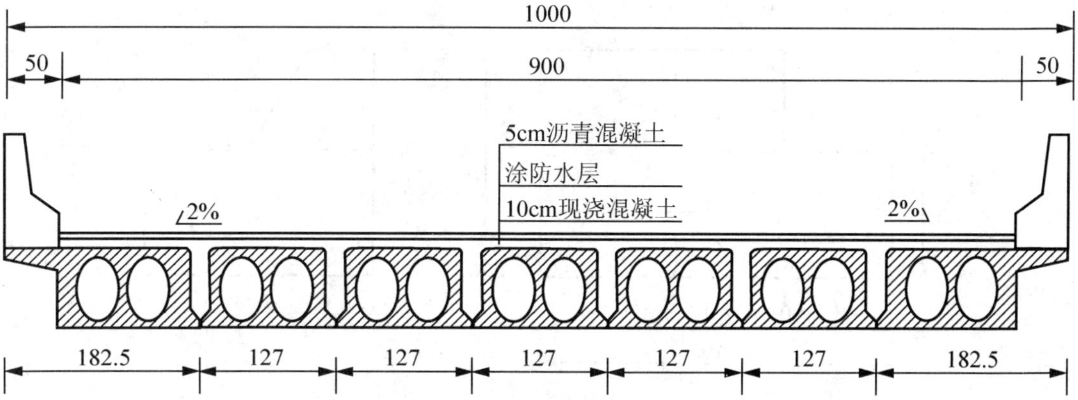

附录图 10 空心板模断面图

实训 11：根据附录图 11 所示的三视图绘制形体的三维实体图。

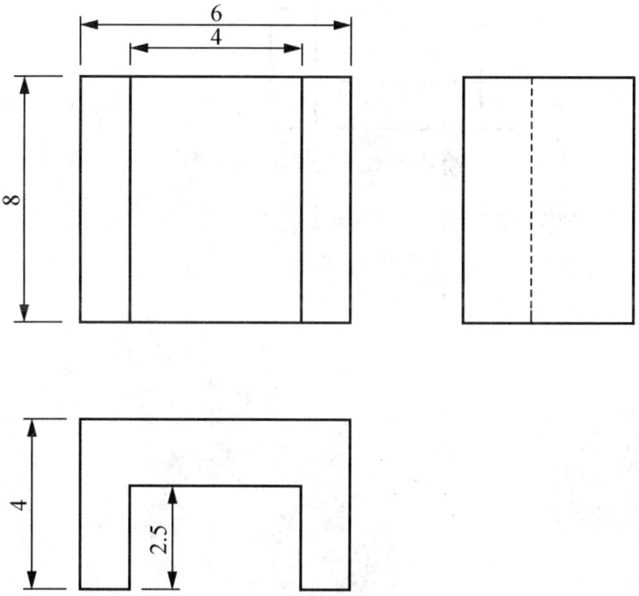

附录图 11 三维实体图(1)

实训 12：根据附录图 12 所示的三视图绘制形体的三维实体图。

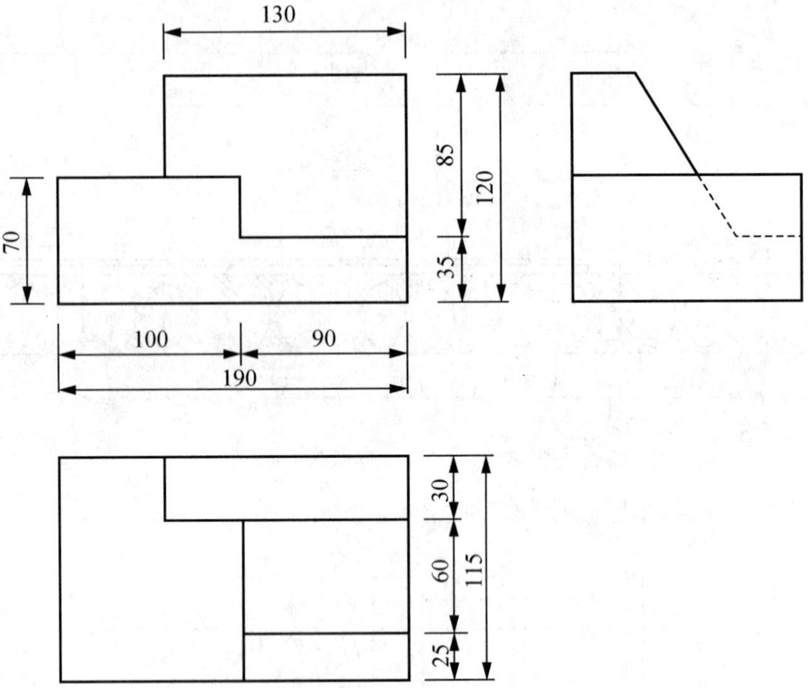

附录图 12 三维实体图(2)

实训 13：绘制如附录图 13 所示三维实体图。

实训 14：绘制如附录图 14 所示三维实体图。

实训 15：绘制如附录图 15 所示三维实体图。

附录图 13 三维实体图(3)

附录图 14 三维实体图(4)

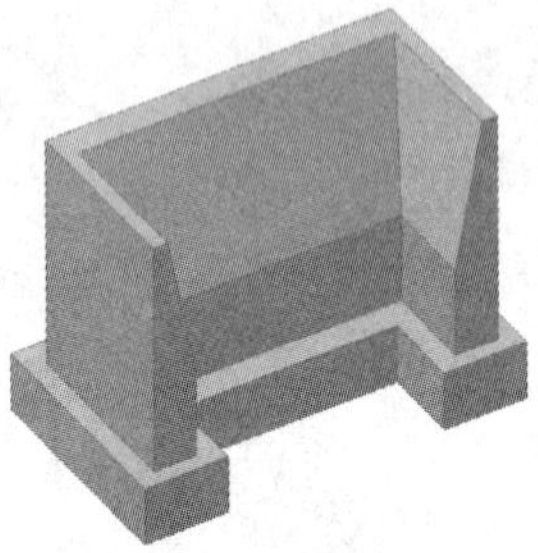

附录图 15 三维实体图(5)

实训 16：绘制如附录图 16 所示的桥墩一般构造图，并读懂三视图，建立该桥墩实体的三维模型。

实训 17：绘制如附录图 17 所示空心板构造图。

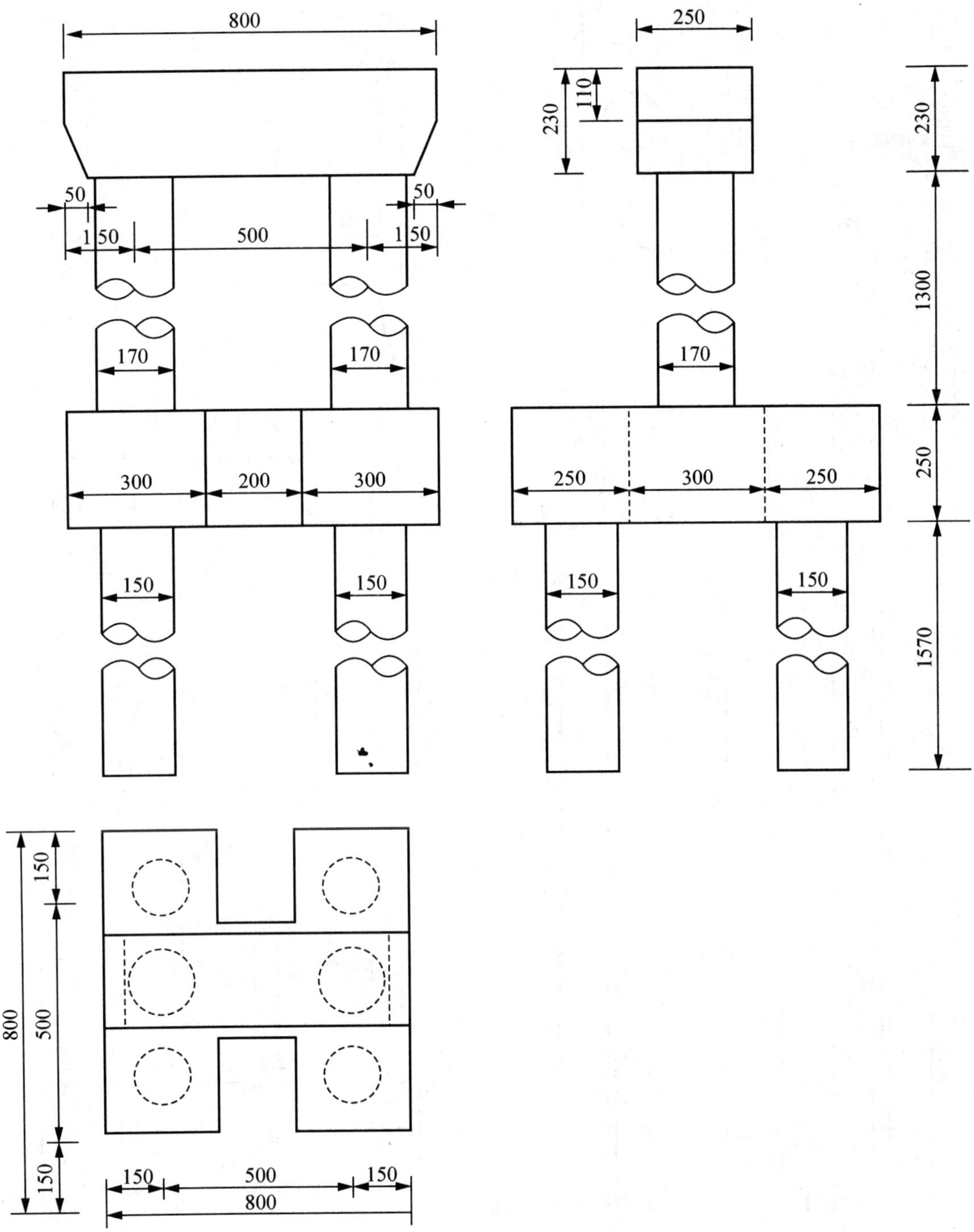

附录图 16　桥墩一般构造图

横断面

1：50

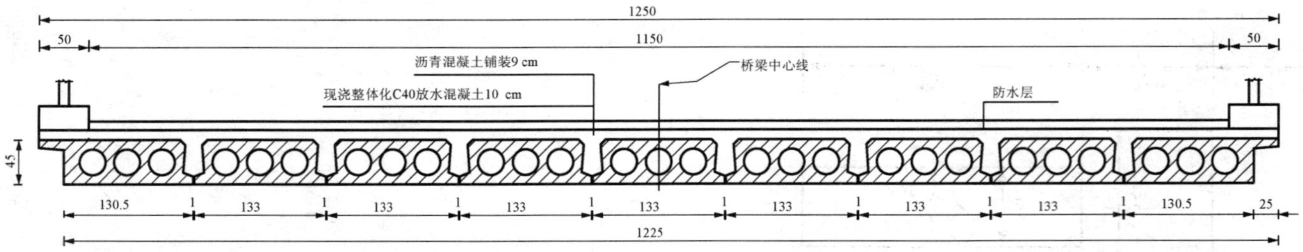

工程数量表

项目		数量
预制C30混凝土(m³)	中板	3.66
	边板	4.08
	一孔桥	33.77
绞缝C30混凝土(m³)	每道缝	0.61
	一孔桥	5.53
封头C30混凝土(m³)	一块板	0.14
	一孔桥	1.29
现浇整体化C40防水混凝土(m³)		12.45
沥青混凝土铺装层(m³)		10.31
防水层(m³)		114

安装重量表

项目	重量(t)
中板	9.5
边板	10.6

I—I 1：25

I—I 1：25

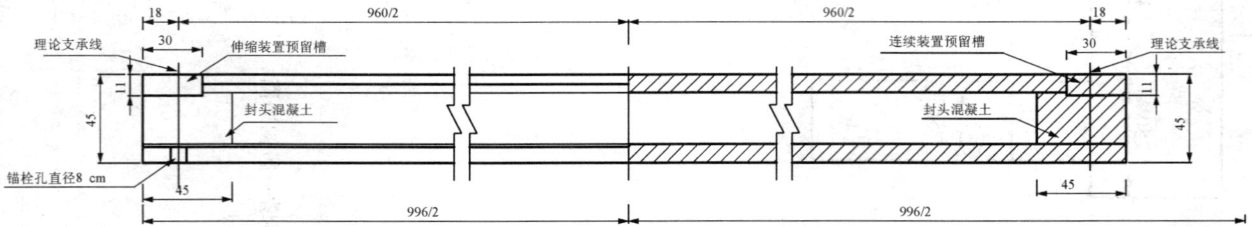

中板横断面 1：20

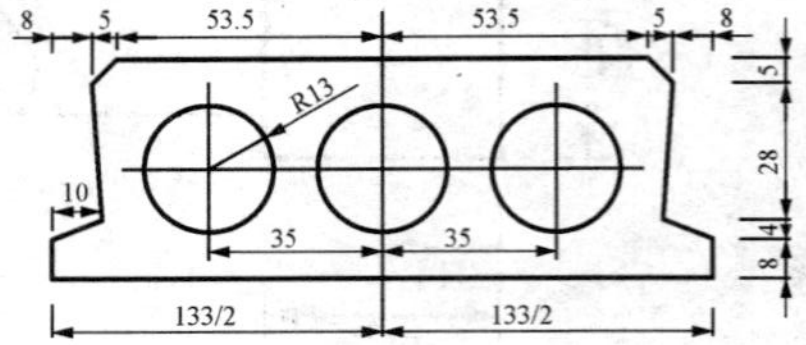

边板横断面 1：20

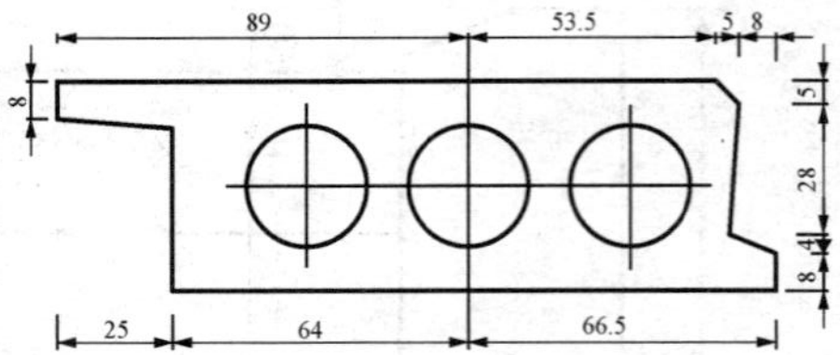

中板半平面 1：25

边板半平面 1：25

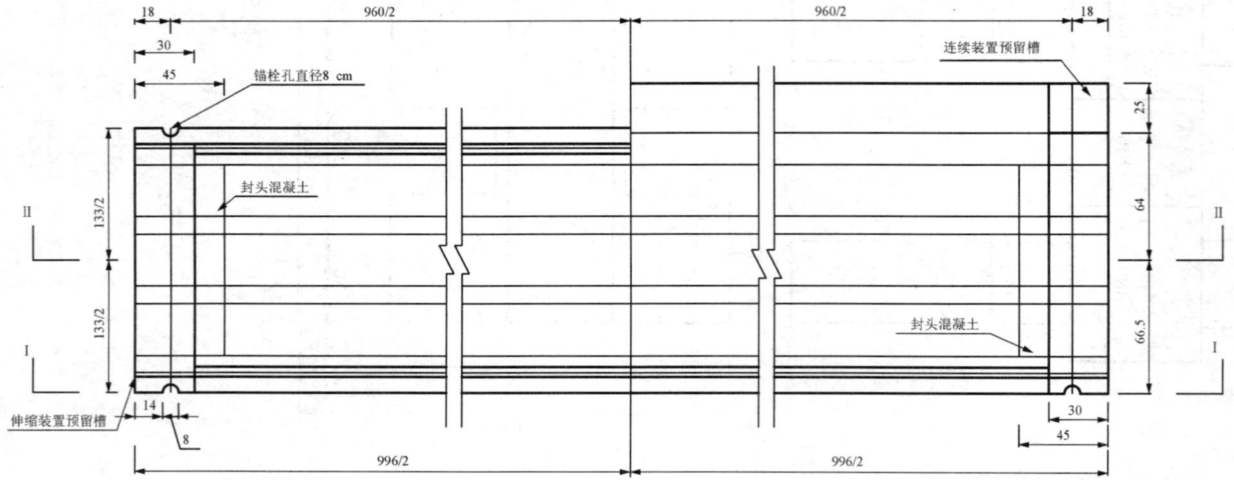

绞缝大样 1：20

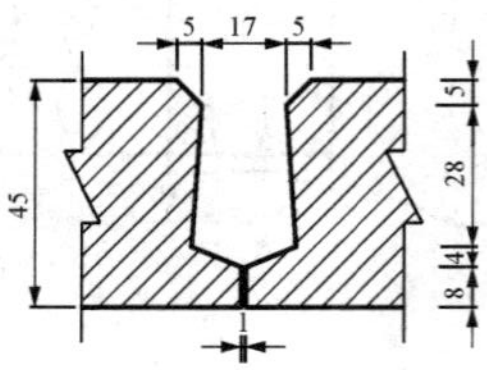

注：1.本图尺寸均以厘米计。
2.图中护栏杈为示意，详见相应构造图。

参考文献

[1] 刘松雪，姚青梅．道路工程制图[M]. 北京：人民交通出版社，2012.
[2] 张会平．土木工程制图[M]. 北京：北京大学出版社，2009.
[3] 汪谷香．道路工程制图与识图[M]. 武汉：武汉理工大学出版社，2013.
[4] 汪谷香．道路工程制图与 CAD[M]. 北京：人民交通出版社，2010.
[5] 宋雪静，苏德胜，王蓉．AutoCAD 工程制图[M]. 北京：化学工业出版社，2009.
[6] 苏建林，张部生．公路工程 CAD[M]. 北京：人民交通出版社，2011.
[7] 刘哲，谢伟东．AutoCAD 绘图及应用教程[M]. 辽宁：大连理工大学出版社，2009.
[8] 曹雪梅，攀琳娟．道路工程制图习题集[M]. 北京：人民交通出版社，2005.

北京大学出版社高职高专土建系列规划教材

序号	书名	书号	编著者	定价	出版时间	印次	配套情况
			基础课程				
1	工程建设法律与制度	978-7-301-14158-8	唐茂华	26.00	2012.7	6	ppt/pdf
2	建设法规及相关知识	978-7-301-22748-0	唐茂华等	34.00	2014.9	2	ppt/pdf
3	建设工程法规(第 2 版)	978-7-301-24493-7	皇甫婧琪	40.00	2014.8	3	ppt/pdf/素材
4	建筑工程法规实务(第 2 版)	978-7-301-26188-0	杨陈慧等	50.00	2015.8	1	ppt/pdf
5	建筑法规	978-7-301-19371-6	董伟等	39.00	2013.1	4	ppt/pdf
6	建设工程法规	978-7-301-20912-7	王先恕	32.00	2012.7	4	ppt/ pdf
7	AutoCAD 建筑制图教程(第 2 版)	978-7-301-21095-6	郭　慧	38.00	2014.12	7	ppt/pdf/素材
8	AutoCAD 建筑绘图教程(第 2 版)	978-7-301-24540-8	唐英敏等	44.00	2014.7	1	ppt/pdf
9	建筑 CAD 项目教程(2010 版)	978-7-301-20979-0	郭　慧	38.00	2012.9	2	pdf/素材
10	建筑工程专业英语	978-7-301-15376-5	吴承霞	20.00	2013.8	8	ppt/pdf
11	建筑工程专业英语	978-7-301-20003-2	韩薇等	24.00	2014.7	2	ppt/ pdf
12	★建筑工程应用文写作(第 2 版)	978-7-301-24480-7	赵立等	50.00	2014.7	1	ppt/pdf
13	建筑识图与构造(第 2 版)	978-7-301-23774-8	郑贵超	40.00	2014.12	2	ppt/pdf/答案
14	建筑构造(第二版)	978-7-301-24680-5	肖　芳	42.00	2016.1	1	ppt/ pdf
15	房屋建筑构造	978-7-301-19883-4	李少红	26.00	2012.1	4	ppt/pdf
16	建筑识图	978-7-301-21893-8	邓志勇等	35.00	2013.1	2	ppt/ pdf
17	建筑识图与房屋构造	978-7-301-22860-9	贠禄等	54.00	2015.1	2	ppt/pdf /答案
18	建筑工程识图实训教程	978-7-301-26057-9	孙　伟	32.00	2015.11	1	ppt/ pdf
19	建筑构造与设计	978-7-301-23506-5	陈玉萍	38.00	2014.1	1	ppt/pdf /答案
20	房屋建筑构造	978-7-301-23588-1	李元玲等	45.00	2014.1	2	ppt/pdf
21	房屋建筑构造习题集	978-7-301-26005-0	李元玲	26.00	2105.8	1	pdf
22	建筑构造与施工图识读	978-7-301-24470-8	南学平	52.00	2015.7	2	ppt/pdf/答案
23	建筑工程制图与识图(第 2 版)	978-7-301-24408-1	白丽红	29.00	2014.7	2	ppt/pdf
24	建筑制图习题集(第 2 版)	978-7-301-24571-2	白丽红	25.00	2014.8	2	pdf
25	建筑制图(第 2 版)	978-7-301-21146-5	高丽荣	32.00	2015.4	5	ppt/pdf
26	建筑制图习题集(第 2 版)	978-7-301-21288-2	高丽荣	28.00	2014.12	5	pdf
27	建筑工程制图(第 2 版)(附习题册)	978-7-301-21120-5	肖明和	48.00	2012.8	3	ppt/pdf
28	建筑制图与识图(第 2 版)(新规范)	978-7-301-24386-2	曹雪梅	38.00	2015.8	1	ppt/pdf
29	建筑制图与识图习题册	978-7-301-18652-7	曹雪梅等	30.00	2012.4	4	pdf
30	建筑制图与识图	978-7-301-20070-4	李元玲	28.00	2012.8	5	ppt/pdf
31	建筑制图与识图习题集	978-7-301-20425-2	李元玲	24.00	2012.3	4	ppt/pdf
32	新编建筑工程制图	978-7-301-21140-3	方筱松	30.00	2014.8	2	ppt/ pdf
33	新编建筑工程制图习题集	978-7-301-16834-9	方筱松	22.00	2014.1	2	pdf
34	建筑工程概论	978-7-301-25934-4	申淑荣等	40.00	2015.8	1	ppt
			建筑施工类				
1	建筑工程测量	978-7-301-16727-4	赵景利	30.00	2010.2	12	ppt/pdf /答案
2	建筑工程测量(第 2 版)	978-7-301-22002-3	张敬伟	37.00	2015.4	6	ppt/pdf /答案
3	建筑工程测量实验与实训指导(第 2 版)	978-7-301-23166-1	张敬伟	27.00	2013.9	2	pdf/答案
4	建筑工程测量	978-7-301-19992-3	潘益民	38.00	2012.2	2	ppt/ pdf
5	建筑工程测量	978-7-301-13578-5	王金玲等	26.00	2011.8	3	pdf
6	建筑工程测量实训(第 2 版)	978-7-301-24833-1	杨凤华	34.00	2015.1	1	pdf/答案
7	建筑工程测量(含实验指导手册)	978-7-301-19364-8	石　东等	43.00	2012.6	3	ppt/pdf/答案
8	建筑工程测量	978-7-301-22485-4	景　铎等	34.00	2013.6	1	ppt/pdf
9	建筑施工技术(第 2 版)	978-7-301-25788-3	陈雄辉	48.00	2015.7	1	ppt/pdf
10	建筑施工技术	978-7-301-12336-2	朱永祥等	38.00	2012.4	7	ppt/pdf
11	建筑施工技术	978-7-301-16726-7	叶　雯等	44.00	2013.5	6	ppt/pdf /素材
12	建筑施工技术	978-7-301-19499-7	董伟等	42.00	2011.9	2	ppt/pdf
13	建筑施工技术	978-7-301-19997-8	苏小梅	38.00	2013.5	3	ppt/pdf
14	建筑工程施工技术(第 2 版)	978-7-301-21093-2	钟汉华等	48.00	2013.8	7	ppt/pdf
15	数字测图技术	978-7-301-22656-8	赵　红	36.00	2013.6	1	ppt/pdf
16	数字测图技术实训指导	978-7-301-22679-7	赵　红	27.00	2013.6	1	ppt/pdf
17	基础工程施工	978-7-301-20917-2	董伟等	35.00	2012.7	2	ppt/pdf

序号	书名	书号	编著者	定价	出版时间	印次	配套情况
18	建筑施工技术实训(第 2 版)	978-7-301-24368-8	周晓龙	30.00	2014.12	2	pdf
19	建筑力学(第 2 版)	978-7-301-21695-8	石立安	46.00	2014.12	5	ppt/pdf
20	★土木工程实用力学(第 2 版)	978-7-301-24681-8	马景善	47.00	2015.7	1	pdf/ppt/答案
21	土木工程力学	978-7-301-16864-6	吴明军	38.00	2011.11	2	ppt/pdf
22	PKPM 软件的应用(第 2 版)	978-7-301-22625-4	王　娜等	34.00	2013.6	3	Pdf
23	建筑结构(第 2 版)(上册)	978-7-301-21106-9	徐锡权	41.00	2013.4	3	ppt/pdf/答案
24	建筑结构(第 2 版)(下册)	978-7-301-22584-4	徐锡权	42.00	2013.6	2	ppt/pdf/答案
25	建筑结构(第 2 版)(新规范)	978-7-301-25832-3	唐春平等	48.00	2015.8	1	ppt/pdf
26	建筑结构基础	978-7-301-21125-0	王中发	36.00	2012.8	2	ppt/pdf
27	建筑结构原理及应用	978-7-301-18732-6	史美东	45.00	2012.8	1	ppt/pdf
28	建筑力学与结构(第 2 版)	978-7-301-22148-8	吴承霞等	49.00	2013.4	6	ppt/pdf/答案
29	建筑力学与结构(少学时版)	978-7-301-21730-6	吴承霞	34.00	2013.2	4	ppt/pdf/答案
30	建筑力学与结构	978-7-301-20988-2	陈水广	32.00	2012.8	1	pdf/ppt
31	建筑力学与结构	978-7-301-23348-1	杨丽君等	44.00	2014.1	1	ppt/pdf
32	建筑结构与施工图	978-7-301-22188-4	朱希文等	35.00	2013.3	2	ppt/pdf
33	生态建筑材料	978-7-301-19588-2	陈剑峰等	38.00	2013.7	2	ppt/pdf
34	建筑材料(第 2 版)	978-7-301-24633-7	林祖宏	35.00	2014.8	1	ppt/pdf
35	建筑材料与检测(第 2 版)	978-7-301-25347-2	梅　杨等	33.00	2015.2	1	ppt/pdf/答案
36	建筑材料检测试验指导	978-7-301-16729-8	王美芬等	18.00	2014.12	7	pdf
37	建筑材料与检测	978-7-301-19261-0	王　辉	35.00	2012.6	5	ppt/pdf
38	建筑材料与检测试验指导	978-7-301-20045-2	王　辉	20.00	2013.1	3	ppt/pdf
39	建筑材料选择与应用	978-7-301-21948-5	申淑荣等	39.00	2013.3	3	ppt/pdf
40	建筑材料检测实训	978-7-301-22317-8	申淑荣等	24.00	2013.4	1	pdf
41	建筑材料	978-7-301-24208-7	任晓菲	40.00	2014.7	1	ppt/pdf /答案
42	建设工程监理概论(第 2 版)	978-7-301-20854-0	徐锡权等	43.00	2014.12	5	ppt/pdf /答案
43	★建设工程监理(第 2 版)	978-7-301-24490-6	斯　庆	35.00	2014.9	1	ppt/pdf /答案
44	建设工程监理概论	978-7-301-15518-9	曾庆军等	24.00	2012.12	5	ppt/pdf
45	工程建设监理案例分析教程	978-7-301-18984-9	刘志麟等	38.00	2013.2	2	ppt/pdf
46	地基与基础(第 2 版)	978-7-301-23304-7	肖明和等	42.00	2014.12	2	ppt/pdf/答案
47	地基与基础	978-7-301-16130-2	孙平平等	26.00	2013.2	3	ppt/pdf
48	地基与基础实训	978-7-301-23174-6	肖明和等	25.00	2013.10	1	ppt/pdf
49	土力学与地基基础	978-7-301-23675-8	叶火炎等	35.00	2014.1	1	ppt/pdf
50	土力学与基础工程	978-7-301-23590-4	宁培淋等	32.00	2014.1	1	ppt/pdf
51	建筑工程质量事故分析(第 2 版)	978-7-301-22467-0	郑文新	32.00	2014.12	3	ppt/pdf
52	建筑工程施工组织设计	978-7-301-18512-4	李源清	26.00	2014.12	7	ppt/pdf
53	建筑工程施工组织实训	978-7-301-18961-0	李源清	40.00	2014.12	4	ppt/pdf
54	建筑施工组织与进度控制	978-7-301-21223-3	张廷瑞	36.00	2012.9	3	ppt/pdf
55	建筑施工组织项目式教程	978-7-301-19901-5	杨红玉	44.00	2012.1	2	ppt/pdf/答案
56	钢筋混凝土工程施工与组织	978-7-301-19587-1	高　雁	32.00	2012.5	2	ppt/pdf
57	钢筋混凝土工程施工与组织实训指导	978-7-301-21208-0	高　雁	20.00	2012.9	1	ppt
58	建筑材料检测试验指导	978-7-301-24782-2	陈东佐等	20.00	2014.9	1	ppt
59	★建筑节能工程与施工	978-7-301-24274-2	吴明军等	35.00	2014.11	1	ppt/pdf
60	建筑施工工艺	978-7-301-24687-0	李源清等	49.50	2015.1	1	pdf/ppt/答案
61	土力学与地基基础	978-7-301-25525-4	陈东佐	45.00	2015.2	1	ppt/ pdf/答案
62	建筑材料与检测(第 2 版)	978-7-301-26550-5	王　辉	40.00	2016.1	1	
		工程管理类					
1	建筑工程经济(第 2 版)	978-7-301-22736-7	张宁宁等	30.00	2013.7	7	ppt/pdf/答案
2	★建筑工程经济(第 2 版)	978-7-301-24492-0	胡六星等	41.00	2014.9	2	ppt/pdf/答案
3	建筑工程经济	978-7-301-24346-6	刘晓丽等	38.00	2014.7	2	ppt/pdf/答案
4	施工企业会计(第 2 版)	978-7-301-24434-0	辛艳红等	36.00	2014.7	1	ppt/pdf/答案
5	建筑工程项目管理	978-7-301-12335-5	范红岩等	30.00	2012. 4	9	ppt/pdf
6	建设工程项目管理(第 2 版)	978-7-301-24683-2	王　辉	36.00	2014.9	2	ppt/pdf/答案
7	建设工程项目管理	978-7-301-19335-8	冯松山等	38.00	2013.11	3	pdf/ppt
8	★建设工程招投标与合同管理(第 3 版)	978-7-301-24483-8	宋春岩	40.00	2014.9	4	ppt/pdf/答案/试题/教案

序号	书名	书号	编著者	定价	出版时间	印次	配套情况
9	建筑工程招投标与合同管理	978-7-301-16802-8	程超胜	30.00	2012.9	2	pdf/ppt
10	工程招投标与合同管理实务(第 2 版)	978-7-301-25769-2	杨甲奇等	49.00	2015.8	1	ppt/pdf/答案
11	工程招投标与合同管理实务	978-7-301-19290-0	郑文新等	43.00	2012.4	2	ppt/pdf
12	建设工程招投标与合同管理实务	978-7-301-20404-7	杨云会等	42.00	2012.4	2	ppt/pdf/答案
13	工程招投标与合同管理	978-7-301-17455-5	文新平	37.00	2012.9	1	ppt/pdf
14	工程项目招投标与合同管理(第 2 版)	978-7-301-24554-5	李洪军等	42.00	2014.12	2	ppt/pdf/答案
15	工程项目招投标与合同管理(第 2 版)	978-7-301-22462-5	周艳冬	35.00	2014.12	4	ppt/pdf
16	建筑工程商务标编制实训	978-7-301-20804-5	钟振宇	35.00	2012.7	1	ppt
17	建筑工程安全管理(第 2 版)	978-7-301-25480-6	宋　健等	42.00	2015.8	1	ppt/pdf
18	建筑工程质量与安全管理	978-7-301-16070-1	周连起	35.00	2014.12	8	ppt/pdf/答案
19	施工项目质量与安全管理	978-7-301-21275-2	钟汉华	45.00	2012.10	2	ppt/pdf/答案
20	工程造价控制(第 2 版)	978-7-301-24594-1	斯　庆	32.00	2014.8	1	ppt/pdf/答案
21	工程造价管理	978-7-301-20655-3	徐锡权等	33.00	2013.8	3	ppt/pdf
22	工程造价控制与管理	978-7-301-19366-2	胡新萍等	30.00	2014.12	4	ppt/pdf
23	建筑工程造价管理	978-7-301-20360-6	柴　琦等	27.00	2014.12	4	ppt/pdf
24	建筑工程造价管理	978-7-301-15517-2	李茂英等	24.00	2012.1	4	pdf
25	工程造价案例分析	978-7-301-22985-9	甄　凤	30.00	2013.8	2	pdf/ppt
26	建设工程造价控制与管理	978-7-301-24273-5	胡芳珍等	38.00	2014.6	1	ppt/pdf/答案
27	建筑工程造价	978-7-301-21892-1	孙咏梅	40.00	2013.2	1	ppt/pdf
28	★建筑工程计量与计价(第 3 版)	978-7-301-25344-1	肖明和等	65.00	2015.7	1	pdf/ppt
29	★建筑工程计量与计价实训(第 3 版)	978-7-301-25345-8	肖明和等	29.00	2015.7	1	pdf
30	建筑工程计量与计价综合实训	978-7-301-23568-3	龚小兰	28.00	2014.1	2	pdf
31	建筑工程估价	978-7-301-22802-9	张　英	43.00	2013.8	1	ppt/pdf
32	建筑工程计量与计价——透过案例学造价(第 2 版)	978-7-301-23852-3	张　强	59.00	2014.12	3	ppt/pdf
33	安装工程计量与计价(第 3 版)	978-7-301-24539-2	冯　钢等	54.00	2014.8	4	pdf/ppt
34	安装工程计量与计价综合实训	978-7-301-23294-1	成春燕	49.00	2014.12	3	pdf/素材
35	安装工程计量与计价实训(第二版)	978-7-301-25683-1	景巧玲等	36.00	2015.8	1	pdf/素材
36	建筑水电安装工程计量与计价(第二版)	978-7-301-26329-7	陈连姝	51.00	2016.1	1	ppt
37	建筑与装饰工程工程量清单(第 2 版)	978-7-301-25753-1	翟丽旻等	36.00	2015.5	1	ppt
38	建筑工程清单编制	978-7-301-19387-7	叶晓容	24.00	2011.8	2	ppt/pdf
39	建设项目评估	978-7-301-20068-1	高志云等	32.00	2013.6	2	ppt/pdf
40	钢筋工程清单编制	978-7-301-20114-5	贾莲英	36.00	2012.2	2	ppt/pdf
41	混凝土工程清单编制	978-7-301-20384-2	顾　娟	28.00	2012.5	1	ppt/pdf
42	建筑装饰工程预算(第 2 版)	978-7-301-25801-9	范菊雨	44.00	2015.7	1	pdf/ppt
43	建设工程安全监理	978-7-301-20802-1	沈万岳	28.00	2012.7	1	pdf/ppt
44	建筑工程安全技术与管理实务	978-7-301-21187-8	沈万岳	48.00	2012.9	2	pdf/ppt
45	建筑工程资料管理	978-7-301-17456-2	孙　刚等	36.00	2014.12	5	pdf/ppt
46	建筑施工组织与管理(第 2 版)	978-7-301-22149-5	翟丽旻等	43.00	2014.12	3	ppt/pdf/答案
47	建设工程合同管理	978-7-301-22612-4	刘庭江	46.00	2013.6	1	ppt/pdf/答案
48	★工程造价概论	978-7-301-24696-2	周艳冬	31.00	2015.1	2	ppt/pdf/答案
49	建筑安装工程计量与计价实训(第 2 版)	978-7-301-25683-1	景巧玲等	36.00	2015.7	1	pdf
	建筑设计类						
1	中外建筑史(第 2 版)	978-7-301-23779-3	袁新华等	38.00	2014.2	2	ppt/pdf
2	建筑室内空间历程	978-7-301-19338-9	张伟孝	53.00	2011.8	1	pdf
3	建筑装饰 CAD 项目教程	978-7-301-20950-9	郭　慧	35.00	2013.1	2	ppt/素材
4	室内设计基础	978-7-301-15613-1	李书青	32.00	2013.5	3	ppt/pdf
5	建筑装饰构造(第二版)	978-7-301-26572-7	赵志文等	39.50	2016.1	1	ppt/pdf/答案
6	建筑装饰材料(第 2 版)	978-7-301-22356-7	焦　涛等	34.00	2013.5	2	ppt/pdf
7	★建筑装饰施工技术(第 2 版)	978-7-301-24482-1	王　军	37.00	2014.7	3	ppt/pdf
8	设计构成	978-7-301-15504-2	戴碧锋	30.00	2012.10	2	ppt/pdf
9	基础色彩	978-7-301-16072-5	张　军	42.00	2011.9	2	pdf
10	设计色彩	978-7-301-21211-0	龙黎黎	46.00	2012.9	1	ppt
11	设计素描	978-7-301-22391-8	司马金桃	29.00	2013.4	2	ppt
12	建筑素描表现与创意	978-7-301-15541-7	于修国	25.00	2012.11	3	Pdf
13	3ds Max 效果图制作	978-7-301-22870-8	刘　晗等	45.00	2013.7	1	ppt

序号	书名	书号	编著者	定价	出版时间	印次	配套情况
14	3ds max 室内设计表现方法	978-7-301-17762-4	徐海军	32.00	2010.9	1	pdf
15	Photoshop 效果图后期制作	978-7-301-16073-2	脱忠伟等	52.00	2011.1	2	素材/pdf
16	建筑表现技法	978-7-301-19216-0	张　峰	32.00	2013.1	2	ppt/pdf
17	建筑速写	978-7-301-20441-2	张　峰	30.00	2012.4	1	pdf
18	建筑装饰设计	978-7-301-20022-3	杨丽君	36.00	2012.2	1	ppt/素材
19	装饰施工读图与识图	978-7-301-19991-6	杨丽君	33.00	2012.5	1	ppt
20	建筑装饰工程计量与计价	978-7-301-20055-1	李茂英	42.00	2013.7	3	ppt/pdf
21	3ds Max & V-Ray 建筑设计表现案例教程	978-7-301-25093-8	郑恩峰	40.00	2014.12	1	ppt/pdf
	规划园林类						
1	城市规划原理与设计	978-7-301-21505-0	谭婧婧等	35.00	2013.1	2	ppt/pdf
2	居住区景观设计	978-7-301-20587-7	张群成	47.00	2012.5	1	ppt
3	居住区规划设计	978-7-301-21031-4	张　燕	48.00	2012.8	2	ppt
4	园林植物识别与应用	978-7-301-17485-2	潘利等	34.00	2012.9	1	ppt
5	园林工程施工组织管理	978-7-301-22364-2	潘利等	35.00	2013.4	1	ppt/pdf
6	园林景观计算机辅助设计	978-7-301-24500-2	于化强等	48.00	2014.8	1	ppt/pdf
7	建筑・园林・装饰设计初步	978-7-301-24575-0	王金贵	38.00	2014.10	1	ppt/pdf
	房地产类						
1	房地产开发与经营(第 2 版)	978-7-301-23084-8	张建中等	33.00	2014.8	2	ppt/pdf/答案
2	房地产估价(第 2 版)	978-7-301-22945-3	张　勇等	35.00	2014.12	2	ppt/pdf/答案
3	房地产估价理论与实务	978-7-301-19327-3	褚菁晶	35.00	2011.8	2	ppt/pdf/答案
4	物业管理理论与实务	978-7-301-19354-9	裴艳慧	52.00	2011.9	2	ppt/pdf
5	房地产测绘	978-7-301-22747-3	唐春平	29.00	2013.7	1	ppt/pdf
6	房地产营销与策划	978-7-301-18731-9	应佐萍	42.00	2012.8	2	ppt/pdf
7	房地产投资分析与实务	978-7-301-24832-4	高志云	35.00	2014.9	1	ppt/pdf
	市政与路桥类						
1	市政工程计量与计价(第 2 版)	978-7-301-20564-8	郭良娟等	42.00	2015.1	6	pdf/ppt
2	市政工程计价	978-7-301-22117-4	彭以舟等	39.00	2015.2	1	ppt/pdf
3	市政桥梁工程	978-7-301-16688-8	刘　江等	42.00	2012.10	2	ppt/pdf/素材
4	市政工程材料	978-7-301-22452-6	郑晓国	37.00	2013.5	1	ppt/pdf
5	道桥工程材料	978-7-301-21170-0	刘水林等	43.00	2012.9	1	ppt/pdf
6	路基路面工程	978-7-301-19299-3	偶昌宝等	34.00	2011.8	1	ppt/pdf/素材
7	道路工程技术	978-7-301-19363-1	刘　雨等	33.00	2011.12	1	ppt/pdf
8	城市道路设计与施工	978-7-301-21947-8	吴颖峰	39.00	2013.1	1	ppt/pdf
9	建筑给排水工程技术	978-7-301-25224-6	刘　芳等	46.00	2014.12	1	ppt/pdf
10	建筑给水排水工程	978-7-301-20047-6	叶巧云	38.00	2012.2	1	ppt/pdf
11	市政工程测量(含技能训练手册)	978-7-301-20474-0	刘宗波等	41.00	2012.5	1	ppt/pdf
12	市政工程施工图案例图集	978-7-301-24824-9	陈忆琳等	45.00	2015.2	1	pdf
13	公路工程任务承揽与合同管理	978-7-301-21133-5	邱　兰等	30.00	2012.9	1	ppt/pdf/答案
14	★工程地质与土力学(第 2 版)	978-7-301-24479-1	杨仲元	41.00	2014.7	1	ppt/pdf
15	数字测图技术应用教程	978-7-301-20334-7	刘宗波	36.00	2012.8	1	ppt
16	水泵与水泵站技术	978-7-301-22510-3	刘振华	40.00	2013.5	1	ppt/pdf
17	道路工程测量(含技能训练手册)	978-7-301-21967-6	田树涛等	45.00	2013.2	1	ppt/pdf
18	桥梁施工与维护	978-7-301-23834-9	梁　斌	50.00	2014.2	1	ppt/pdf
19	铁路轨道施工与维护	978-7-301-23524-9	梁　斌	36.00	2014.1	1	ppt/pdf
20	铁路轨道构造	978-7-301-23153-1	梁　斌	32.00	2013.10	1	ppt/pdf
21	道路工程识图与 CAD	978-7-301-26210-8	王容玲等	35.00	2016.1	1	ppt/pdf
	建筑设备类						
1	建筑设备基础知识与识图(第 2 版)	978-7-301-24586-6	靳慧征等	47.00	2014.12	3	ppt/pdf/答案
2	建筑设备识图与施工工艺(第 2 版) (新规范)	978-7-301-25254-3	周业梅	44.00	2015.12	1	ppt/pdf
3	建筑施工机械	978-7-301-19365-5	吴志强	30.00	2014.12	5	pdf/ppt
4	智能建筑环境设备自动化	978-7-301-21090-1	余志强	40.00	2012.8	1	pdf/ppt
5	流体力学及泵与风机	978-7-301-25279-6	王　宁等	35.00	2015.1	1	pdf/ppt/答案